U0739794

中国华侨历史学会文库之二十一

钱江侨杰数风流

——浙江归侨口述录

主　编：林明江
副主编：林晓东

中国华侨出版社

图书在版编目（CIP）数据

钱江侨杰数风流/林明江主编. —北京：中国华侨
出版社，2009.11

ISBN 978-7-5113-0144-4

Ⅰ.①钱… Ⅱ.①林… Ⅲ.华侨—回忆录—浙江省
—现代 Ⅳ.①K828.8

中国版本图书馆 CIP 数据核字（2009）第 198051 号

●钱江侨杰数风流

编　　者/林明江

责任编辑/文　慧　李章鹏

封面设计/周　吾

责任校对/胡首一

经　　销/新华书店

开　　本/880×1230 毫米　1/32 开　印张/13.875　字数/340 千

印　　刷/北京东方圣雅印刷有限公司

版　　次/2009 年 11 月第 1 版　　2009 年 11 月第 1 次印刷

书　　号/ISBN 978-7-5113-0144-4

定　　价/32.00 元

中国华侨出版社　　北京市安定路 20 号院 3 号楼　邮编 100029

法律顾问：陈鹰律师事务所

编辑部：(010) 64443056　　64443979

发行部：(010) 64443051　　传真：(010) 64439708

网　址：www. oveaschin. com

E-mail：oveaschin@sina. com

序

　　中国是一个海外侨胞众多的国家，哪里有海水，哪里就有华侨华人。长期以来，远渡重洋的华侨华人，在异国他乡谋求生计、创基立业的过程中，与当地人民和睦相处，以自己的勤劳、智慧，为所在国家和地区的经济发展与社会进步发挥了重要作用。同时，华侨华人关心着祖（籍）国的强盛与进步，从辛亥革命到抗日战争，从解放战争到新中国诞生，从维护中国主权完整、民族独立到改革开放、振兴中华，他们都以不同的方式作出了重要的贡献。

　　开展对华侨华人的研究工作，具有重要的学术价值和积极的现实意义。这不仅有利于让世人更多地了解华侨华人团结互助、艰苦创业的奋斗史，了解他们对居住国经济发展和社会进步的成就史，了解他们为祖（籍）国革命、建设和改革开放、现代化建设的贡献史，了解他们与当地人民和睦相处、融入主流社会的发展史；而且更有利于我国总结开展侨务工作的历史经验与教训，探索华侨华人生存发展的特点与规律，理解华侨华人面临的困难与问题，从而为党和国家制定侨务方针政策与法律、法规提供参考和借鉴，更有针对性地为华侨华人提供帮助和服务，以推进侨务工作的向前发展。

　　对华侨华人的研究，已经走过了百年的历程。就国外而言，华侨华人问题作为一个与国际经济和政治发展相关的移民问题，于20世纪初就引起了国际学术界的兴趣和关注。特别是20世纪80年代，中国实行改革开放政策以来，中国经济迅速发展，华侨华人与祖（籍）国的密切合作，形成了双赢的局面和相互的联系，更引起国际学术界的关注，而成为热点研究的问题。

就国内而言，华侨华人的研究工作可追溯到 20 世纪初，但发展、繁荣则是在改革开放后的 20 世纪八九十年代。世纪之交，中国学术界对华侨华人的研究进入了一个崭新的阶段。这个阶段体现了四个特点：一是研究人员队伍的不断壮大，年轻一代专家学者在继承的基础上崭露头角，为研究带来兴旺的景象；二是新的研究机构相继成立，学术交流更加频繁，相互协作更加密切；三是学术研究成果显著，文章和著作数量繁多，研究水平和质量显著提高；四是研究领域不断拓宽，冲破了传统观念的束缚，更加注重现实侨情的研究，而且广泛涉及到华侨华人政治、经济、文化、教育、宗教、人口等领域，形成了多学科交叉、综合性研究的趋势。

作为全国性的民间学术团体——中国华侨历史学会，自 1981 年成立以来，在历任学会领导和历届侨联负责同志、侨界前辈、专家学者的关心支持下，学会的各方面工作都有了很大进展，不仅发挥了全国性侨史研究学术团体组织协调的龙头作用，而且推进了地方历史学会工作的开展，尤其是在资料收集、研究编撰、著书立说等方面，成绩显著、硕果累累，较好地发挥了侨史研究"以史为鉴"、"资政育人"的作用。

21 世纪以来，随着华侨华人在世界政治、经济舞台上发挥越来越大的作用，国内外学术界也越来越重视华侨华人的研究。为适应这种形势发展的需要，中国华侨历史学会编辑出版《中国华侨历史学会文库》，旨在为海内外华侨华人研究学者提供展示研究成果的阵地和开展学术交流的平台。

采访老归侨，征集、出版老归侨口述历史是中国华侨华人历史研究所五年前开展的一项重要规划，这项规划得到了中国侨联领导的关心和支持。截至目前，已先后在山西、天津、广西、海南、广东、福建、浙江和河北等八省市区进行了采访。浙江是我国著名侨乡。改革开放以来，浙江成为我国仅次于福建省的第二大新移民省份，其移民海外呈现出新的特点。不过，在注重新移民研究的同时，还应关注那些一直奋斗在国内各条战线上，与新华侨存在着密切联系的老归侨，对他们进行研究，具有重要的理论和现实意义。今年 6 月，中国华侨华人历史研究所在浙江省侨联推荐的基础上将 35 名归侨杰出代表作为采访对象。这 35 名老归侨来自浙江的不同阶层和行业，既有党政部门的干部，也有大学教授、中学教师；既有作家、编辑，也有高级工程师、高级农艺师等。他们虽然人生履历不同，但都有一颗热爱祖国的心，都为祖国的革命和建设作出了自己的贡献。为此，我们将浙江归侨口述录命名为《钱江侨杰数风流》，并作为"中国华侨历史学会文库之二十一"编辑出版。

在此，我衷心希望：《中国华侨历史学会文库》的问世，有利于将华侨华人的研究从理论到实践，推向一个更高的层次，从而走向世界，走向未来。

林明江

2009 年 10 月

目　录

序⋯⋯⋯⋯⋯⋯⋯⋯⋯⋯⋯⋯⋯⋯⋯⋯⋯⋯⋯⋯⋯⋯⋯⋯⋯⋯ / 1

生命的价值在于奉献 ⋯⋯⋯⋯⋯⋯⋯⋯ 白志丹　口述 / 1

赤子之心献祖国 ⋯⋯⋯⋯⋯⋯⋯⋯⋯ 蔡　俊　口述 / 11

宁静淡泊　无欲则刚 ⋯⋯⋯⋯⋯⋯⋯ 陈积浩　口述 / 29

是祖国培育了我 ⋯⋯⋯⋯⋯⋯⋯⋯⋯ 陈秀英　口述 / 39

吃侨饭，说侨话，办侨事 ⋯⋯⋯⋯⋯ 陈耀东　口述 / 49

我们战斗在天目山上 ⋯⋯⋯⋯⋯⋯⋯ 冯安琪　口述 / 72

回到祖国很开心 ⋯⋯⋯⋯⋯⋯⋯⋯⋯ 顾美华　口述 / 86

扎根祖国、建设祖国、报效祖国 ⋯⋯ 关光秀　口述 / 98

一生与侨务工作结下不解之缘 ⋯⋯⋯ 侯玉贞　口述 / 107

党和国家培养我成长 ⋯⋯⋯⋯⋯⋯⋯ 黄祖金　口述 / 118

一息尚存，仍要歌唱 ⋯⋯⋯⋯⋯⋯⋯ 冀　汸　口述 / 129

回国无悔 ⋯⋯⋯⋯⋯⋯⋯⋯⋯⋯⋯⋯ 柯万德　口述 / 144

感谢党和政府给我这一切 ⋯⋯⋯⋯⋯ 李楚乔　口述 / 150

真诚待人，真心做事 ⋯⋯⋯⋯⋯⋯⋯ 李居轩　口述 / 160

为国为家，我们青春无悔 ⋯⋯⋯⋯⋯ 林　苹　口述 / 173

我曾参加民抗军打鬼子 ⋯⋯⋯⋯⋯⋯ 林洪权　口述 / 192

与林三渔先生一起建设家乡 ⋯⋯⋯⋯ 留定华　口述 / 198

教书育人的关键是用心与投入 ⋯⋯⋯ 刘绶石　口述 / 206

能有今天的美好生活，我很知足了 ⋯ 陆敬中　口述 / 216

生于乱世，长于治世，老于盛世 ………… 丘永宁　口述 / 222

只争朝夕，奋斗不止 ……………………… 王启东　口述 / 237

赤诚之心永不变 …………………………… 王树模　口述 / 250

祖国在我心中 ……………………………… 吴炳辉　口述 / 260

我的人生没有虚度 ………………………… 萧　群　口述 / 269

教书育人数十载 …………………………… 严文兴　口述 / 285

我算是走对了路 …………………………… 杨贤强　口述 / 298

听党的话，积极向上 ……………………… 尹礼虎　口述 / 307

风雨人生路 ………………………………… 詹玉廷　口述 / 322

花红柳绿还初春 …………………………… 张碧如　口述 / 330

人生旅途，奉献实干 ……………………… 郑奋义　口述 / 342

烽火连天参军报国　峥嵘岁月务实奉献 … 郑子成　口述 / 357

赤子情怀，感动人生 ……………………… 钟玉昌　口述 / 370

时代造就我们 ……………………………… 周慧兰　口述 / 389

要把毕生精力奉献给祖国 ………………… 周添成　口述 / 402

爱国主义教育决定了我的人生之路 ……… 卓炳芳　口述 / 415

后记 ……………………………………………………… / 430

生命的价值在于奉献

——白志丹　自述[①]

被采访者简介：白志丹，女，泰国归侨，祖籍福建厦门。1935年1月出生于泰国曼谷，1953年12月回国读书，毕业于上海第三女子中学。1956年获全国十城市羽毛球锦标赛女子双打冠军，1957年获全国十城市羽毛球锦标赛女子双打亚军。

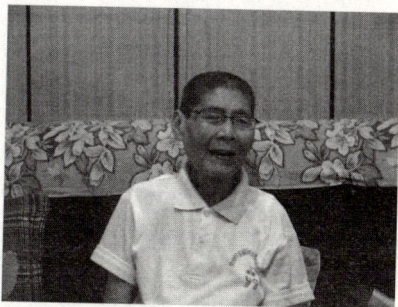

白志丹在接受采访

1987～2005年任余姚市侨联副主席。曾任浙江省余姚市第六、七、八、九、十、十一届政协委员。因夫妻相濡以沫，顽强与癌症作斗争，2006年白志丹夫妇荣登"感动余姚十大新闻人物"榜，2007年获余姚市侨界"十佳和谐家庭"荣誉称号，2008年获宁波市侨界"十佳和谐家庭"荣誉称号。2007年白志丹被评为余姚市抗癌明星。

采访时间：2009年6月9日

采访地点：浙江省余姚市被采访者住所

采访者：林晓东　张秀明　陈永升　王芳　陈小云

　　　　　林平　徐玉青

[①]　整理者按：被采访者白志丹因患舌癌讲话不便，在其家人的协助下，我们只对她进行了简单的采访。本文主要依据被采访者撰写的自述材料及宁波市侨联2008年侨界"十佳和谐家庭"示范户先进事迹材料整理而成。

整理者：张秀明

一

我祖籍福建厦门，1935年1月出生于泰国曼谷。父母都是中国人，父亲是买办（经纪人），家境本来还不错。太平洋战争爆发后，泰国排华激烈，父亲遭人暗算，家里失去了经济支柱，母亲艰难地抚育我们姐弟二人。我在第二次世界大战结束后才有机会进入当地的华文学校读书。但由于泰国排华，华文学校半天学中文、半天学英文。这种艰苦的环境更加激

白志丹幼时与母亲、弟弟在泰国曼谷留影

发了我学习祖国文化的愿望。我自小生长在国外，目睹华侨就像漂泊在外、无家可归的孤儿，没有人格尊严，受尽欺凌。家境富有的华侨，为了保其财产地位而加入泰国国籍；贫穷的华侨小商贩遵纪守法而求生存，但经常受排挤、打击。比如，他们曾因提价十士丁（一角）而被泰国政府驱逐出境。新中国成立初期，泰国政府的排华政策变本加厉，随意把华侨每年交纳的"随身证"（代表华侨身份的证件）印花税从20铢一下子提高到了400铢，涨了20倍。这加重了华侨的经济压力和负担。虽然周总理曾代表中国政府提出严正抗议，但由于我们刚建国不久，国力不强，泰国政府不予理睬。华侨却因此感受到了新中国的不同，感受到了祖国的温暖和关怀。

　　1949年新中国成立后，国外华侨尤其是年轻一代受到极大鼓舞，热切渴望回国求学和参加祖国建设。50年代回国求学和参加社会主义建设的华侨青年像潮水一样涌向东南沿海和首都北京。抗美援朝战争爆发后，我们这些受进步思想影响的华侨青年，了解到所谓联合国出兵干预朝鲜战争，实际上是美国在背后操纵的，美帝国主义企图侵略中国从而挑起第三次世界大战。对此，我们义愤填膺。虽然身在海外，但祖国人民的抗美援朝运动激励着我们积极投入到轰轰烈烈的反美运动中，我们发传单、宣传、演讲，劝导人们不要使用美国货。祖国的一切吸引着我，我渴望投入祖国的怀抱之中，为社会主义建设贡献力量。

　　1953年12月我终于回国了。先到了汕头、广州，后又到了北京，进入北京华侨补习学校学习。最后到上海第三女子中学学习。我当时以小学的文化程度直接跳到初中三年级，并且一直担任班干部，最后以优异成绩毕业。

　　求学期间，我羽毛球打得不错。后来参加了华东竞技指导科的培训，技术得到了进一步的提高。我曾经代表上海队与来访的印尼队进行比赛。1956年，我代表上海参加全国十城市羽毛球锦标赛，获得女子双打冠军、单打第六名，1957年获全国十城市羽毛球锦标赛女子双打亚军。

　　20世纪50年代的各种运动，比如反胡风运动、批判马寅初运动、整风、贴大字报等，我都有参与。尤其是积极

白志丹在全国十城市羽毛球锦标赛上的青春风采

投入马寅初思想批判运动中，我同大家一样，认为毛主席的话是真理，"生得越多越光荣"。而马寅初认为，无节制的生育会导致人口过剩，导致物质供应不能满足人口需求，所以必须及早提倡计划生育。当时，我也认为这种思想是和毛主席唱反调，是反革命理论，所以积极参加批判。而历史证明，马寅初计划生育、控制人口的理论是正确的，符合人类社会发展规律。现在回想当年的思想，真是觉得幼稚无知，可怜可叹！

　　1957年我在校读书期间犯了所谓"扰乱社会秩序罪"，被送往上海农场苏北农场服刑。1957～1962年在苏北农场接受改造，1962年转正留场就业。1970年结婚后离开了农场，落户浙江。

1956年白志丹获得的全国十城市羽毛球锦标赛双打第一名奖牌

二

　　说起与我老伴的婚姻，真的是"同是天涯沦落人，相逢何必曾相识"。我老伴孙富义毕业于上海中法中学，后来考上了上海交通大学，毕业后在上海中百三店工作。由于受政治牵连，坐了五年监狱，妻子因此与他离了婚。当时同样因为政治问题在苏北农场劳动的我，很想有个家，但是在国内举目无亲。恰巧农场里的一位朋友嫁到了余姚，由她牵线，几经周折，我们才相识相恋。20世纪70年代初，我们在老伴的老家余姚终于组成了一个幸福的家。结婚后，我没有生育自己的孩子，因为老伴与前妻有一个儿子，当时还很年幼，我将他视如己出，辛勤抚育。

白志丹、孙富义夫妇制作的糕点模具

成家后，由于两人都没有工作单位，我们决定自谋职业。老伴拜师学习食品木模雕刻，开始制作各种各样的糕点木雕模型。为了支持丈夫，我放弃了做一名体育教师的愿望，和丈夫一起做食品模具，开始从事个体经营。自己创业是很艰苦的。我们用自行车驮着茶壶、雨衣、模具样品，长途跋涉到上海、宁波、绍兴、舟山等地推销产品、联系业务，风里来雨里去。80年代时，我、老伴、儿子、儿媳都从事食品木模雕刻。80年代中期，我们的模具已经打入宁波、上海、安徽、北京、青海、宁夏和陕西等十多个省市，年产值达四万多元，利润两万多元，我们成为当时的"万元户"。1984年老伴平反后，单位来落实政策并补偿近30年的工资，但老伴全部放弃了，他觉得钱财是次要的，只要还他清白，其他的都不重要。1984年，我的错案也得以平反，因当初我是在校学生，没有参加工作，所以没有单位可以落实退休政策，仅给予1000元经济补偿，而且没有享受退休劳保待遇。

我们两个人的政治问题都得到了平反，经济上经过全家齐心协力艰苦创业，生活水平大大改善，然而，幸福的日子刚刚开始，不幸就接连降临。

三

老伴的视力一直不太好。1987年9月，他双眼接受了视网膜剥离手术后，右眼完全看不见了，左眼视力也急剧下降。所幸当时我可以照顾他、陪伴他。但是祸不单行，1988年我被查出患了乳腺癌。这对我们这个家来说无疑是晴天霹雳、雪上加霜。为了给我治病，老伴托朋友让我在上海接受手术治疗。动手术那天是腊月二十九，那年的春节我们就在医院里度过。春节那天，医院不再供应陪护人员的伙食，为了省钱，老伴买了一个蛋糕充饥挨过了春节。这次手术，我不仅失去了右乳房，身体状况也不如以前，并失去了工作能力。

但是厄运并没有就此结束。2003年，我又罹患舌癌。考虑到年近70又没有医疗保险，我准备放弃治疗。余姚市政协、市委统战部、市侨办、市侨联对我这个老归侨一直关怀备至。闻讯后，多次派人做我的思想工作，说服我只要有一线希望就要去争取，并为我联系杭州的医院进行治疗。党和政府的关怀和鼓励，给了我极大的勇气，我改变了主意，开始接受治疗。

这次的手术异常艰难，从早上8点一直持续到晚上7点，整整进行了11个小时。为了切除癌细胞，我失去了2/3的舌头，也因此丧失了说话和吃饭这样的基本生活能力。然而，苦难还没有结束。一年半后，癌细胞由舌部转移到了肺部，我的病情进一步恶化。医生说我的生命最多只能维持三个月。但是，我和家人并没有因此向病魔低头，并没有放弃治疗的决心。特别是我的老伴，虽然他自己视力几近失明，身体状况也不好，但始终支持我、陪伴我、照顾我。我在上海做化疗时，正值酷暑天气。我住在浦东医院，老伴借住在浦西朋友家，来回路途遥远，但他常常顶着38度的高温往返两个多小时，给我送吃的，送换洗衣服。医院里没有陪床，他晚上就在躺椅上打盹。在炎炎夏日里，为了筹集手术和治疗费用，他常常奔波在上海、余姚两地。这对75岁高龄、身体又不好的老人来说何等艰难！可以说，没有老伴的悉心照顾和无私陪伴，我就不可能渡过这个难关！

癌症使我们的家庭承受着巨大的经济负担和病痛的残酷折磨。二十多年来与癌症的漫长斗争，其中的坎坷艰辛是一般人难以想象的。是党和政府对我的关怀和支持，是社会各界和家人对我的关爱和照顾，给了我与癌症抗争的力量，使我渡过一个又一个难关，一步一步走到了今天！特别是我第二次癌症扩散转移，需要进行生物治疗，每个月要花费5000元治疗费，我的家庭经济不堪重负。市侨联在市长到侨联调研工作的时候，向市长汇报了我的情况，得到了领导对我的关怀和支持。"特事特办"，每个月市里给我1000元生活补助，既解决了我生活上的部分困难，又在精神上给了我巨大的安慰和鼓舞，从而更坚定了我与癌症作斗争的信心。

我的老伴和家人不仅倾家当产给我治病，而且在生活上无微不至地照顾我。由于失去了2/3舌头，我无法正常吃饭，每天只能吃流食，每天要吃五餐。老伴就把胡萝卜等果蔬蒸熟打成糊，把饭也打成糊。每次做饭都要花费很多时间和精力，有时候一个月就要用坏一个搅拌机。为了给我加强营养，老伴常常买鸽子、黑鱼等营养品给我熬汤；还买芝麻、核桃、黄豆，磨成粉后再拌成粥给我吃。他自己却相当节俭，大多吃蔬菜度日。我无法用语言跟别人交流，他就充当我的"翻译"，即使再含糊的话，他也能立即明白并转述给对方。儿子儿媳对我也很照顾。第二次患癌时，我起初想放弃治疗，儿子儿媳多次动员、说服我继续治疗，手术时他们也一直陪护在身边。第二次生病后，老伴把我们住的房子卖掉给我治病，儿子一家把自己的房子让出来给我们住。儿子虽然不是我亲生的，但是我们比亲生母子还亲，婆媳之间也亲如母女。家人的呵护照顾给了我不可替代的力量。我也以积极乐观的态度与病魔抗争。每天早上我很早就起床，然后骑自行车到城区龙泉山，一边呼吸山里清新的空气，一边打羽毛球，足足打上一个多钟头才回家，风雨无阻。

相濡以沫的白志丹、孙富义夫妇

经过不断的化疗、放疗、药物治疗、生物治疗，特别是后来使用了一种民间秘方中草药，再加上体育运动，我的病情趋于稳定，癌细胞基本得到了控制。当时，医生断言我的生命只有几个月，如今我的生命之路已经又走过 6 年。我坚信"生命与癌是可以同时并存的"，我必须而且也可以和癌症抗争。由于我和老伴不离不弃、坚持和病魔作斗争，2006 年我们被评为"感动余姚十大新闻人物"，2007 年荣获余姚市侨界"十佳和谐家庭"荣誉称号，2007 年我还被评为余姚市抗癌明星、老伴被评为抗癌爱心家属。确实，老伴是我的"嘴巴"，我则是老伴的"眼睛"。我们在生活上相互照顾，在精神上相依相伴。如今，老伴已八十多岁，不仅眼睛不好，而且常感四肢无力、手脚麻木，行动不便，我尽自己的力量照顾老伴。每天为他穿衣、脱衣，出门形影不离，互相搀扶。我们体会到了什么是相濡以沫、患难与共。

四

虽然我的生活充满了坎坷，但是党和政府不仅在生活上关怀我，而且给了我极大的政治荣誉。从第六届至第十一届，我连任六届余姚市政协委员，这是党和政府对我的信任。我十分珍惜政协委员的荣誉，也深知这份荣誉所蕴含的责任，因此，我尽自己最大的努力履行这一职责。我注重联系群众，细致观察周围事物，了解群众所需，积极撰写提案，及时反映问题，同时注重加强自身学习，参加各种社会活动，对社区工作给予关心和支持。我负责社区的巡逻治安，还调解邻里纠纷，并接过老伴的棒子，担任楼长工作。我还是街道"三胞"眷属联谊会会员、居民代表，为建立和谐社区做出了自己的一份贡献。从 1987 年至 2005 年，我也一直兼任市侨联副主席。

党和人民给予我太多了。虽然我能力有限，但还是尽自己的一份心力回报社会。80 年代时，听说家乡泗门镇敬老院需要修缮，我们曾捐献 500 元。去年汶川大地震发生后，我刚从上海检查回来，听到为灾区捐款的消息后，特地赶到社区捐款 300

元。社区工作人员知道我的情况，劝我说："白大妈，你的病需要很多钱，你的心意我们领了，但钱还是拿回去吧！"但是我觉得，我是中国人，祖国有难，理应分担，虽然数目不大，但是代表我的一片心意。社区工作人员看到我的诚意，最后终于收下了我的捐款。

我觉得生命的价值在于奉献。拿什么回报祖国、回报党、回报社会，我一直在问自己。我想过捐献眼角膜、捐献肾脏，但由于是癌症患者，我的身体器官不适合捐献。但是我想，我还有最后一次回报祖国和人民的机会——那就是我的遗体，我的遗体可以作为医学界研究癌症的材料，因为我成功抗癌已二十多年！2008年，在有关同志的见证下，我顺利办理了遗体捐献手续。我觉得党和政府对我这个老归侨如此关心爱护，我不但没能为党和国家做出应有的贡献，到了晚年，还要依靠政府扶助，实在深感内疚。捐献自己的遗体，这是我最后一次报答祖国和人民的机会，死后如果我的遗体能有利于后人，我就死而无憾了！这就是我这个老归侨的心声和愿望！

赤子之心献祖国

——蔡俊　口述

被采访者简介：蔡俊，男，缅甸归侨，祖籍广东梅县。1928年6月出生于缅甸亨实达县，1950年5月回国。1951年考入燕京大学机械系（1952年并入清华大学），1955年毕业后分配到长春汽车拖拉机学院（现吉林工业大学）。"文化大革命"期间，因"海外关系"被定为"内控"对象，在东北农村接受劳动改造，1973年回校任教。十一届三中全会后获纠错平反。1980年调到杭州电子工业学院（现

蔡俊在接受采访

杭州电子科技大学）工作，后任杭州电子科技大学教授。1981年入党，1982年当选浙江省侨联常委，1991年退休。

　　采访时间：2009年6月5日
　　采访地点：浙江省杭州市文华大酒店
　　采访者：林晓东　张秀明　陈永升　陈林　陈小云
　　整理者：张秀明

一

我祖籍广东梅县，是客家人。我们家族最早出国的人是舅公。当时梅县人多地少，生活很困难，所以很多人都出国谋生，舅公也加入了这个行列。他出国后几经辗转，最后在缅甸落脚，创业谋生。他给人打过工，做过小生意，慢慢积累了家业。当时，他在亲戚中收了很多徒弟帮他打理生意。大概在19世纪末20世纪初，父亲去了缅甸投靠舅公。

说起父亲出国的经过，还是蛮曲折的。当时没有轮船，只有帆船，路上要走好长时间。家里没钱，买不起船票。父亲就和船主约定好，在船上当船工抵船票。当时他们从广州出发，过了一个多月才到达缅甸，路上的辛苦可想而知。父亲到达缅甸后，就在舅公的店里当学徒。由于他踏实肯干，舅公把他视为接班人，要父亲日后继承他的生意。父亲继承了舅公的服装生意后，由于很讲诚信，所以生意做得很好。有时没有现金付款，仰光的服装材料批发商也会先把衣料批发给他。他对顾客也很讲信誉，衣服质量有问题的话，他是不会卖的。所以，他的事业发展得很好，在当地商界享有比较高的威望。

1928年6月12日我出生于缅甸的亨实达县。我母亲是父亲的第二个妻子。父亲的第一任妻子在生了一个女儿——也就是我大姐后因病过世。当时，华侨大多习惯回国娶妻，然后带出国。另外是生育子女很多。我妈妈有11个子女。我上面有三个姐姐。爸爸看头先几个孩子都是女孩，害怕没有男孩继承家业，就在国内领养了一个男孩，他就是我大哥。我是父亲亲生的长子。我的兄弟姐妹中有两个小时候因病夭折，还有一个在抗日战争逃难中因病去世。

现在回想起来，在我童年、少年时，父亲给我影响最深的就是爱国主义。虽然当时我还不理解"爱国"、"主义"这些名词，但在日常生活中，我们耳濡目染父亲的所作所为，不自觉地受到了爱国主义熏陶。当时，我们那个地方有三个同乡会：客家同乡会、福建同乡会和广东同乡会。在我印象里，父亲一直是客家同乡会会长。他觉得，帮助同乡、为同乡办实事是理所当然的。他经常帮助新来的同乡找工作，调解同乡会会员之间的矛盾和纠纷。当时缅甸酒厂、当铺等行业的经营权是通过竞标才能获得的。许多华侨为了获得当铺、酒厂的经营权，往往相互抬价，结果把标价抬得很高，不仅损害了华侨的经济利益，也常常伤害相互之间的感情。我记得小时候，经常有人来家里谈竞标的事情。父亲经常从中进行调解，在各方中进行协调、平衡，直到最后达成各方都能接受的协议。调解纷争不是容易的事，要考虑到各方面的利益，不能偏袒任何一方，要让各方都能接受。父亲本着对侨胞的爱心，做这些事都是义务的。

父亲从小就教育我们，不要忘记自己是"唐人"。为了让当地的华侨子弟能接受中文教育，他带头捐款，在亨实达创办了勉正华侨小学，他一直任董事长。学校每次捐款，都是他带头。从国内聘请老师也是他负责。他每天早上散步路过学校，都会关心学校有没有事情需要处理，为学校的发展付出了很多心血。当时学校的课程都是参考国内的教学内容，也教一点英文，但是不学缅甸文。我小学就在勉正华侨小学读书，中学时到了仰光的缅甸华侨中学，这是全缅甸的华侨联合开办的学校。

父亲十分注重对我们进行传统文化教育，不仅让我们读华侨学校，而且坚持要我们回国居住一段时间，亲身感受家乡的生活。我四五岁时妈妈带我回国，在家乡梅县住了半年多。通过拜祭祖坟等活动，我了解了祖先是什么，家乡是什么样子。现在回想起来，我觉得这是一种很有效的爱国爱乡教育。

还有一点让我印象很深，就是艰苦朴素教育。小时候觉得父亲对我们太"苛刻"，太严厉，现在觉得很庆幸，觉得这种教育很正确。举个例子——我上小学时，家里的条件还算不错，有三轮车，当时还没有汽车。但父亲不让我坐三轮车上学，而是要我走路去。我10岁上四年级时，父亲要求我住校。在学校，要自己叠被子，自己洗衣服，吃饭也是跟其他学生一样。当时，我很不理解，因为家里条件要比学校好多了，父亲为什么非要让我在学校吃这种苦？我觉得很难过。后来，我才慢慢体会到父亲的良苦用心。小学毕业后，我考上了仰光的缅甸华侨中学。学校离家很远，坐火车要三四个小时，半年才能回一次家，什么都要靠自己。而由于在小学就已学会了生活自理，所以离家在外的中学生活我适应很快。这时我才深深体会到父亲让我吃苦的用意。

二

我读初三时，太平洋战争爆发。日本人很快占领南洋，并从泰国往北向缅甸推进。日本人为什么一定要占领缅甸呢？因为当时由于日本对中国全面封锁，盟国支援中国的战略物资只能通过滇缅公路运往中国。为了切断这条运输线，日本人对缅甸是势在必得。当时形势非常紧张，学校也关门停课了。父亲要我们兄弟姐妹全部回国避难，但我们还没意识到事情的严重性，不太愿意离家。在日本人打到泰缅边境时，形势更加紧张。父亲就在院子里挖了一个防空洞，作为

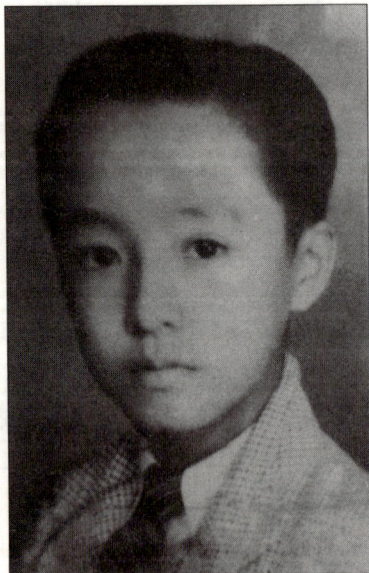

1942年，逃难回国时的蔡俊

他和最小的弟弟和妹妹的避难所。其他人则一定要回国。在这种情况下，我们只好回国。

我们先坐船沿江往北走。当时，我们走走停停，还有侥幸心理。心想万一日本人打不进来的话，我们还可以继续留在缅甸。到了曼德勒后，我们在那儿停留了半个月。由于日本人一直往北攻，我们不得已又逃到了中缅交界的密支那。在那儿呆了一个月后，情况还是没有好转，最后没办法，我们只好步行进入云南。我们坐火车从曼德勒前往密支那时，一路上情况相当混乱，火车拥挤不堪。因为当时缅甸军队、中国远征军、英国军队都在撤退，大队人马都挤在火车上。我们一家上了第二节货车车厢，当时车厢里全是中国远征军军用物品。车快开时，一群国民党兵上来了，要我们下车，说那节车厢是他们包下的。没办法，我们只好下车，顺着车厢一直往后走，一直找不到空位子。最后好不容易在车尾的车厢找到了几个空位子，挤上了车。但是，火车还没到密支那，就和停在前面的另一辆火车相撞了。当时的场面很混乱，铁路管理人员也都跑掉了，火车的运行没有人管理和指挥，所以前面的车停着，后面的车却不知道，于是就撞上了。前几节车厢都撞翻了，车里的人全部遇难。我们因祸得福，保住了性命，但也没火车坐了，最后只得丢掉行李，步行逃难。

当时国民党军队也在往国内撤退，他们很照顾我们。当时都是山路，周围没有人烟，我们根本不认识路。他们在前面走，遇到岔路口时，就用树叶做标记，给我们指路。本来我们打算从云南腾冲回国的，但快到腾冲时，才知道日本侵略军已经占领了腾冲。没办法，我们只好绕道腾冲，继续在山里走。当时山里瘴气很重，人在里面行走，易患传染病，比如伤寒、疟疾等，结果弟弟染上了传染病。由于既没有医生，也没有药品，弟弟最终离开了人世。我们怀着悲痛的心情，把他葬在山上。后来，我们到了保山。在公路上遇到了滇缅公路上的运输车，把我们拉到了昆明。这个运输车，就属于陈嘉庚组织的南侨机工支援祖国抗日的滇缅公路运输队。他们知道我们从缅甸逃难回来，因为都是华侨，觉得很亲切，愿意送我们到昆明。到了昆明后，我们住进了难民招待所。稍事休息后，我们又搭南侨机工运输队的车前往贵阳。

到了贵阳后，我们准备从那儿回老家梅县。有一天我在街头看到了一个布告。大意是说国民党政府要在重庆办一所华侨学校，收留逃难回国的华侨学生。我当即决定报名，因为我当时才14岁，回老家的话不一定能上学。同行的哥哥和姐姐都同意我的决定，所以我独自去重庆上学，其他人则回了梅县老家。

我在四川綦江国立第二华侨中学学习了四年，抗日战争胜利后，1946年高中毕业。毕业时，国民政府决定将华侨中学迁到当时还隶属广东的海南岛，因为华侨中学的学生大部分是广东、福建人。我刚毕业，无事可做，就搭乘学校的搬迁汽车回到了广州，准备从那儿回梅县。我滞留在广州时，幸运之神再次降临。有一天，我又在街上看到了一份布告。布告说联合国难民救济总署遣返第二次世界大战时期的难民回原居地。看了这个布告后，我很高兴，马上就去打听情况。接待我的人详细询问了我的情况，比如出生在哪里，家里有什么人等。查看了护照等有关证件，认为我符合遣返条件，准予我返回缅甸。这样，我就坐船回到了仰光。一年后，在梅县的兄弟姐妹也遣送回到缅甸。

当年我们逃难回国时，父亲留在了缅甸。由于日本军队占领缅甸引起的担忧、恐慌，再加上高血压，父亲中风瘫痪。日本军队占领亨实达后，开始清算抗日分子。父亲是当地侨领，他响应陈嘉庚的号召，在当地成立了华侨抗战救灾总会，并且带头捐献。我记得当时召开捐献大会时，他把第二套房子卖掉，把卖房子所得全部捐献出去。这件事对我触动很深。我问父亲，把第二套房子卖掉，以后万一需要怎么办？父亲说，房子是次要的，国家才是重要的；只有国家在，才有小家在。父亲这些话给我留下了难以忘怀的印象。这种言传身教的爱国主义教育深深打动了我。后来，我们爱国青年学生进行募捐，我学习父亲的榜样，抱着存零花钱的铁皮奶粉罐第一个冲上台去，把几年积攒的零花钱全部捐了出去，大家看到我这样，对我热烈鼓掌。我感觉很光荣、很激动。回家后，父亲也表扬了我，说我做得好。我觉得父亲对我们的爱国主义教育不是停留在口头上，而是以身作则，是通过实际行动来体现的。比如，他坚持要我们回国，要我们接受中国文化教育，要我们不当日本人的奴才，等等，这些都潜移默化地影响了我们。

日本人的侵略给我们家带来了残酷的打击。日本军队进占缅甸后，开始搜捕抵抗日本的进步人士。我父亲也在黑名单上，但有很多人保护他。缅甸人信仰佛教，有很多佛教寺庙。我们华侨有很多人也是信仰佛教的，我父亲也是，他平时经常给寺庙捐钱。在这危急时刻，有一家佛教寺庙收留了父亲。让父亲剃发，穿上袈裟，在寺庙中住了三年。日本人不知道他藏在哪里，有那么多寺庙，他们也不可能每家都搜一遍。父亲就这样隐藏了下来。日本人曾得到情报，说找到了一个很像父亲的人，他们就把他抓了起来，这个人就是我伯父。为了从伯父口中得到父亲的下落，日本人对他严刑逼供，使他致残，但也没有得知父

1947～1950 年，在仰光任华侨
初级中学教员的蔡俊

亲的下落，最后只好把伯父放了。为了摧毁华侨的抗日力量，日本人一直在寻找那些抗日侨领。后来，他们又想找到侨团的捐款名单，"按图索骥"，抓捕抗日人士，但也没有得逞。因为那份名单是哥哥抄写的。后来，我听哥哥说，为了避免被日本人发现，他早已把名单包好，用一块大石头捆上，沉到了河里。这样，就使很多人幸免于难，保护了那些捐款抗日的爱国人士。很不幸的是，虽然我父亲躲过了日本人的迫害，但最后还是遇难了。

情况是这样的。第二次世界大战末期，盟军从印度和中国向缅甸反攻，对日本人的据点进行轰炸。日本人很阴险，他们知道盟军肯定会攻打日本军营，所以全部分散住进了当地老百姓的住区。盟军为了消灭日本军队，只好不分青红皂白对所有建筑物进行轰炸。当时，父亲已经从寺庙回到了家，盟军轰炸时，父亲让母亲带着小弟弟和妹妹赶紧逃到河对岸的小岛上避难，他由于腿不方便留在了后面。可是，燃烧弹击中了我们家。事后家人回去找他时，在山坡下发现了他的遗体。我们在国内得到这个消息后，十分悲痛。我也更加惦记留在缅甸的母亲和其他家人。所以，只要有机会，我就毫不犹豫地回到缅甸。但回家后发现，家已经成为一片废墟，一切都要从头开始。母亲忍住悲痛，带领哥哥姐姐做小生意维持家计。我在仰光一家华侨学校教书，分担家计，一教就是三年。由于深受父亲的影响，所以在教学生活中，我也经常向学生灌输爱国爱乡的思想。他们中有很多人后来也都回国学习并参加祖国建设。

三

我一直关注着国内的形势。1949 年 10 月新中国成立后，我就准备回国。当时回国很困难，因为缅甸与中国既不通航，也不通邮。我去申请回国时，缅甸移民局官员对我说：你是缅甸出生的，在这里有户籍，如果回中国，以后就再也不能回缅甸。他试图以此阻止我回国，但我不改初衷。这种情况我不敢告诉母亲，我只对她说，我要回国念书，参加祖国建设。当时抗美援朝战争快要爆发了，美国对中国进行全面封锁，国民党准备反攻大陆，形势本来就很紧张，如果我再告诉母亲回国后就不能再回缅甸的话，她肯定不会让我回来。所以我没有对她说实话。她说，形势这么紧张，第三次世界大战就快爆发了，为什么我一定要回国？我说我想回国读大学。她说，在缅甸一样可以读大学，实在不行，还可以凑钱让我去伦敦读大学。我说，爸爸生前不是一直坚持要我们受中国教育吗？妈妈才无话可说，含泪同意我回国。

但新的问题又出现了：当时，我们没有美元，也没有人民币，回国后靠什么生活呢？当时缅甸的政策是如果不再回缅甸的话，可以带些财产回国。我没有什么财产，但几年教书，自己积攒了一点钱，就用这些钱换了外汇，买了一些金饰品，准备回国后换成人民币。回国后正值抗美援朝，全国人民都捐款捐物支援抗美援朝，我也要尽一份自己的力，就把全部金首饰以很低的比价卖给了国家银行，只留下了一个小戒指。

我回国时不是从缅甸直接回来的，而是先去了泰国，因为当时泰国有华侨商船到海南岛。我从缅甸是一个人回国的，但在泰国上船后发现，有二三十个人都是要回国的华侨青年。我们先坐船到海南岛，后来又坐船到了广州。当时风险还是很大的，因为海南岛附近的很多岛屿还有国民党残兵在活动。幸好有惊无险，我们顺利到达广州。到了广州后，中侨委将我们安置在招待所。关于未来去向，中侨委推荐我去厦门大学，但我迫切希望能去北京，亲眼看一看祖国的首都。后来组织上同意了。刚到北京时，我们100多个侨生都住在东堂子胡同的中侨委招待所。我算是很活跃的，担任文艺部部长，经常组织大家进行联谊。当时有不少归侨学生年龄比较小，有些人想家，这些活动缓解了他们想家的心情，给他们带来了关怀和温暖。

1950 年，刚到北京的蔡俊在劳动人民文化宫前留影

中侨委有关人员看了我的履历后，推荐我去几个单位，一个就是北京大学东方语系，主要是培养包括东南亚各国在内的语言人才。我刚从缅甸回来，将来不想再回去，所以不想去东方语系学习。他们又推荐我去中国戏剧学院。我觉得奇怪，为什么推荐我去那儿呢？他们说我的简历显示，我演过话剧。确实，在抗战及在仰光当教师时，我参加演出《雷雨》、《野玫瑰》等话剧，但那只是业余爱好，我将来并不想以演戏为职业。他们问我，我将来究竟想干什么工作？我说我要学习工科，参加社会主义建设。这样，1951 年我考上了燕京大学机械系，1952年机械系合并到了清华大学。我于 1955 年毕业，被分配到了长春汽车拖拉机学院，也就是今天的吉林工业大学。

我为什么选择回国？这要归功于我所受的爱国主义教育。抗战时期在重庆求学期间，我就接触到了《新华日报》，对共产党有了初步了解。当时国民党的宣传报道对共产党极尽污蔑之能事。我亲眼目睹国民党官员腐败，大发国难财，我对国家的前途充满了忧虑。后来，我看到了陈嘉庚先生写的一篇文章。这篇文章是他到延安访问后写的。我们都知道，抗战时陈嘉庚组织了"南洋华侨筹赈祖国难民总会"，在华侨中募捐支援祖国抗战。这些善款大部分都给了国民党政府，但是也有一小部分给了共产党，因为共产党在延安坚持抗战。后来，陈嘉庚率领华侨慰劳团回国慰问，先到了重庆。国民党政府的种种行为让他很失望。他提出要去延安考察。国民党官员阻止他去，说去延安太危险。但陈嘉庚坚持要去，国民党阻拦不成，只得放行。到了延安后的所见所闻，让陈嘉庚深受感动和鼓舞。回南洋后，他就写了那篇著名的文章——《中国的希望在延安》。共产党领导下的延安军民团结一心、艰苦奋斗、英勇抗战，这种民族精神与重庆国民党的腐败形成了鲜明对照。这篇文章深深触动了我，陈嘉庚的思想启发了我，使我从此坚信中国的希望在共产党，共产党领导下的中国前途光明。这就是我思想转变的心路历程，是我后来坚决选择回国、参加祖国建设的思想动力。可以说，陈嘉庚是对我后半生影响最大的人，我对他充满了崇敬和感激之情。今年，我特意到厦门集美陈嘉庚的故乡，参观他的生平展览，在他的塑像前留影，表达自己对他的怀念和敬仰之情。

四

我对共产党充满信心，组织上对我也很重用。上大学时，我曾担任班长、年级大班班长，还担任系学生会主席，而且经常受表扬。1953年我向党支部申请入党，当时我满怀信心，觉得组织这么重视我，我肯定能很快入党。但是，出乎我意料，一直到毕业也没有批准我入党。对此，我很困惑，不知道是什么原因。毕业时，党支部书记找我谈话，他鼓励我不要泄气，要有信心，但是仍没有说明我不能入党的原因。带着满腹疑虑，我被分配到了长春吉林工业大学当教师。

到了吉林工业大学后，学校也很重用我，我很快成了教研室的骨干。"反右"时，有人提出的意见很尖锐、很激烈，但我比较平和，我觉得有意见应该好好提，不应该太偏激。当时，和我同时分配到吉林工业大学的几个朋友都被划成了"右"派，我感觉有人在等着我犯错误。果然，"文化大革命"开始后，我就被揪住了"辫子"。我觉得像拜神一样参拜毛主席是不恰当的，因为我们是唯物主义者，毛主席是我们的精神领袖，但他不是神。我这种看法理所当然受到

1955 年毕业前，蔡俊在
清华大学校门前留影

了批判。后来，邓小平出来主持工作，但没多久他又被扣上"反党反社会主义"的帽子受到批判。对此，我很想不通。我觉得邓小平是周总理推荐、毛主席认可出来主持工作的，怎么会反党反社会主义呢？我这种看法同样不能见容于当时。我开始遭到批判，要我检查、交待问题。1969 年底，我和全家被下放到长春附近的农村接受劳动改造，户口也带过去。我觉得这也没什么，大不了就是当农民。

我下乡时发生了一件让人啼笑皆非的事。当时，我们家有一张进口的钢丝床，是我们结婚时岳父送的。因为农村都睡炕，我觉得床带去用不上，就向工宣队提出把床留下来给别人用。但工宣队的人说，一点东西都不能留下，全部要搬走。他的言外之意是怕我借放东西之名霸占学校的房子，然后借机回来。

我觉得真是"以小人之心度君子之腹"。还有更可笑的事情。起初让我去的那个地方是平原，没有多少树木，只有一点儿麦秆可以烧火，而冬天烧炕需要大量木材。我听说有人下放到了延边，那里森林多，应该不缺烧火的木材。所以，我向工宣队提出了想去延边的请求。工宣队的人一听又提出了质疑："你要去延边？那儿是你能去的吗？"我问为什么我不能去？他们说，别忘了那儿是边境！言下之意是怕我从那儿逃跑。听到这个答案，我觉得被当头打了一棒！感到自己的人格受到了严重污辱！因此，我什么也不愿意多说了，我决心到农村去好好表现，用事实证明我不是他们所想象的那种人，证明我是因为爱国爱党才回来的，我的爱国之心对天可表！

在农村三年，我拼命干活，种地、养猪，帮社里做群众工作，做知识青年集体户的思想工作……后来被评为"五七战士"。这个荣誉对我来说是巨大的安慰。后来，乡党委书记找我谈话，要委派我去完成一项任务，让我到珍宝岛附近去调查一个逃亡到那儿的地主的情况。听了这个消息，我觉得很意外。我提醒书记说，那儿是边境地区，没有特殊签证不能去。书记说："蔡老师，我们党委研究过你的情况，派你去我们放心。"书记的话一下子温暖了我的心，我激动得热泪盈眶。这种被信任的感觉至今我也难以忘怀。肩负着组织上的信任，我与另外一个同志去了珍宝岛。

当时，天气十分寒冷，气温接近零下40度，我们的耳朵和嘴巴都被冻僵了。冒着严寒，我们认真完成了任务。回来后在向党委书记汇报情况时，我说我们来农村是要接受再教育的，做得不好的地方，希望组织上批评帮助。但是党委书记的一席话又让我感动得说不出话来。他说："蔡老师，你是党培养的人才，是大学老师，国家建设需要你这样的人才。你现在下乡是暂时的，将来国家肯定需要你们回去。你要相信党组织。"其实，在当时极"左"路线泛滥的背景下，我心里对自己的前途是没有信心的，我觉得可能一辈子都会留在农村了。党委书记的话鼓舞了我，使我坚信党一定会找到正确的方向。

三年后，也就是1972年底、1973年初，学校复课了，我们很快得到通知回校复课。学校对我们在农村的表现给予了表扬。但是，我一直有一个疑团没有解开：那就是我不明白我为什么不能入党，"文化大革命"中对我的审查、批判、限制，从来没有人向我解释原因。后来，工宣队找我爱人谈话，说了这么一句话："你爱人是有海外关系的呀！"虽然没有再多说什么，但言下之意很明显，因为有"海外关系"，所以我是"危险分子"，怎么可能让我入党呢？但当时我爱人并没有把这个情况告诉我，我是后来才知道的。

十一届三中全会召开后，全国开展纠错平反，党组织找我谈话，说要为我平反。这时我才知道因为"海外关系"，我早已被定为"内控"对象，虽然一直没有公开。到这时，我才明白我为什么一直不能入党，为什么得不到信任，为什么会受到那些不公平待遇。学校很快召开第一次平反大会，我是第一批被平反的人之一。平反后，《吉林日报》记者采访我，后来在报纸上整版报道了我的事迹。

五

平反后，虽然我的清白得以昭雪，名誉得以恢复，学校对我也很尊重，有的同事（曾是我的学生）还为在"文化大革命"中对我的不礼貌言行向我道歉，但是我觉得处境很尴尬，很不自在，所以就想换个工作环境。但在当时要调动是很不容易的。学校觉得我是人才，不愿意放人，学校领导说要提拔我当系主任，想方设法挽留我。但我实在不想继续留下来，我想换个地方重新开始新生活。我觉得，无论我在哪里工作，都是为国家服务，为党服务。所以我挨个向党委委员做工作，取得他们的理解和支持。最后，校党委终于同意我调动。虽然学校同意放人了，但是还要上级部门同意，这也很困难。我们学校当时属于电子工业部，我就跑到部里，希望部里同意我调动。部里人才稀缺，不轻易放人。所以他们问我到底有什么原因非要离开。我说，我国外有亲戚，他们要回来探亲，但东北太冷了，他们不适应，希望把我安排到南方工作。最后得到部里的批准。我选择了杭州，因为当时杭州电子工业学院刚刚成立，需要人才。学校党委书记接待了我，看了我的档案后，非常欢迎我到学校工作。但是，我的心里并不踏实，因为电子工业部是半保密部门。我提醒党委书记说，我有海外关系，会不会不适合在具有保密性质的单位工作。党委书记的话给我吃了定心丸。他说：十一届三中全会都开了，党的政策变了，你不应该还有这种思想。听了他的话，我感到很欣慰，我终于放心了。这样，1980年初，我调到了杭州电子工业学院工作，开始了最舒心、最充实的新生活。

到了新学校后，我放下思想包袱，全力投入工作中。我筹组了金相教研室。筹建之初，有很多工作要做，那些粗活累活也得亲自做。经过农村生活的锻炼，我觉得没有什么活不能干。刚到杭州时，我还穿补丁裤，虽然我自己觉得没什么，但大家觉得作为一个高级知识分子，我能做到这样，很不简单。由于得到了信任和肯定，我兢兢业业投入工作之中。辛勤的努力得到了认可，我多次被评为先进工作者，1981年又入了党。1982年，经学校推荐我当选为浙江省侨联常委。我的专著《可靠性工程学》被电子工业部定为全国高校教材。后来，我主要负责指导研究生。我应于1991年退休，由于所带研究生没有毕业和研究课题没有结项，被学校延聘了三年。

退休后，有许多单位聘请我。有的让我讲课，有的让我当工程技术顾问。但是，考虑到健康的原因，我想轻松享受退休生活，好好保养身体，所以婉拒了他们的请求。我这么做是有原因的。1986年时，因过度劳累，我患了急性心肌炎，在医院住了一个月。出院疗养期间，考虑到研究生没人上课，就偷偷给研究生上课。结果讲课时，由于情绪激动导致旧病复发。医生把我狠狠批评了一顿。说工作积极虽然好，但要量力而行，不能不顾自己的身体健康。这次我听从医生的建议，老老实实在家养病半年，直到身体完全康复。我这么拼命工作，不是为了名利，而是为了弥补过去失去的宝贵时光。令我觉得欣慰的是，我的努力没有白费。看到教过的学生在各自的工作岗位上都有建树，这比我自己取得成绩还要高兴。

我当省侨联常委时，热心于开展联谊活动。我们利用周末和节假日聚在一起，交流各自所知道的侨情，增进了解和情谊。在这方面，省侨联的工作做得很细致，为归侨开展联谊活动提供了很大便利，比如提供场地、补助一定的经费等。我们每次在侨联聚会时唱歌跳舞搞联欢，气氛很活跃。这种交流很有意义，使我们心情愉快，还能及时掌握国外的侨情变化。

曾经有人问我，回国后吃了那么多苦，经历了那么多磨难，有没有后悔过。我说我不仅不后悔，相反还觉得选择回国很幸运。为什么？因为我有作为中国人的幸福感和自豪感。90年代末，我回缅甸探亲。经过缅甸海关时，海关人员问我从哪里来？我说我从中国来。他们一听竖起了大拇指。这跟以前我们过缅甸、香港等地的海关时所受的待遇简直不能同日而语。当时，我们过海关时，外国海关人员对中国人有一种歧视。那种感觉真的很屈辱。现在，我们国家强盛了，作为中国人，真的很自豪。

六

我的十几个兄弟姐妹中，只有我一个人回国。留在缅甸的生活也不错，他们主要是经商。以前他们也都回来过，现在主要是我去缅甸看他们。一来，我去可以一次见到大家；二来，可以拜祭父母亲。

我最早回缅甸探亲是在 1963 年。当时，妈妈写信来，说很想念我，希望我能回去见见面。我就向学校领导提出了申请。当时学校对到国外探亲有顾虑，主要是怕我不回来。我提出，我爱人陪我去。但是没想到这样一来反而更糟糕，学校以为我们夫妻二人都不会回来了。意识到学校的顾虑后，我明确提出，我们不会留在国外，因为两个孩子都在国内让岳父岳母照顾，我们肯定会回来。学校这才放了心，同意我们出国。我严格遵守规定，在一个月后按时回国。学校为此表扬了我，因为公安部门通知学校，当时长春市出国探亲的 53 人中，只有我一个人按时回来。现在看来，这没什么不大了的，但在当时是很严重的政治问题。

其实，我去探亲时，妈妈也曾劝我留下来，而且已经为我联系好了工作单位，想让我在仰光大学教书，因为我毕业于清华大学，在那边很好找工作。我跟妈妈说，我在国内还有学生等着我上课，而且我的孩子也在国内，我会常回去看她，但我不能留在仰光。妈妈看我态度很坚决，只好放弃了劝我留下的希望。我以为能经常回去看妈妈，没想到"文化大革命"爆发后，连信都不敢写，更不用说回缅甸探亲了。"文化大革命"后期，慢慢能通信了，我才知道妈妈已经于 1973 年去世。未能再见妈妈一面，是我终生的遗憾。聊以自慰的是妈妈生前没有为我担心，因为她知道我在国内成家立业，平平安安。令人啼笑皆非的是，"文化大革命"中我这次回缅甸探亲成了我受批判的一个疑点。前面说过，我当时按时回国受到了表扬，但"文化大革命"时造反派对此提出了质疑。他们认为，别人都不回来，只有我一个人回来，我回来肯定带着不可告人的目的。可见，"左"倾思想对人的毒害有多深。

改革开放后，我又回了几次缅甸，带着儿子、女儿去缅甸探亲，让他们了解我出生的地方，认识亲朋好友，为爷爷扫墓，也算了却我的一桩心愿。现在，我与缅甸亲人的联系很密切，经常打电话互通信息。我觉得，通过电话交流方便快捷，能及时了解彼此的情况。电话交流还有一个好处，就是我又能流利地讲缅甸语了，用缅甸语跟他们交流更方便，因为我的亲戚中只有一两个人会说普通话。我跟他们说缅甸语，他们觉得很高兴。大哥92岁了，现在还在亨实达；大姐在美国，她已经94岁了；二姐91岁、三姐也80多岁了，她们现在都在缅甸。三姐、弟弟他们在仰光都住在一起，相互照顾，一起做生意。他们很关心中国的发展，对中国的感情也不断加深。他们中也曾有人回来观光，对中国的发展很惊叹，觉得北京、上海等大城市简直可以与欧美的城市相媲美。确实，我们国家在飞速发展，取得的成就举世瞩目。我记得1950年我刚到北京时，感觉城市很破败，就像是一个小城镇。但是，俗话说"儿不嫌母丑"，正是因为国家贫穷落后，才更需要我们回来建设。这正是我毅然回国参加祖国建设的原因所在。

我和爱人是上大学时认识的，她毕业于中国人民大学。毕业后她先分配到抚顺，后来调到长春。我儿子在美国西雅图一家软件公司工作，女儿在杭州电子科技大学工作。

我个人爱好比较多，特别是退休后有充裕的时间从事业余爱好。我的退休生活可以说十分丰富多彩。我喜欢游泳、打篮球、画画，交谊舞跳得也不错。1991年退休后，我进入杭州老年大学学习国画，先后从"山水画"和"花鸟画"班毕业，多次参加群众社团及单位举办的画展，2001年省侨联为我举办了个人画展。我也喜欢旅游，除西藏外，几乎走遍了全国各地，78岁时我还登上了泰山。

现在，虽然已年逾80，但我觉得幸福人生刚刚开始。我的青春岁月献给了祖国，我的晚年生活多姿多彩。看到祖国日益强盛，想到其中也有我的一份贡献，我感到无比幸福。

宁静淡泊　无欲则刚

——陈积浩　口述

被采访者简介：陈积浩，男，新加坡归侨，祖籍浙江平阳。1937 年 1 月出生于新加坡。1942 年回国，1958 年考入清华大学水利工程系，1964 年毕业，被分配到长江水利委员会枢纽设计处工作，先后参加了三峡水库实验坝、贵州乌江渡水电站、葛洲坝水电站等重大水利工程的设计工作。1979 年 5 月调到温州市水利局，1997 年退休。曾担任过浙江省第七届人大代表，省侨联第四届委员，温州市第八届人

陈积浩近照（摄于 2009 年 6 月）

大代表、第四届政协委员，温州市侨联副秘书长、兼职副主席，现为温州市侨联顾问。

采访时间：2009 年 8 月 13 日

采访地点：浙江省温州市被采访者住所

采访者：林晓东　张秀明　张力　陈永升　陈小云

整理者：陈小云

一

我于 1937 年 1 月出生在新加坡。父亲陈靖中，毕业于南京第一农校和东南大学预科，1922 年赴马来西亚兰丹福，在当地华侨学校任校长 10 年，后在新加坡皮件公司任经理 5 年，做过温州华侨同乡会会长。母亲也在新加坡华侨小学教书。1942 年日本侵占马来西亚、新加坡后，父母将哥哥和我一起带回浙江平阳山门乡老家居住。解放前，父亲做一些明矾石小生意。1957 年起担任温州地区华侨联合会副主席，一直到 1975 年去世。父亲是温州华侨中学的发起人之一，并担任了华侨中学第一届董事长兼校长。此外，父亲还担任过温州市政协常委，温州市第一、二、三、四届人大代表。

二

1953 年，我于温州市立中学初中毕业。在父母的支持下，我放弃了继续上高中的机会，响应政府学生参军参干，建设祖国、保卫祖国的号召，报名参了军，被编入中国人民解放军公安十七师，在杭州湾边防大队庵车分队服役。在部队里，我虚心向老战士学习，他们都是从南下部队抽调来的，经历了解放战争，他们英勇作战，不怕牺牲的大无畏英雄气概深深地教育了我。当时在部队，初中毕业生算得上是知识分子了，老战士大多来自农村，文化程度较低，我耐心地帮助他们学习文化，深得老战士们的喜爱。我努力学习边防工作技能，能独立开展有关边防的业务工作，较好地完成上级布置的任务。我于 1954 年荣立三等功一次。1956 年 1 月从边防十八团调入浙江军区司令部工程兵处工作。我经过短期技术兵种培训，适应了兵种环境，经常跟随军区首长到沿海岛屿检查战备工事构筑情况。由于我工作积极，期间，被评为军区司令部机关先进工作者一次。我在部队这所革命大学校锻炼了五年，政治思想觉悟得到了很大提高，渐渐树立了热爱共产党，热爱祖国的坚定信念。1957年从部队复员，在温州市小学任教一年。1956年党中央提出向科学进军，培养又红又专的工人阶级知识分子的号召，闻之倍受鼓舞，于是我报名参加了当年的高考。1958年8月考取清华大学水利工程系。入学后，9月份就去北京郊区密云县参加建设一座总库容43.8亿立方米的大型水库——密云水库。

在公安十六师杭州湾武装工作队时
的陈积浩（摄于1953年）

1958年，陈积浩（二排左三）与同学们在密云水库劳动时合影

该水库大坝由白河大坝（高 66 米）和潮河大坝（高 56 米）两座大坝组成。学校决定水利系一年级新生全部到密云水库建设工地进行现场教学，我被分在潮河大坝工地。十余万民工按部队编制成师团营连排，纪律严明，指挥有序，工地上一片热火朝天、红旗招展的动人场面。民工们虽十分艰苦，但斗志昂扬，工地的冬天气温有时达到零下 20 度，滴水成冰，有的竟然赤膊挑土上坝，他们战天斗地的大无畏精神深深教育了我们青年学生。我们与民工"三同"——同吃同住同劳动，白天在大坝上当施工员，晚上集中教学，老师们精心教学，高年级同学给予我们辅导。我们在水库工地干了一年，圆满完成了教学、劳动任务。在密云水库建设工地的一年，那种自力更生、奋发图强、艰苦奋斗的精神鼓励着我，使我初步热爱上了水利专业，并有了一定要把专业知识学好的信念。此后，我也是

在清华大学水利工程系学习期间的陈积浩（摄于 1961 年）

这么做的。经过六年认真刻苦地学习，我的毕业课题接受水利部专家的答辩，受到好评，并取得了优良成绩。

三

1964 年，我大学毕业，由国家统一分配。在填写分配志愿时，我选择了承担长江三峡水库规划、科研的机构——长江水利管理委员会。经审查，组织上同意了我的志愿。当年 2 月我从北京到汉口长江水利委员会枢纽设计处报到，任技术员。

1964 年至 1971 年我参加了三峡水库试验坝工作，试验坝建设地点是湖北省蒲圻县陆水水库。在老专家的带领下，试验陆水水库主坝采用预制块安装工艺筑坝的技术，并测试应用在长江三峡大坝的可能性。工地的条件很差，大家睡在茅草屋内，但都有一股奋发图强的精神，大家尊重知识，努力实践，虚心向建设工地工人学习，自觉接受工人阶级再教育。当时，正值"文化大革命"动乱年代，但相比较而言，我们在工地受派性干扰的程度算是轻的。设计人员仍然能开展设计及科研工作，并为三峡大坝建坝多种方案进行卓有成效的论证。这 7 年中，在老同志的帮带下，我工作积极向上，能吃苦，思想上进，得到了很好的锻炼，技术水平大有提高，为今后设计工作打下了良好基础，也为三峡水库试验坝科研工作尽了自己的一份力量。

1971 年 5 月，我响应建设大三线工程的号召，报名参加贵州乌江渡水库、电站的设计工作。乌江渡大坝为拱坝，在当时是国内最高的一座拱坝，大坝高 165 米，水库总库容 23 亿立方米，电站装机 70 余万千瓦。当时我爱人在汉口培红中学教书，生活安定，我的小女儿 5 岁，但是，我还是决定带着爱人和小孩去乌江渡参加水库电站设计工作。在工地，我们住在山脚下的油毛毡简易房内，而我爱人在工程局子弟小学教书，学校在山顶，幼儿园也在山顶，每天接送都十分辛苦。我参加乌江渡大坝战斗，设计处全体人员精力充沛，由于工地在乌江的深山峡谷内，是一片世外桃源，根本不受"文化大革命"动乱的干扰，可以一心搞建设。设计工作十分紧张，前方在施工，等着设计图纸，大家就集体讨论，发挥每个技术人员的积极性、群策群力，评出最优的设计方案。我承担拱坝基础设计，出开挖图，于是我跑到开挖队，虚心听取工人的意见，对图纸进行完善，并且深入工地跟班劳动，随时发现问题，进行整改。1972 年，党中央、国务院决定建设长江葛洲坝水利枢纽，同时决定由长江委员会承担葛洲坝的设计任务，我们在乌江渡水电站设计处的设计任务由长沙水电设计院继续设计。因此，我们一家三口在乌江渡住了一年零 2 个月后，打点行李，搬回汉口常委会大院。

1972 年 5 月，我刚由贵州乌江渡水库工地撤回，就马不停蹄，立即投入长江葛洲坝的设计工作中去。葛洲坝水利枢纽总库容 15.8 亿立方米，大坝全长 2595 米，大江、二江和三江的泄水闸、冲沙闸共有 42 个孔，总泄流量达到 11 万秒/立方米，电站 21 台机组总装机计 175 万千瓦，年发电量 141 亿度，船闸三座，可通过万吨级大型船队。葛洲坝建设得到了毛主席的批示：同意建设此坝，周总理亲自抓这项工程，在中南海多次召开工程参建各方研讨会，并作出"精心设计、精心组织、精心施工"的指示。我们长江委员会承担葛洲坝大型水利枢纽的设计任务，每个设计人员都感到任务光荣，责任重大。我被分到江城水闸设计项目组，二江共布置 27 孔泄水闸，最大泄水流量83900 秒/立方米。设计人员在宜昌建设工地进行现场设计，二江泄水闸设计中遇到最大难题是闸基础存在软弱夹层的地质问题。这么多孔泄水闸，超过 8 万秒/立方米的大泄流量，对地基的强度、稳定性要求非常高，泄水闸工程安全事关重大，在时间紧、任务重的情况下，这是一项不折不扣的技术攻坚战。当时组织上调集了国内最好的地基力学专家、学者，与设计人员、工人一起多次分析、论证，并通过现场大比尺的岩体野外试验，获取了大量第一手资料，最终提出二江泄水闸软弱夹层地基的最优设计方案。总体设计方案经国家批准后，做到按时出图，保证了前方建设工作施工的顺利进行，确保了工程的安全与建设的工期。我在二江泄水闸驻宜昌工地设计处工作了 7 年，深知设计工作的责任重大，必须专心致志，一心一意地投入到设计工作中去，不敢有丝毫懈怠。当时知识分子是"臭老九"的社会观念极为严重，设计人员一般都不敢理直气壮地大胆开展工作，这种情况对我们设计人员的思想冲击是比较大的。但是大家同心同德，排除左的思想的干扰，全身心地投入到设计工作中。

在葛洲坝设计处工作的 7 年，是我业务技术提高较快的阶段。那时，我已经患有椎间盘突出，不能久坐，但我能克服困难，积极工作，很好地完成任务，因而多次被评为枢纽设计处的先进工作者。由于"文化大革命"的干扰，技术人员职称评定工作长期停滞。大学毕业 16 年后，我拿的工资仍然与刚毕业时一样，可是这并没有影响我的思想情绪，我仍然精神饱满地参加设计工作，完成领导分配的设计任务，为大型水利枢纽工程——葛洲坝的建设尽了自己的一份力量，内心感到非常自豪。

四

1979 年 5 月，我由长江水利委员会调到温州市水利局工作，并一直工作到 1997 年 5 月退休。我在水利局工作了 18 年，先后担任市水利局水利管理处处长、水电处处长、副总工程师等职务。

在担任水利管理处处长的 13 年间，我负责全市 11 个县（市、区）小型水库（库容 100 万立方米至 1000 万立方米）的技术审查工作。全市当时有小型水库 47 座。大部分水库未通公路，到水库大坝现场基本上都要爬山越岭，远的要步行五六个小时。我深知水库大坝的安危关系到下游广大人民群众生命财产和当地的经济发展，事关重大，决不能掉以轻心。做好水库技术服务，责任重于泰山。只有不怕辛苦劳累，到大坝现场才能正确掌握第一手资料，作出正确的分析判断。与此同时我仍然坚持业务学习，不断提高技术水平，为的是更好地为领导做好参谋，提供正确的决策依据，更周到地为县一级水利部门提供技术服务。为此全市 47 座小型水库，我都跑遍了，掌握了大量现场资料，包括大坝所在地形和水库的各种参数，做到了心中有数。我在水利管理处处长的岗位上，做到了团结同志、关心同志，调动全处成员的积极性，满腔热情地为基层服务，从而得到全市 11 个县（市、区）水利局的好评。

我在市水利局堤坝处工作期间，承担着全市沿海海堤的标准堤坝技术审查工作，包括 20 年一遇的标准，乃至 50 年、100 年一遇的标准。全市沿海共有 400 余公里海堤，起着挡潮防洪的任务，海堤是沿海人民的生命线和经济发展的保障线，1994 年 17 号特强台风席卷我市，强风、暴雨、大潮一时并发，瓯江潮位超过百年一遇的水位，全市沿海堤坝被毁坏 140 余公里，损失重大。台风过后，省政府号召"抗灾自救，重建家园"。作为水利部门的工作人员，我们全力投入堤坝抢修和重建工作中，深入堤坝前沿指导重建工作。仅用两年时间，全市被台风大潮冲毁的海堤全部得到加固，恢复了挡潮功能。后来省政府在温州召开现场会，肯定温州在修复水毁工程中的成绩。

我是 1997 年退休的。为水利事业奋斗了 34 个年头，我对水利事业有着深厚的感情，在身体健康许可下，我仍想力所能及地发挥一点余热。我虽然退休了，市水利局返聘我到堤坝处工作，担任技术顾问，从而使得自己多年积累的水利建设经验，还可以继续投入到标准的海堤建设中去。我一如既往地下到建设工地，做好技术服务。在各方努力下，200 余公里新的高标准海堤至 2004 年全部建成，为保障沿海人民生命财产和发展经济提供了有力保障。

我坚守水利工作岗位，为水利事业奋斗的数十年里，取得了一些成绩。打心底说，我感到一丝欣慰。1984 年，我加入九三学社，1985 年，加入中国共产党，1989 年被评定为高级工程师。我还担任过温州市归国华侨联合会副秘书长 2 年，市侨联兼职副主席 5 年，现为市侨联顾问。我曾经当选为浙江省第七届人大代表，温州市第八届人大代表，温州市政协第四届委员。在做好本职工作的同时，我积极参加有关社会工作。

五

　　我在新加坡的四叔曾两次回国探亲，都希望把我带出国外，而且承诺我的收入将是我在国内工资的数十倍，我曾经有过动摇，但最终没有去。回想我 1964 年从清华大学水利工程系毕业，正值"文化大革命"动乱年代，一直做了 16 年技术员，工资很低，工作生活条件很艰苦，但是我热爱水利专业，安心、专心、开心地为水利事业奋斗着，直到 1997 年退休，始终没有因为国外的较好条件而放弃理想。

1963 年，陈积浩与爱人摄于温州公园

　　我这个人比较容易满足，从不为私利而贪图什么。在我工作的几十年内，从来没有利用职务之便做过谋取个人利益的坏事。在市侨联副主席 5 年任期内，曾经有很多机会托侨胞将我女儿带到国外去发展，但我没有这么做。我的生活理念是低标准、不与人攀比，我现在住的房子只有 70 平米不到，唯一的一个女儿也没有固定职业，可是我和老伴只求身体健康、安度晚年，就心满意足了。我老伴是温州市华侨中学的退休教师，我们俩现在每个月合计有 4000 多元的退休工资，生活安定，不愁吃穿，晚年过得很幸福。

是祖国培育了我

——陈秀英　口述

被采访者简介：陈秀英，女，印尼归侨，祖籍福建福清。1936 年 1 月 9 日出生于印尼万隆。1948 年 12 月回国。1952 年考入福州农业学校。1956 年考入北京农业大学（现中国农业大学）。1965 年研究生毕业后，分配到甘肃兰州中国农业科学院畜牧兽医

陈秀英夫妇（摄于 2009 年 6 月）

研究所。1970 年调到浙江省瑞安百好乳品厂。1983 年，被任命为百好乳品厂副厂长。1992 年退休。1983 至 1990 年间，曾兼任两届瑞安市人大常委会副主任。在职期间，曾参与编写 5 本教材。

采访时间：2009 年 6 月 12 日
采访地点：浙江省瑞安市被采访者住所
采访者：黄晓坚　乔印伟　李章鹏　张向　袁万帆
整理者：李章鹏

一

我是福建省福清市人，讲的方言不是福州话，而是闽南话。

福清人有讲福州话的，也有讲闽南话的，我老家靠近莆田，所以讲闽南话。

我的祖父母比较穷，我的堂叔先去了印尼，后来把我父亲带了出去。稍后，我的母亲也出去了。1936年1月9日，我出生于印尼万隆，我们几个兄弟姐妹都出生于万隆。因为祖父母身边没有亲人，我14岁时，父亲将我送回国。我们几个兄弟姐妹因为在国外生活惯了，对祖国不是很了解，都不大愿意回国。父亲把我送回国后，又出去了，因为他的产业在印尼。我父亲在印尼与堂叔一起开店，做些小生意。

大批华侨青年回国升学时，我妹妹也回来了。1954年，父母和弟弟都回国了。我姐姐因为已在印尼成了家，只能留在那里。后来，我弟弟去了香港。现在，我弟弟一家在香港，姐姐一家在印尼，妹妹一家在天津，我的家则在温州。我还有一个妹妹，由于一些原因，小时候就送给了别人。她与我姐姐来往得比较多，与我们也有往来。我还有一个哥哥，不是我父母亲生的。他是我祖父母领养的，现在已经去世了。

我回来时，正值祖国解放前夕，我已经小学毕业。回国后，我就上了初中。上初中的时候，我住校了。由于刚回国，生活不习惯，气候也不习惯，水土不服，得了疟疾，病得很厉害。我身上还长过疥疮。在得病的情况下，我坚持上课、学习。后来，病毒开始侵害心脏。上初二时，我被迫休学。就这样，我一步一步地熬了过来。

初中毕业后，本来要接着上高中。那一年高中没有招生，于是我考了中专，到福州农校读了畜牧兽医专业。由于是农业学校，需经常下地劳动。劳动，锻炼了我的意志和体魄，我的身体开始好了起来。我经常赤着脚下地，不怕苦，不怕脏，不怕累。我在福州农校出了名，人们常叫我"光着脚丫子的小丫头"。福清人经常光着脚丫子。在国外的时候，我一放学，父亲就叫我脱鞋。对赤脚，我已经习惯了。在农校，我认真地读书，积极参加各项文娱活动。我当过文体委员，乒乓球、篮球、羽毛球，我都喜欢打，在体育方面我曾考过国家二级证书。

中专毕业后，被分配到福州食品公司，当技术员，工作了一年半。1956年，国家号召在职人员考大学，我就报了名，一考就考到了北京农业大学，继续读畜牧专业。到了农大后，我还保持着爱劳动的本色。学校组织师生参加修建马莲洼、十三陵水库等水利工程，我也参与了。我个子虽小，但很能干，两筐簸箕的土，我挑着跑得飞快。在农大，我的学习成绩很好。大学毕业后，学校免试推荐我上研究生。研究生课程我读了四年半。其中，有一年毛主席号召农业学校的学生都必须下乡劳动，所以，我们劳动了一年。我在畜牧场劳动。在北农大，我认识了我的爱人，他是我的同班同学，1965年研究生毕业时我们结了婚。我在农业大学共念了9年书。

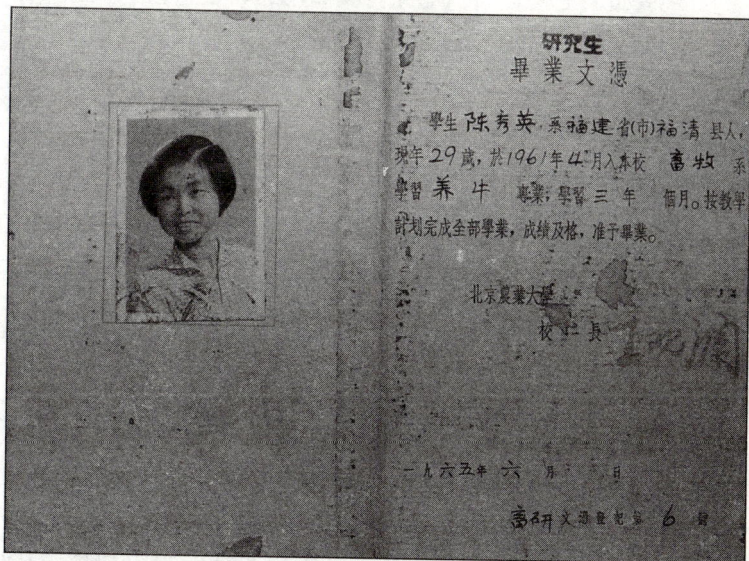

陈秀英的硕士研究生毕业证书（北京农业大学1965年颁发）

自回国到研究生毕业这一段时期内，我体会得最深的是党和祖国培育了我。没有党，没有祖国，我不可能拿到研究生文凭。毕业以后，我立志要回报祖国，回报社会。我工作非常认真。领导叫我干什么，我都会认认真真地去干。

二

研究生毕业后，我和我的爱人被分配到中国农业科学院兰州畜牧兽医研究所。在兰州一呆就是 5 年。这 5 年正好是"文化大革命"时期，我爱人还能到牧区去，做点事，我们女同志什么也没做，就这么呆着。我的身体不是很好，胃部曾经开过刀。我们单位也是个小社会，也分了两派，两派经常斗得不可开交，两派关于毛主席的最高指示的理解非常不一致。单位就这样斗来斗去，什么也干不了。我们这些大学毕业的，是"臭老九"，要进行思想改造。对此，我想不通，很想调走。

我研究生时期的研究方向是奶牛营养，所以我想继续搞牛奶产品的研制。我爱人的一个哥哥正好在温州，他希望我们能够到温州来。而瑞安百好乳品厂又是当时国内著名的乳品厂。所以我们便申请到瑞安来。擒雕牌甜炼乳，是该厂具有世界知名度的品牌。该厂效益很好，给国家上交的利税也很高。在瑞安，这个厂很吃香，大学毕业生想分配到这个厂，军人也想转业到这个厂，瑞安人都很想到这个厂找对象。我们俩是研究生，厂里非常欢迎我们的到来。到了百好乳品厂后，我们是瑞安唯一的两个研究生。

1970 年底到厂里以后，领导先让我到制罐车间熟悉一下工作。几个月后调我到检验科，搞化验，搞乳品的微生物检验。我在检验科工作任劳任怨，出色地完成了各项任务，不久，厂党委提拔我为检验科科长。浙江农业大学曾经想调我去工作，但我们瑞安的组织部门不放我们走。我与爱人走的决心也不大，便没有走成。

我在检验科总共工作了 13 年，1983 年，党委书记提名我当副厂长，让我主管产品质量和技术开发。我觉得我没有这个能力去承担这项工作。第二天，我找党委书记，对他说："把整个企业的产品质量和技术开发全部交给我负责，这个责任，我恐怕承担不了。"但他说："你这样说，说明你有压力。有压力，就有动力，就能把工作做好。"组织经过研究，还是决定让我当技术厂长。

也就在我做副厂长的那一年，擒雕牌甜炼乳获得国家银质奖，这是国家最高奖励，在乳品行业内，最高奖就是银质奖，没有金奖。我们厂是同行业中最早得到此种奖项的厂，我们厂甜炼乳的产量和出口量都占整个国家的80％。当时，我们厂主导产品是甜炼乳。产品既内销，也供出口，内销的是"擒雕"牌产品，出口的是"熊猫"牌产品。质量方面，"熊猫"要比"擒雕"好。对出口产品的质量，我们特别注意，因为出口产品质量的好坏影响我们国家的声誉。温州商品检验局也要把关，对每一批出口产品，它都要抽检。

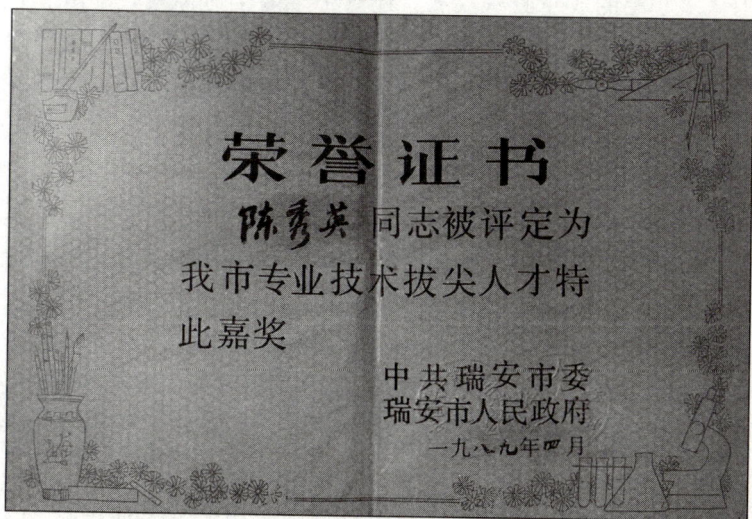

荣誉证书

陈秀英 同志被评定为

我市专业技术拔尖人才特

此嘉奖

中共瑞安市委
瑞安市人民政府
一九八九年四月

1989年，陈秀英获得瑞安市委市政府颁发的专业技术拔尖人才证书

　　可是，刚获得银质奖不久，我们的产品就出了问题，而且是出了大问题，大批量的产品发生胖罐（也叫胖听）膨胀的现象。很显然，这是微生物发酵所致。我们书记到北京领奖回来，我们敲锣打鼓去迎接他。这期间就出了问题，很让我们揪心。在我们这个行业，大家都知道，产品标准、配方、管理制度定下来后，工艺卫生便是重中之重。经过调查，我们发现，问题早在1982年底1983年初就潜伏下来。由于职工的思想麻痹，卫生工作没有做好，存在死角，结果产品质量受到了严重的影响。我是技术厂长，出了问题后，没日没夜地呆在厂里，攻克质量技术问题，寻找原因，分析解决问题的办法。我们决定增加检验项目（原来这个项目，国家规定的标准里没有），加强卫生管理工作，慢慢地建立起各种管理制度。经过全场干部职工的几个月奋斗，最终解决了这个问题。

　　在企业管理方面，我花费的精力非常多。厂里的验收很多，有大大小小的质量管理验收，还有很多卫生达标验收。由于企业的名气比较大，卫生工作要求比较高。我们厂曾被卫生部评为卫生先进单位，也获得过轻工部颁发的质量技术奖，还有各式各样的技术先进单位奖项。别人都非常羡慕我们的厂，得了这么多的奖励。

　　在我的带动下，厂里也搞了好几项新产品开发。企业没有新产品，就没有生命力。当时销得比较好的有冰淇淋粉和"阿华乐"（由牛奶、巧克力等制成的粉状乳制品）。此外，还开发了奶片，以及可乐、雪碧等饮料。我们成立了一家独立的可乐公司，起初经营得不错，后来由于三角债的问题，被拖垮了。

　　57岁的时候，我想退休，去找厂长，厂长一定要我继续干下去。后来，我打报告给计经委。经批准后，我才得以退休。

　　调到瑞安后，我一直在百好乳品厂工作，一干就是20年，直到1992年退休。我对我们这个厂很有感情，舍不得离开它。从1983年开始，我当选为瑞安市人大常委会副主任，兼任了两届。有领导曾建议我调到人大工作，但我觉得，我的事业在乳品厂，在乳品厂能够充分发挥我的专长，所以我留在了乳品厂，最后以企业员工的身份退休。

到瑞安工作的 30 年，是我报答党的培育，回报社会的 30 年。这 30 年，我一直兢兢业业地工作。每逢验收时，第一天晚上搞得很晚，已经非常疲劳。睡过一觉，第二天我又精神抖擞地去上班。确实困了、累了，我就小眯一会，喝杯浓茶，又继续干工作。

三

在瑞安市，我小有名气，有很多人我都不认识，但他们认识我。1988 年，我评上高级职称。1990 年左右，瑞安推荐我担任温州市中级职称评委，整个瑞安只有我一个人担任这项职务。很多参评的人找到我的家，把材料交给我。对每个人的申请材料，我都认真地查阅，对每个人的谈话，我都认真地记录。在评论会上，我则拼命地争取让瑞安人的申请获得通过。

做技术厂长的 9 年时间内，我很少看电视。刚做厂长的时候，我的两个孩子还小。早晨，我起早去买菜。菜买好后，赶快回来，炒好放在桌上，留给孩子中午吃。由于厂里离家比较远，中午我回不来。米饭则委托邻居带到他们单位蒸好，然后交给孩子。我在两个孩子胸前各挂一把钥匙，这样，他们可以自己开门回家。下班回家，天色已经晚了，又得赶紧做饭。收拾收拾，服侍孩子睡觉，夜已经深了。我的爱人，由于在行政部门上班，也比较忙。我往往到十一二点才睡觉，我是我们院子里睡得最晚的人。

1988 年，我被瑞安市评为技术拔尖人才。1989 年，被评为浙江省"三八红旗手"。能够获得这些称号，我非常高兴。这说明组织对我的器重，也说明组织对我成绩的肯定。

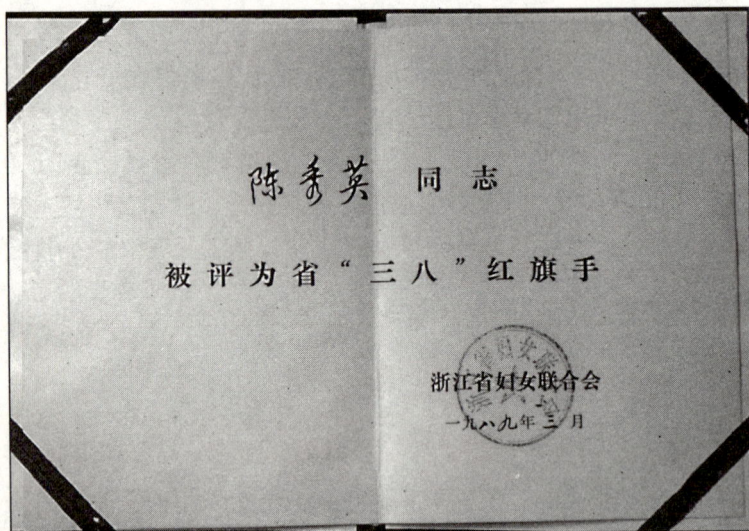

1989 年，陈秀英被评为浙江省"三八"红旗手

1986 年陈秀英在杭州职工大学讲课

　　抓质量管理，我在全省都有一点名气。1986 年 12 月，杭州职工大学曾邀请我去给出口食品培训班讲课。在厂里，我参与编写了两本教材。其中一本我负责撰写微生物检验方面的内容，另外一本是关于质量管理方面的。在瑞安职工技术学校，我讲了两年课，并编写了一本教材。1980、1983 年，我参加了全国乳品加工技术学习班微生物检验教材的编写。1992 年又参加了农业部组织的工人技术培训教材的编审工作，担任副主任委员，并主持编写了《乳品检验技术》这本书。我前前后后总共参与编撰了 5 本教材。另外，还发表了 5 篇论文。

　　退休以后，我们厂的家属厂（我们厂许多职工的家属在那里上班）请我去帮忙。在那里，我开发了几个新产品。后来，该厂厂长离开了这个厂，到了另外一个厂。他又挖我过去。这个厂主要生产食品添加剂，很想开发饮料。于是，我帮他们开发了几款新的产品，如"力恩"，像红牛一样的能量饮料。此时，邻近的厂家也请我帮忙。我便一个星期内在这个厂工作几天，再到另外一个厂帮忙一两天。

陈秀英全家福（摄于 2005 年）

几年后，我的岁数愈来愈大。我觉得，还是应该以休息为主。真正休息以后，我才开始注意锻炼，以前根本没有时间锻炼。

我有一子一女，他们都在瑞安。儿子是公务员，在质量技术监督局工作，女儿在一家事业单位工作。孙女、外孙女都比较小，一个上初中，一个上小学。

一生走过来，我觉得我们国家很好。我们国家很安定，生活在祖国的大怀抱里我感到很自豪、很幸福。

吃侨饭，说侨话，办侨事

——陈耀东　口述

被采访者简介：陈耀东，男，德国归侨，祖籍浙江青田。1950 年 7 月出生于德国，1957 年 4 月随父回国。1971 年开始从事教育工作，曾任小学教师、校长。1992 年调到青田县侨联工作，任副主席兼秘书长，1998－2003 年任青田县侨联主席。曾任浙江省侨联第六届常委，中国侨联第六届委员。丽水市第一、二届人民代表大会常委，浙江省第八、九届政协委员，第十届全国人大代表。现为丽水市侨联副主席。

陈耀东在接受采访

采访时间：2009 年 6 月 11 日

采访地点：浙江省青田县飞鹤度假山庄

采访者：林晓东　张秀明　叶鲜亚　陈永升　林苏雄
　　　　　周　峰　陈小云

整理者：张秀明

一

我祖籍浙江青田。青田的自然条件恶劣，有"九山半水半分田"之称，人们的生活很贫困。这就促使人们到外面寻找出路。地理位置上，青田靠近温州，而温州靠海，所以青田人能够通过温州而出洋。这两点是青田成为著名侨乡的主要原因。迄今为止，青田已有三百多年的华侨史。20世纪二三十年代，由于战火不断，在这里生存下去更加困难，出国谋生的人越来越多。

父亲陈铭奎1901年出生于山口乡大安村的一个贫苦农民家庭。10岁丧父。1932年，他与不少青田青年去日本做劳工。由于生活条件低下，过了一年他就返乡娶妻成了家。在妻子怀孕不久，于1934年与同乡再度踏上了出国的征途。他们从陆路经过苏联，最后到德国定居。

欧洲是青田华侨的发源地，很多青田人主要通过陆路前往欧洲。在德国，父亲主要是以小贩为生。刚开始时兜售从国内带去的小商品，后来贩卖当地的商品，比如领带、袜子等。听父亲说，他们在欧洲很受歧视，甚至可以说"猪狗不如"。父亲他们这些中国小贩虽然年轻力壮，但穿着不体面，语言也不通，挨门挨户敲门兜售小商品，受尽了白眼，有时还遭受拳打脚踢。居住条件更差，几十个人住在一起打地铺。有些人慢慢积累了一点资金，开起了餐馆。我父亲没有当过老板，他一直在做小贩。

当时出国的青田人绝大多数都是男性，有的是单身汉，有的像我父亲一样成了家。他们的文化程度都不高，像我父亲小学都没毕业。但是，他们凭着自己的聪明才智，在异国他乡艰苦打拼，站稳了脚跟。德国有不少侨团组织，父亲参加了德国华侨工商会，20世纪40年代时他成为德国华侨工商会副会长。抗战期间，他团结当地华侨，积极宣传和支持祖国的抗日斗争。抗战结束后，国民党发动内战，我父亲和德国中国留学生会会长王运丰因反对国民党而被抓了起来，护照也被没收了两次，生活遇到了极大的麻烦。

1950年7月18日，我出生于德国波茨坦附近的一个小城。

当时，东德已经和中国建交，在东柏林有中国的大使馆。父亲迫切想回国，就暗中和中国大使馆联系，使馆要他先到东德。

陈铭奎（右一）与旅德侨胞在德国柏林合影留念

我出生几个月后，父亲就带我到了东德。在那里结识了一位叫玛达的女朋友，组成了临时家庭。第二年，玛达生了一个女儿，也就是我的妹妹，中文名叫耀媚，德文名叫玛丽娅，我的德文名字叫彼德。玛达之前一直没有生育孩子，她觉得是我的到来给她带来了好运，待我视如己出。到了 1957 年，父亲再也按捺不住回国的心。这年 4 月，他以旅游为名，告别了玛达和妹妹，带着我回国。为什么只带我而不带妹妹呢？父亲有浓厚的中国农民思想，儿子一定要跟着自己。

父亲选择在 1957 年回国，有两个原因：一是我已经 7 岁，到了上学的年纪，父亲希望我回国接受中国文化教育。二是当时国内掀起了社会主义建设高潮，父亲回国参加祖国建设的愿望日益强烈。作为老一代华侨，他的落叶归根意识很浓厚。1957 年 4 月，我告别了养母和妹妹，踏上了回国的路程。当时父亲向养母说只是回中国看看。养母和妹妹送我们到火车站，我们依依不舍地告别了。我们都以为这只是暂时的分离，很快我们就会再见面。没想到，这一别就是 38 年。

我们先从东德到莫斯科，再从莫斯科坐火车到北京，历时半个月才到达上海。在北京停留期间，我记得还去参观了颐和园。到了上海后，父亲的中国儿子、我的哥哥陈耀琪到火车站接我们。这时哥哥已经 24 岁了，还从未见过父亲。爸爸让我叫哥哥，我说不清楚，"咕咕、咕咕"地叫，哥哥一下子就把我抱了起来。"哥哥"是我到中国后学会的第一个词。到了上海后，离家的路越来越近了。在哥哥的陪同下，我们终于回到了家乡青田县。

当时青田的交通条件很差，没有大桥，也没有铁路。从县城到我们老家大安村，要过摆渡。之后，就全部是山路。我从未走过山路，有人就背着我。走了四个小时山路，终于到家了。村里的人听说父亲带回了一个洋娃娃，都跑来围观。当时，我穿着西装、皮鞋，像个小绅士。乡亲们打量着我，觉得很好奇；我也好奇地观察着，觉得很意外：因为当时和我年纪相仿的男孩子全都光着屁股，赤着脚，浑身脏兮兮的。当时村里贫穷落后的样子是我根本想不到的。

陈铭奎（后排中）与旅德侨胞在阅读《侨声报》，了解国内的抗战消息

二

从 1957 年 4 月 11 日我回到大安村那一天起到今天，父亲的第一个妻子、也就是我的中国妈妈夏松杏就成为我真正的母亲。她毫不介怀地接纳了我，全心全意抚养我长大，对我比亲生儿子还亲。当时大哥陈耀琪已经长大成人，他也很疼爱我。我记得刚见到母亲时，她是典型的中国农村妇女的打扮：上衣是对襟衣，裤子宽宽大大的，梳着发髻。父亲说，这就是妈妈。我叫了声"妈妈"，同时，按西方的习惯亲吻她，她很不好意思，羞涩地躲开了。我和妈妈之间有一种说不出来的缘分，我一看到她就觉得这就是我的亲人，跟她很亲近。当天晚上，我就和妈妈睡在一起。当时，我们这里还没有电灯，但是我也不怕黑，也不怕生，在妈妈身边安心地睡去。从此，我就在妈妈的呵护下长大。她培养我上学、念书、结婚成家，帮我抚养子女……她对我的养育之恩是无人能取代的。

妈妈是典型的中国农村妇女，任劳任怨，善良贤惠。在我们家乡，说起妈妈，无人不竖大拇指。大家都说华侨出国谋生不易，历经艰辛，但是有多少人知道留在家里的那些眷属，特别是华侨的妻子们生活的艰辛呢？由于丈夫长年在外，她们实际上是在"守活寡"，她们经常受人欺负，处境很悲惨。解放前，她们可能会被人侵占土地、房产；解放后，则由于海外关系而遭白眼。由于丈夫不在身边，一些不三不四的人会打她们的主意；有些人因受不了长年独守空房而改嫁。但是，父亲在国外二十多年，妈妈独自抚养孩子，坚守着这个家庭。她既当爹又当娘，家里家外全部靠她一个人支撑。她既要种地，又要做家务活，还要侍奉九十多岁的公婆，所有的事情都独自承担。她对哥哥进行精心培养，哥哥先后当上了乡干部、区中心小学校长。她从来不出远门，也没有什么娱乐，没有被人说过一句闲话。虽然经过无数痛苦、困难，但她坚强地走过来了，她真的是一个伟大的母亲。我们回国后，妈妈不仅悉心抚养我，而且支持父亲干公事。她今年已经 94 岁，4 年前中风瘫痪，不会说话，生活不能自理。我感到欣慰的是，她毕竟还活着，我不能想象如果哪一天她真的走了，我会悲痛到什么程度。

1957 年回国时的陈铭奎（左）、陈耀东（中）父子与
青田县侨务干部合影

父亲回国时已经 57 岁，但是满腔热情地投入到家乡的建设中。回家没几天他就迫不及待地脱下西装皮鞋下地劳动了。不久就被推选为大安村副大队长兼林场场长。大安村山多水少，农田得不到灌溉。父亲带领大家修建了大安油坪塘水库、彭山水库和坑底水库。在兴修水利的同时，他还与村里的 8 位老农和归侨一起办起了大安林场。培育苗木，栽种果树，使大安村成为青田县山区发展林业经济的典范之一。由于在农业生产、兴修水利方面取得了显著成绩，1958年他被评为全国劳动模范。他多次出席省林业积极分子会议、全国农业先进单位会议。1963年9月30日，父亲作为全国劳动模范，应邀出席了周恩来总理在人民大会堂举行的国宴；10月1日，在天安门国庆观礼台上受到了毛主席的亲切接见。

在投身家乡建设的同时，作为一名归侨，父亲对侨事也很关心。他是青田县侨联的创始人之一，为筹建青田县归国华侨联合会付出了很大心血。他是第一届青田县政协委员，青田县第三、五、六届人大代表，也是浙江省第三届人大代表。但是由于海外关系，老人提出多年的入党要求受到影响，直到1981年县里根据他的特殊情况和贡献直接发展他入党，终于实现了他一直想入党的夙愿。1982年父亲去世，享年82岁。

三

刚回青田时，由于我的外貌"与众不同"，感觉很别扭。我的头发是黄色的、卷卷的，我就把它理成平头，但是又觉得很难看，难受得大哭。手臂上的汗毛很多，我就用刀片刮掉。我的德国名字叫彼德，村里的孩子们故意怪腔怪调地叫我的外国名字，我感觉就像在嘲笑我，所以我不喜欢他们叫我的外国名字。

虽然刚开始有些不习惯，但孩子的适应能力是很强的。在妈妈的细心照料下，我渐渐熟悉了村里的一切。我也渐渐跟着村里的小伙伴下河摸鱼，爬树抓知了。农村的生活虽然艰苦，却也别有乐趣。我1957年4月回来，9月开始上学。刚回来时，我只会说德语，不会讲青田话，等到上学时，基本的语言交流已经没问题了。

1966年，我初中毕业，正值"文化大革命"开始，我回到大安村参加生产劳动，直到1971年开始当民办教师。当时，哥哥在山口小学担任校长。他初中毕业后，先在乡里当文书，后来又考上了丽水师范学校。爸爸不想让我教书，他觉得教书责任太重，怕我不能胜任，要我留在村里劳动。有一天，哥哥偷偷带口信给我，说有一位老师请长假，要找一个代课的老师，问我要不要去。我瞒着爸爸偷偷去了。爸爸后来知道了很生气，严厉责备我。但是我用行动证明，爸爸的担心是多余的。就在我加入教师队伍的这一年，我结婚成家了，岳父是匈牙利归侨。

我教了半年数学后，改当班主任。我当班主任有自己的一套办法，再捣乱的学生到我手里都乖乖的，后来哥哥专门把难带的班级让我带。这样，我就从做代课老师起，开始了20年的教书生涯。后来，我转为民办教师，1980年又正式转为公办教师。1983年，我调到青田的著名侨乡方山乡中学当校长。两年后，又调到另一个学校当校长。我全身心投入教学，在备课上狠下工夫，别人只准备一本讲义，我每学期都准备两大本。我当老师是很有成就感的。全县统考，除了县城的几所学校外，我带的班级成绩名列全县第一。1991年12月，由于归侨的特殊身份，我被破格调到青田县侨联当副主席。1991－1998年，我一直担任青田县侨联副主席。1998年到2003年，任县侨联主席。

受父亲影响，我对侨联工作有深厚的感情。在正式从事侨联工作之前，我就一直关注和参与侨联工作。从1984年起，我连续几届被推选为青田县侨联常委。当时，侨联的重大活动我都参与，比如华侨历史陈列馆的筹建，等等。成为专职的侨联干部后，我更是以饱满的热情投入为侨胞服务、维护侨益的工作中。我觉得越干越有力量，越干越有意义。我觉得只有国家发展了，家乡繁荣了，海外侨胞腰杆才硬，他们才能放心在国外打拼。反过来，他们也会更多地回报家乡。就拿青田县华侨来说，他们在家乡捐资兴办各项公益事业；回乡投资，助推家乡经济发展；参与社会主义新农村建设，开展"百团助百村"、"千名华侨助千户"活动。现在又出现了"华侨村官"，直接参与家乡发展。侨联工作的范围不断拓展，充分发挥了党和政府联系归侨侨眷的桥梁和纽带作用，这些工作成绩中，凝聚着我的一份心血，我也因此得到了肯定。1999 年，我荣获国务院侨办、中国侨联联合颁发的"全国归侨侨眷先进个人"称号，2004 年又获中国侨联颁发的"中国侨联工作先进个人"荣誉称号。

四

自从 7 岁那年回到青田后，我在中国有了一个幸福的家庭，中国母亲和哥哥的呵护给了我亲人的温暖。但是，我知道自己在国外还有一个母亲和妹妹。我们刚回国后，与德国妈妈和妹妹还断断续续有联系。妈妈会给我寄些德国的玩具，我们会给她们寄一些中国的丝绸、茶叶等等。然而，到"文化大革命"开始，中国与东德断交后，我们的联系就完全中止了，我只能把对她们的思念埋藏在心底。改革开放后，一些青田侨胞开始回乡探亲，触发了我们与国外的母亲和妹妹联系的念头。父亲去世前几年，曾经设法与她们取得联系，但是未能如愿。

我到侨联工作后，常常会碰到华侨寻亲的事情。有的是老华侨在国外的子女回来寻亲，有的是归侨寻找在国外的亲人，包括那些混血子女。青田华侨的跨国婚姻和混血家庭很多。上世纪三四十年代，青田华侨像我父亲这样有两个妻子、两个家庭的情况是很常见的。我估计，目前青田有几十家甚至近百家这样的混血家庭。由于几十年来天各一方，这样的混血家庭生活很痛苦。改革开放后，国门开放，人们来来往往自由多了，许多跨国家庭开始寻找失散多年的亲人。我作为侨联干部，尽可能地为他们寻找亲人提供帮助。通过查族谱、查墓碑、找知情人士座谈，甚至上报刊、电视等各种办法寻找线索，先后帮助十几起侨胞找到了亲人。每次看到分隔多年的亲人幸福团聚的场景，我都深受感动，同时也会想起自己在国外的亲人。我的亲人在哪里呢？90 年代初，我萌发了重新寻找国外亲人的念头。我将父亲生前保留下来的照片、信函和有关文件，进行了整理复印，寄给了在德国的华侨朋友，请他们帮助寻找。等待了几年，1995 年，好消息传来了。

1995 年上半年，父亲在德国的一位老朋友给我寄来一封信。他在信里说见到了妈妈和妹妹，他介绍了妈妈和妹妹的情况，并说她们很想念我，想来中国看看，不知道我们欢不欢迎，也不知道中国的条件怎么样。看完信后我激动得热泪盈眶，手都在颤抖。失散了 30 多年的母亲和妹妹终于找到了。我赶紧回信说，欢迎她们来青田，与她们相约当年的九月份在中国见面。当时，我女儿在丹麦，她会说英语，我就让她在我妈妈和妹妹来中国的时候在北京等她们，给她们当翻译。

1995 年 9 月 5 日傍晚，妈妈和妹妹从北京乘机来到温州，我和哥哥到机场迎接。看到指示牌上北京的航班到达的信息，我心里的激动真的无法形容。等了一会儿，我老远就看到女儿身旁有一个老太太，头发白白的，肯定是妈妈；旁边有一个高高瘦瘦的外国女郎，肯定是我妹妹。她们的样子都变了很多。她们拉着行李从里面出来了，我老远就喊"妈妈，妈妈"。终于走近了，女儿喊"爸爸"，我也顾不得女儿了，一下子抱住白发苍苍的妈妈，不停地叫"妈妈"。母子俩，还有妹妹，我们三人紧紧拥抱在一起。虽然我们语言不通，但是亲情在心里涌动。离开妈妈时，我是一个 7 岁孩童；再相见时，我已年过半百，但是在妈妈眼里，我好像还是个孩子，她轻轻地抚摸着我的脸，抚摸着我的头发，仔细端详着我。分离近 40 年，终于又团聚了，我的心里真是悲喜交加。

1995 年 10 月，陈耀东与德国养母玛达及妹妹耀媚在青田家中

在大家的陪伴下，德国妈妈和妹妹当晚就到了青田。我的德国妈妈见到了中国妈妈，两位抚养我的母亲终于相见了，亲戚朋友也都来祝贺。我们之间由于语言不通，交流起来很不方便。妈妈说德语，妹妹把它翻译成英语，女儿再把英语翻译成汉语。但是，这丝毫不能影响我们的亲情。

这次与妈妈相见，除了亲人团聚外，我还想弄清心底的一些疑问。在我的记忆中，我离开德国之前，都是由德国的妈妈抚养我，所以我理所当然地认为她就是我的亲生母亲。但是，我的出生证上母亲的名字好像不是玛达，虽然我不懂德文，但还是能猜出这两个名字不一样。此外，80 年代时，好像是嫂嫂给了我一张外国女人的照片，说是我妈妈。我说这个人不是我妈妈，因为照片上的人与我记忆中的妈妈完全不一样。关于我的身世，父亲在世时从未详细交待过。他对我很严厉，从来不和我谈私事。如今，妈妈就在眼前，我的疑问肯定能找到答案。过了几天，我在妈妈身边坐下，把照片和证件拿给她看。她抚摸着我的头说:"我不是你的亲生母亲,你是另外一个德国女人生的。你爸爸带你来的时候你只有几个月,他是个男人,没有办法养育你这么小的孩子,就把你放在了育婴堂。我和你爸爸是朋友,所以我们组成一个家庭,把你养起来。"

玛达的话使我大吃一惊!以前虽然有一些疑惑,但我从未怀疑过玛达就是我的生母。她抚育了我7年,给了我快乐的童年;多年后重逢,她对我那么亲切,就像真正的母亲那样。没想到自己想了几十年的人竟然不是自己的亲生母亲,我心里说不清是什么滋味。直到这个时候,年过半百的我才知道,除了两位养母外,我还有一个生母!知道真相后,我感觉又幸福又难过。幸福的是两位养母辛勤抚育了我,待我恩重如山;难过的是我的亲生母亲到底在哪里?我们为什么会骨肉分离?我还有机会找到她吗?

我陪德国妈妈玛达和妹妹在青田玩了半个月,还带她们到大安为父亲扫墓。后来她们在北京旅游后返回德国。

五

知道了真正的身世后,我又开始寻母。1998年春节,我陪同县领导慰问回青田探亲的侨胞,其中有一位德国回来的詹海欧女士,她的老公叫汉斯,是一个很帅的德国小伙子。汉斯看我很像外国人,就问起了我的身份。我们通过翻译告诉他,我的生母是德国人,我还有一个德国养母。养母已经找到了,生母一直没找到,但我一直保存着我的出生证件。他说你把证件拿过来给我看看。我赶紧跑回家把证件拿来给他看。他看了后说,我的生母叫勃兰德,收养人是中国人陈铭奎,我出生在德国××医院。他还说,德国的档案管理很严密,只要我的生母还健在,肯定能从电脑上找到她的有关资料。于是我拜托他帮我寻找。几个月后,汉斯从德国给我发来一份传真,说在德国

1998 年，陈耀东与旅德侨胞詹海瓯及其丈夫汉斯在青田合影

找到了一个叫勃兰德的女士的地址，她还健在，住在离柏林比较远的一个叫开姆尼茨的小城。

得知妈妈还健在，我很激动。但是，我不可能马上见到她。我先委托在德国的华侨朋友去开姆尼茨拜访她。他们夫妻开了几个小时的车，来到了我妈妈住的地方。按了门铃后，一个老太太问："是谁呀？"他们说我们是中国人，受你儿子的委托来找你。老太太一听，大声地说："你们不要烦我！"他们不死心，又按了门铃，老太太仍旧态度强硬，说不要干扰她的生活。无奈之下，他们只好离开了。得知事情的经过后，我感到又欣慰又疑惑。终于确认母亲还健在，这让我感觉很欣慰，但是令我疑惑的是，为什么母亲不愿意承认我的存在呢？难道她有什么难言之隐？左思右想，我觉得妈妈不认我，肯定有我不知道的原因。看来，只有我亲自上门求证，才能找出内情。朋友们也纷纷劝我尽快去找母亲，但是青田与德国相隔万里，哪有那么容易？这样，寻母的事情只好暂时放下了。

1999 年，我随县里的访问团出访欧洲，这是我幼年回国后第一次出国，我们访问了意大利、西班牙、法国等国家。但是，这次出访的行程安排中没有德国，虽然领导给我假期让我去德国寻亲，但是找人很费周折，而时间很紧，根本来不及。我听从女儿的建议，去了丹麦，看望女儿和外孙。然后随团回国。寻亲的事再度被搁置。

2001年，青田县准备举办青田石雕节，我随团出访欧洲，向侨胞宣传石雕节的筹备工作。德国是我们此行的最后一站。这次我终于有机会亲自登门寻找妈妈了。在忙完公务后，2001年9月25日，我在当地侨团三位侨领的陪同下，冒着蒙蒙细雨，前往妈妈所在的城市开姆尼茨。按照地址所示，我们找到了妈妈所住的地方，但是在妈妈原住家的指示牌里却空了，没有她的名字。我当时心里"咯噔"一下，是妈妈搬迁还是不在了呢？向邻居打听也不知道她的去向。于是我们驱车去移民局打听。妈妈的名字输入电脑后，出来好几个"勃兰德"。有二十几岁的、八十几岁的、九十多岁的，还有一个是76岁。我判断我的妈妈应该是七十多岁，调出照片一看，果然是她。移民局资料显示，她已经搬家了，移民局把她的新地址告诉了我们。我们找了一辆出租车引路，终于找到了她的新家。

到了楼下走廊一看，"勃兰德"住在四楼。我们在楼下按门铃。她还是上次的态度，在里面问："什么事？"陪我来的侨胞金建中先生说："我们是在德国的中国人，你的儿子想见你。"她不耐烦地说："不要干扰我的生活！"我们又按了门铃，她说："我不见你们，你们走吧！"她的态度还是很强硬，拒绝见面的意思也很明显。我感到很难过，但是有什么办法呢？就在我们束手无策时，楼里有人出来了，趁着大门打开时，我们挤进了楼里，来到她家门前敲门，听到里面有人说话的声音。她说："你们一次又一次干扰我，我要叫警察了！"金先生把这句话翻译给我后，我心彻底凉了，我把准备送给她的花放在门前，对朋友说我们走吧。但是，他们觉得，警察来了反倒好，正好可以把事情说清楚。于是，又去敲门。这次门里出来一个老太太，朋友马上对她说："对不起，老太太，你的儿子想见你。你能不能和他说几句话。"听了这话，老太太环视了一下，我当时胆颤心惊地站在后面。因为金先生是用德语和老太太交流，我听不懂他们说什么，以为老太太是母亲的邻居，就楞楞地望着。金先生马上把我拉到前面，说："老陈，这个就是你妈妈了。"

我当时惊呆了：这个满头银发、腰身胖胖、穿着花衣服的老太太就是我的亲生母亲！我心情激荡，脱口叫了声"妈妈"，不由自主地双膝跪下，同时颤着手，把我的出生证，还有从中国带来的她的照片递了上去。她没有马上回应，气氛一时沉默下来。我不敢抬头看她的表情，不知道她心里在想什么。过了一会儿，她轻轻抚摸我的头，紧紧拥抱了我一下，然后把我扶了起来。门还开着，她把我们带进了屋子里。

屋子里有一个高高的老头儿。妈妈向他解释说："对不起，我们相识这么多年，我却没有告诉你，我有一个中国儿子。"他没有多说什么，招呼我们坐下，忙着沏咖啡招待我们。他和妈妈是一对彼此失偶的老年朋友。妈妈问起爸爸的情况，我说爸爸早就去世了。妈妈说，你爸爸去世我才认你，否则我根本不会认你。我以为她是怕我影响她的家庭，为了解除她的顾虑，同时也是为了维护自己的自尊，我告诉妈妈说，我是一名国家干部，我这次来德国主要是因为公务，并借机来寻找她的。只是为了与亲人团聚，没有别的目的。妈妈摇摇头，向我道出了她隐藏了 50 年的痛苦往事。

妈妈的感情生活历经坎坷。在认识父亲之前，她有过一次婚姻，也有一个儿子。但由于战乱，妈妈与丈夫失散了，不知道他是死是活。后来她遇到了爸爸。第二次世界大战结束后，德国分裂成两个国家，妈妈当时在西德的一户老华侨家里帮忙。为了庆祝新中国成立，旅居德国的一些中国人在这个老华侨家里举行聚会，这样妈妈与爸爸相识了，很快就生下了我。但是，在我出生不久，爸爸因为政治上的原因要到东德，非要把我带走不可。妈妈不让他把我带走，他甚至对妈妈拳脚相加，强硬地把我带走了。妈妈伤心欲绝，失去了生活下去的勇气，曾经想要自杀，在别人的劝阻下才没有走上绝路。但是，她仍然无法摆脱失去孩子的痛苦。她曾经想去找我，但是她根本不知道爸爸把我带到了哪里，没有一丝线索，茫茫人海，有如大海捞针，怎么寻找？知道寻子无望，她只好把失去幼子的痛苦深深埋藏在心底。1952 年时，她认识了一名海军，并与他成家。海军丈夫去世后，她与现在的老伴一起生活，相依为命。

2001 年 9 月 25 日，陈耀东母子与德国侨胞吴朝平（左一）、金建中（右一）和郑瑛（右二）在德国妈妈家中合影

50 年过去了，她一直告诉自己要忘掉小彼德，没想到又有人重提旧事，这在她好不容易平静的心里掀起了波澜。从第一次有人敲门告诉她小彼德想找她起，她心里的伤疤再次流血，她夜夜失眠，不知道这个消息是好是坏。直到我亲自找上门，她也不敢轻易相信真的是她的儿子来找她。所以她的脾气很犟，她要我原谅她。听完妈妈的诉说，我的心里再也没有一丝疙瘩。

经过半个世纪的分离，经过曲曲折折的寻找，我们母子终于团圆了，还有什么比骨肉团圆更令人喜悦的呢？相比之下，其他的一切都不算什么。妈妈询问我成长的点点滴滴，知道我的中国妈妈抚养我长大，不时流下喜悦的泪水。

终于找到妈妈了，我急于把这个好消息与家人朋友分享。我先打电话给在丹麦探亲的妻子，但只说了三个字"找到了"就哽咽得再也说不下去了。妻子不知道我说什么，以为我出了什么事，赶紧叫女儿打电话给我，这才知道我终于找到了妈妈。第二个电话打给青田县侨联的同事们。由于我多年寻母未果，大家都很关心此事。知道我终于找到了母亲，他们也为我高兴。我给妈妈讲了好多关于爸爸的事，爸爸虽然在感情生活上不负责任，但他为国家为家乡做了大量有益的事，受到了大家的尊重。我也向妈妈介绍了青田是重点侨乡，有很多华侨，并邀请妈妈到中国来看看。相聚的时光总是短暂的，由于我要赶到奥地利，所以虽然舍不得离开妈妈，但也必须走了。走之前，我请妈妈吃饭。儿子长这么大，第一次请她吃饭，她很高兴。临别时，妈妈送给我一个木雕工艺品做纪念，她还从地上捡起一个栗子送给我，说这一个是好结果，是好运的象征，希望给我带来好运。

带着妈妈的祝福，我回到了柏林。一路上，我思潮起伏，眼泪涌个不停。俗话说"男儿有泪不轻弹，只是未到伤心处"，这是伤心的泪水，但更是喜悦的泪水。这种人生的悲欢离合，没有经历过的人很难体会。回到柏林后，凡是认识我的德国侨胞都为我找到母亲而奔走相告，他们开香槟狂欢，为我高兴，为我祝贺，就像是找到了自己的亲人一样。此时此景，我感慨万千：如果不是父亲的严格教育和他以身作则的影响，如果不是党和政府培养我成为一名侨务干部，如果不是这些青田侨胞的热情相助，我也不会这么快与母亲团圆。我感谢这一切！

第二天早上，我坐火车到奥地利与团长他们会合。德国的火车不像我们的火车那样永远挤满了人,我那节车厢只有我一个人。坐在空荡荡的车厢里,看着车窗外渐渐远去的柏林,望着前面不断延伸的未知的路,回想自己的人生之路,回想与母亲相聚的点点滴滴,我心潮起伏,泪水不禁夺眶而出。这时,车厢里走进一个德国老太太,她很艰难地要把行李放在行李架上。我见状,赶紧起身帮忙。她说了句什么,我估计是向我表示感谢。她看我刚才痛哭流涕,很痛苦的样子,就在我对面坐下,想安慰我。但是我们语言不通。我拨电话给我的朋友金建中,请他帮我们翻译。老太太知道了我的情况,向我表示祝贺。有趣的是,我们后来同机飞往北京,原来她们几个老太太要结伴前往北京旅游观光。到了奥地利后,团长他们得知我找到了母亲,既为我高兴,又后悔万分——后悔未能亲眼见证我和母亲相聚的"历史性"一幕。

我找到母亲的消息就像一颗石子投进了水中,湖面泛起了一圈圈涟漪。认识的或不认识的人,都为我们母子分隔半个世纪后再度团圆而赞叹不已。当时,正值青田县开"两会",省、市来的一些领导听说我找到了母亲都为我高兴,《青田侨乡报》和温州等地的一些报刊都报道了这个消息。

2002年5月,我邀请母亲来中国观光。由于妈妈年纪大,怕她身体吃不消,经医生同意妈妈可作长途飞行后,她的中国之行才得以成行。我到柏林与妈妈会合后,陪着她来到了青田。

2002年5月2日,妈妈来到了青田,踏上了儿子成长的土地。一下车,两位母亲就拥抱在一起。妈妈在中国呆了二十多天,我陪她浏览了青田的很多旅游景点,还陪她到杭州、上海、北京旅游观光。妈妈对中国赞叹不已,她觉得中国的一切都非常好,像天堂一样美。2004年,妈妈再次来到青田。这次是我精心策划的。这年,我的中国母亲虚岁90,而德国母亲正好虚岁80,我为她们两人办了一个特别的生日宴会。妈妈很激动,她穿上漂亮的中式服装,朗诵了自己写的一首诗,赞美中国妈妈对我的养育之恩。诗是这样写的：

爱（对一位母亲的歌唱）

亲爱的耀东妈妈，
在这里，
我写下几行诗句，
它流自我的心底。

这一刻，
我想对你说，
真的很感谢你。
感谢你的柔韧和豁达，
浸润着和培养了耀东的成长。
感谢你的宽宏和理解，
当你心中掠过一丝的失望，
因为你儿子有时候的执拗和调皮。

但是我最感谢的，
是你对耀东的爱，
绵延无尽，
直至永远。
对你的儿子，
没有比这
使得人生如此美丽，
生活灿烂似花的，
更重要的，
东西了。

我们母子团圆的故事真的很有"传奇色彩"。可以说，没有

2002 年 5 月，陈耀东与中德两位母亲在青田家中

改革开放的政策，没有青田侨乡的发展，就不可能实现我们这个跨国家庭的团圆。现在，青田的海外移民迅猛增加，青田的对外交流越来越多，不仅是青田人到国外谋生，外国人也开始来青田投资。西方文化对青田的影响越来越大，青田的混血家庭越来越多，但是我相信，不会再出现像我这样亲人天各一方的悲剧了，幸福的家庭会越来越多。

六

自 1992 年调到青田县侨联，成为一名侨务干部后，我遵循父亲的叮咛，努力为侨联办实事，尽力为侨联服务。我把我的工作概括为"吃侨饭，说侨话，办侨事"。

除了任青田县侨联主席外，我还是丽水市侨联副主席，也曾任浙江省侨联常委，第六届中国侨联委员。这些职务为我提供了更多的为侨联服务的平台。我还被推荐为第八、九届浙江省政协委员。在任政协委员的 10 年中，我积极了解、反映青田这个重要侨乡的侨情民意。我出身华侨家庭，有很多亲戚朋友在国外，本身是侨务干部，所以我掌握的侨情资源很丰富，几乎每天都能听到侨情信息，我利用这个优势，积极参政议政，提了很多提案，并积极发言，反映侨胞的心声和愿望。2003 年，经省侨联推荐，我当选为第十届全国人大代表，是浙江省唯一的归侨代表。这是我做梦也想不到的，我感到无比光荣，但同时觉得责任重大。

当了人大代表后，我认真履行职责，更好地为侨联服务。我坚持身体力行，利用一切机会接触和了解侨情，而不是整天坐在办公室被动地等待信息。受国外饮食文化的影响，青田县城出现了很多咖啡店，侨胞回乡很喜欢光顾咖啡吧。我就经常到咖啡吧和他们聊天，了解他们的困难和需求。比如说，驻外使领馆应该是侨胞在国外的靠山，但通过与侨胞们的交流，我了解到，我们某些驻外使领馆的工作不能与时俱进，他们的管理方式从 50 年代到现在都没什么改进，服务意识也很淡薄，护侨不力，为侨胞服务不周，个别外交官的拜金主义思想也比较严重。所以，2003 年，我作为人大代表第一次参加"两会"时，就准备了这方面的建议案。

在 2003 年 3 月 5 日下午浙江代表团讨论时，我积极争取发言，争取到十分钟的发言时间。我就"有些驻外使领馆护侨不力，为侨胞服务不周"的问题作了发言。外交部对我提出的意见很重视，领事司官员专门到欧洲几个国家进行督查，检查使领馆落实人大代表所提意见的情况。后来，我出国时，明显感觉到使领馆的服务大大改善了。当然，这不是我的功劳，但是，作为归侨人大代表，为反映侨情尽了自己的力量，履行了人大代表的职责，我觉得就足够了。

2004 年"两会"期间，我仍然围绕着涉侨问题提出建议案。

2004 年 3 月 12 日，陈耀东在十届全国人大第二次会议上举手要求发言

北京、上海、新疆等地的边检口岸，对待华侨态度粗暴恶劣，看见外国人"眯眼"，看见中国人"瞪眼"，服务态度很差，办事效率低。有时候还会问一些莫名其妙的问题，比如问："你在意大利这么多年，为什么没有加入意大利国籍？"有的边检人员还动辄让侨胞开箱接受检查。尤其对一些第一次出国的侨眷故意刁难，甚至把他们当作偷渡分子看待。我们的侨胞、侨眷在我们自己的国家受到这种待遇，我觉得难以接受。我建议改善边检人员的服务态度，提高办事效率。

我的发言引起了很多代表的共鸣，当时参加浙江团讨论的吴仪副总理不时插话，了解详细情况。后来，公安部针对我的提案及时给予答复，承认边检工作中存在的问题，并提出了 5 条整改措施，我对这个答复感到很满意。我还就华侨回国定居政策提出过建议案，我觉得现有的政策过于严格，浙江省的华侨回国定居政策虽然已放宽，但力度还不够。我的这 3 个建议案与其他代表的 7 个建议案一起被列为全国人大代表十大涉侨建议案。

2007 年 3 月 5 日，陈耀东出席全国人民代表大会时
与中国侨联顾问林丽蕴合影

从 2003～2007 年的 5 年中，我共提出了 64 个建议案，其中涉侨的建议案有 56 个。这些建议案有很多得到了有关部门的重视，有的逐年得到了落实。作为人大代表，我为维护侨益做了不懈努力，也交出了一份问心无愧的答卷。

现在，虽然我将近退休了，但我积累的侨务资源很丰富，我愿意毫不保留地奉献余热。不论做什么工作，我都竭尽全力，做到称职。父亲的言传身教，中国母亲伟大的母爱，都深深影响了我。我有一个基本原则：做好人，做好事，为社会贡献自己的一份力量。

青田人出国主要是为了谋生，以前虽然也有偷渡现象，但这种情况很少，青田人绝大多数是通过合法程序出国的。现在，国外的青田人估计有 23 万多人，侨眷大概 28 万人。在一些重点侨乡，几乎所有的人都是侨眷。我的女儿和两个儿子都在丹麦，虽然在那儿谋生不易，他们的事业还处在起步阶段，但他们秉承了祖父的传统，都很爱国。这也是华侨世世代代的传统。

我们战斗在天目山上

——冯安琪 口述

被采访者简介： 冯安琪，女，印尼侨眷，原浙江省杭州市江城中学校医。祖籍浙江长兴，1920 年 6 月出生。1940 年加入中国共产党，曾从事地下工作，1942 年与荷属东印度归侨李益中结婚。解放后，一直在杭州工作，1986 年离休。

采访时间： 2009 年 6 月 3 日

采访地点： 浙江省杭州市被采访者住所

采访者： 黄晓坚　李章鹏　乔印伟　陈林

整理者： 黄晓坚

冯安琪与她的两个女儿

一

我1920年6月出生于浙江长兴一个大户人家，今年已经89岁了。

那时候，我们家人口很多，房子很大。我从小就在家乡读书，因为成绩好，还跳了级。12岁时，被送到上海读私立初中，在我们家15个堂兄弟姐妹中出去读书的，我算是第一个。

因为那所私立学校学费很贵，一学期就要88块银圆，所以我只读了一年半。再后来考进了卫技中专。从卫技中专毕业后，我就到湖州吴兴医院工作。

此时，全国已进入抗战的关键时期。日本鬼子的入侵，弄得我父亲失业、弟妹失学，一家人流离失所，我从心底恨透了日本人。当时长兴有个抗日团体——浙江省战时政治工作队，我的堂姐夫丁山任第一大队第一队的队长，他一再动员我去他那里工作。后来我才知道，那时浙西行署管辖的杭、嘉、湖、于、孝、昌、临等22个县，都建立了政工队组织，后来又成立了5个省政治工作队，这是由国民党方面出钱、实际上由中共地下党员领导的抗日进步团体。1939年3月，丁山在天目山培训，得知周恩来24日要去做报告，便叫我赶紧过去听。我从湖州赶过去，聆听了周恩来的报告，受到很大的教育。

同年冬，我拒绝了院方要送我去南京医学院深造的好意，到长兴正式参加了战时政工队。因积极要求进步，表现突出，1940年4月，我光荣地加入了中国共产党。同年6月，组织上又安排我去天目山培训。回到长兴后，地下党的负责人暴露，必须马上撤退到苏南根据地，组织上考虑到我是个新党员，比较隐蔽，便让我接替他担任地下党的负责人。为了便于开展工作，组织上还安排我到煤山新建的长兴中学做医生和女生指导员。我的上线是新来的赵月群同志，我们只限于单线联系。

在长兴中学期间，地下党开展了许多宣传活动。我们把"坚持抗战，反对投降"的大幅标语贴到了废弃的大烟囱上。我们还将延安女子大学的油印宣传材料悄悄地塞进老师、学生的抽屉里。为此，国民党当局怀疑上我了，有一天突然搜查我的宿舍。县督学姓徐，他见我藏有火柴和蜡烛，而我的宿舍装有电灯、不需要那些东西，加上有外人到学校来看我，即怀疑我是共产党。多亏校长出面保我，他们才没有把我抓走，只是将我开除公职，勒令我在一个礼拜之内离开长兴。这算是"驱逐出境"吧！

长兴不能继续呆了，赵月群同志便让我前往天目山。1941 年 2 月，我到天目山找到李益中，因他已被怀疑是共产党而受到监视，便托人介绍我到于潜的出征军人子弟保育院做保育主任。但好景不长，由于经费断绝，保育院只开办了一个学期就停办了。此时，天目山的民族剧团正好缺医生，便正式聘请我过去工作。

此时，李益中已被国民党特务监视，之所以没

冯安琪、李益中伉俪

有抓他，是因为顾忌到他是回国参战的爱国华侨，而且他在浙江很有影响。同年深秋，我和李益中得悉《民族日报》编辑吴梅被贺扬灵派往上海采购紧缺物资（其父是上海有影响的大商人），办完事后要去苏南抗日根据地，于是托她帮助办理上海的"良民证"，打算日后经上海前往苏南找共产党。

　　1941 年 11 月中旬的一天傍晚，因中共金衢特委遭到破坏，我党同志、《浙江潮》编辑王平夷及夫人黄行素奉命转移到苏北根据地，但没有盘缠，便来到天目山，悄悄地找到了我们。无奈我们除了日常基本生活外没有任何余钱，爱莫能助。这时，我想起父母亲曾经答应过要给我一笔钱作嫁妆，便去信催要。等了十来天，终于见到堂哥风尘仆仆地把钱送来，解决了他们的燃眉之急。遗憾的是，黄行素同志后来被浙江保安团的国民党特务杀害，时年仅 22 岁；王平夷同志解放后曾任杭州市委书记，"文化大革命"中含冤离世。

　　1942 年 4 月，正值映山红开得遍山姹紫嫣红的时节，我和李益中在困境中举办了简单的婚礼，成为革命夫妻。

二

　　婚后，我才对李益中的海外背景和爱国经历，有了进一步的了解。

　　李益中比我大三岁，1917 年 3 月出生在荷属东印度（今印尼）苏门答腊岛以东的邦加岛上，祖籍广东新会。其父李永合经营着一个胡椒园，是位爱国华侨。李益中是家中唯一的男孩，13 岁小学毕业后进入新加坡爱国侨领陈嘉庚先生办的华侨中学学习，15 岁就参加马来亚共产党领导的青年团并担任市学联的福利部部长。1932 年冬，在一次反对英帝国主义压迫华侨的示威游行中，被捕入狱。在狱中，他深受同囚的一位曾在国内参加海陆丰农民运动的革命志士的影响，立志出狱后回国参加中国共产党。不久，李益中因不到判刑年龄，遭鞭刑，被打得皮开肉绽后驱逐出境。

　　离开新加坡，被父亲接回荷属东印度疗养一段时间后，李益中于 1934 年 10 月回到祖国投靠杭州的大舅。当时，国民党正大肆"剿共"，白色恐怖笼罩全国。李益中寻找党组织不成，便进入杭州师范音乐专科就学，接受系统的音乐教育。

1937年七七事变，打破了往日校园的平静。11月底，李益中拒绝舅父带他到大后方继续学习的好意，毅然弃学参加"杭师26人抗战服务团"，开始了抗日救亡生涯。他们高唱战歌，用口呼号宣讲，用笔写文作画。他们从杭州到建德，之后到浦江和永康，于1938年春到了东南各省抗日救亡前哨和中心的金华。

1938年初，在党的抗日民族统一战线的影响和党组织的协助下，浙江省主席黄绍竑公布《浙江省战时政治工作纲领》，全省各地组织自卫团、政治工作队，抗日救亡运动蓬勃发展。当年夏天，金华专区13个县的政工队集训，李益中去教唱歌，和义乌县政工队队长吴山民同志认识；秋天，他又到永康方岩的派溪镇，在浙江省政工队集训总队教歌，认识了更多政工队的同志们。

10月间，李益中到了有抗倭传统的义乌。这时候，吴山民同志已升任义乌县长，中共义乌县委委员、宣传部长吴璋同志接任政工队长，县政府和政工队里有很多共产党员，他很自然地就留了下来。李益中在县政府教育科里挂名"督学"，但不督也不学，东南西北乡，哪里有组织了的群众，就到哪里去教歌。他和义乌城里绣湖小学的一群小朋友们组成晨呼队，沿街高呼抗日口号，警醒民众的救亡意识。他们还组织抗建剧团，演抗战戏进行宣传鼓动。在那里，他得到了冯雪峰、王平夷、吴璋等革命文化人士的教育和帮助，工作更加努力、也更加成熟了。

李益中用钢铁一般的爱国斗志和烈火一样的工作热情，组织学生高呼抗日口号，向群众教唱抗日歌曲，赢得了同伴的敬重，也受到了中共党组织的注意。到义乌不久，他就被吸收为党的外围进步组织——"中华民族解放先锋队"（简称"民先队"）。1938年12月，他光荣地加入了中国共产党。

1939年初，李益中调到义乌中学当音乐教师。他积极在学生中发展新党员，建立起了义乌中学的第一个党支部。

同年冬，受中共金衢特委派遣，李益中到天目山朱陀岭，担任浙西行署干部训练团音乐教官，后来还兼任新成立的民族剧团音乐指导和浙西临时一中音乐教师，以这种公开的身份进行青年、学生的党建工作。

天目山是浙西行署的所在地，反动势力很强，李益中在干训团、浙西一中教唱《保卫黄河》、《游击队之歌》、《在太行山上》等革命、抗战歌曲，受到了行署主任贺扬灵及浙西中统调查室的蛮横干涉。例如，李益中教唱《保卫黄河》，贺扬灵就问为什么不唱保卫钱塘江？还指责他们唱《在太行山上》。为了既能自由地高唱这首民族解放的雄伟歌曲，又能避免反动派的干涉，李益中巧妙地把歌词"在太行山上"改为"在天目山上"，让抗日的旋律响彻云霄，并以此寄托对抗日根据地的向往之情。解放后，在浙西一中组织的历届同学会上，他都要指挥数百名当年的学生高唱《在天目山上》这首歌。虽然歌唱者都已垂垂老矣，可一个个都感情深切、情绪高昂，让人很受感动。此是后话。

不久，浙江省战时政工队第一大队全体队员和22个县政工队小队长以上政工队员400多人到天目山干训团参加为期三个月的第三期训练，其中有许多是中共地下党员。培训结束后，李益中翻山越岭前往一队驻地长兴看望同志们，近百里的山路只用两天时间就赶到，但脚也扭伤了。当时，我已来到政工队一队工作，李益中和同志们见面时那激动的神情，深深地感染了我。此后，我们开始通信，直至相知相爱。

三

婚后三个月，鉴于特务猖狂、形势十分严峻，我们夫妻俩离开天目山，分别到昌化浙西三中和临安卫生院工作，他教书，我当产科医生。后来，我们又转到了桐庐中学。在那里，李益中成立歌咏队演唱《在太行山上》、《大刀进行曲》、《黄河大合唱》等抗日歌曲，还排演抗战剧目《魔窟》，干得得心应手，在社会上产生了极大的影响。

然而，浙西的形势骤变。因"浙西共匪活动猖獗"，浙西行署主任贺扬灵受到苏浙皖剿总司令顾祝同的批评。为了将功补过，贺扬灵开始大肆搜捕共产党员，地下党组织遭到严重破坏，领导李益中的天目区委书记叶诚被捕叛变。另外，李益中与吴梅联系办理"良民证"准备前往苏南根据地的来信，也被浙西的特务机关查获了。1943 年 12 月，我们夫妻俩在桐庐双双被捕。

当夜，我们夫妻俩带着 8 个月大的儿子，被解往天目山浙西行署。李益中被铐住双手，我因双手要抱孩子改上脚镣。三四天的行程，一路上我们跌跌撞撞，走到天目山时，浑身都是数不清的乌青和伤痕！然而，我更担心的是李益中的安全。

果然，进了行署调查室，李益中便遭到严刑拷打，要他承认自己是共产党，招出同党。李益中明白，只要一松口，自己辛辛苦苦在义乌中学发展的党员和组织起来的支部就会遭到灭顶之灾，因此咬紧牙关，强忍了老虎凳的酷刑。当砖头加到 6 块时，李益中口中喃喃地呼唤着"安琪——安琪"，最终忍不住昏厥过去，

敌人没有在李益中那里捞到什么东西，便指望从我这边突破，要我招供李益中的身份。我分析，自己虽然被捕，但只是因为受到李益中的牵连，自身的情况并未暴露，于是在审问时严辞抗争道："我是从沦陷区逃出来参加抗日救亡工作的，不知道抗日有什么罪？我和李益中都只是抗日热血青年，不知道什么是共产党！"

敌人被激怒了："你不知道他是共产党，怎么和他结婚的？！"

其实，我还真的没有问过李益中他是不是共产党，只是从心里面感觉到他是"同志"而已。

问不出什么结果，敌人把我关了个把月，便放我走。因为他们既不掌握我的政治身份，又抓不到我的什么把柄，加上大人吃不饱孩子没奶吃，日夜啼哭，弄得他们也无可奈何。当时我还不肯走，责问他们道："李益中不走我怎么走？"他们也不理会我，狠狠地将我推出了门外。

不久，李益中就被送往安徽屯溪苏浙皖"剿匪"总部，继而被押解到福建崇安（今武夷山市）城郊的一个小村"老鼠排"，即抗战后期的"上饶集中营"。获知此消息后，我曾抱着孩子、揣上棉袄和食品日夜追赶探视，历尽千辛万苦，最后被认识的同志劝回了。

在狱中，李益中度过了苦难而漫长的地狱般日子。砍树伐木、劈柴挑柴等超强度的体力劳动和营养不良，使李益中身形憔悴，也使他更加思念党组织和家中妻儿。他把这一切都融化在音乐的情愫之中。在一个扉页上伪装有"佛说阿弥陀经"几个大字的黑皮本子上，他用敌人看不懂的印尼语、世界语、意大利语和音符等文字符号，密密麻麻地记下了许多感人肺腑的短诗、杂文、笔记和曲子，倾诉了自己的苦闷和向往，抒写了一位共产主义战士真实的心迹。在一首题为"告诉母亲"的短诗中，他这样写道：

暮晚的残阳，
抚照着山岗，
天边白云飞扬。
山下的小溪，
缓慢地流，
哀怨地歌唱……

小溪啊，

请给母亲

我的祝福和希望。

告诉母亲

我的忆念

和满腔的忧伤。

告诉母亲，

说我健康，

日夜想回故乡！

　　这里的"母亲"，寓意亲爱的党；"健康"，暗示自己的坚强；"故乡"，指的是他曾经工作、战斗过的地方。这是多么深沉的心声，多么真切的情愫！

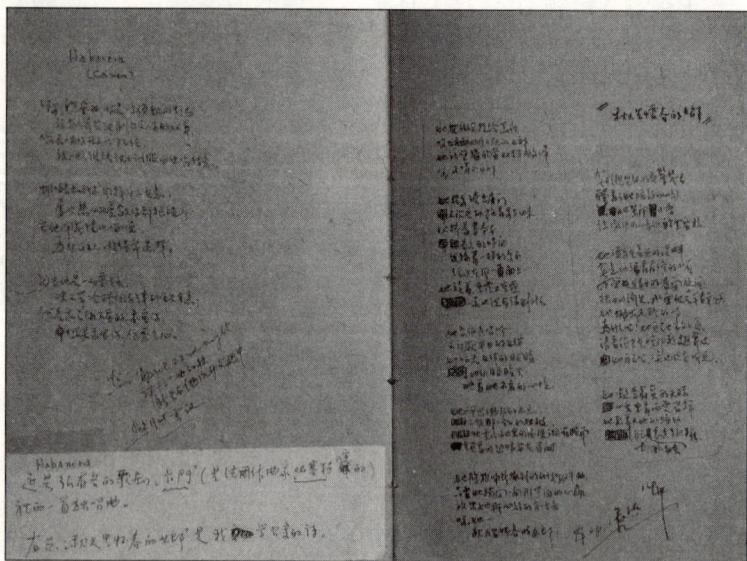

李益中狱中诗作

抗日战争后期，世界反法西斯战争形势发展很快。此时的李益中已不再满腹忧伤，他嗅到了即将胜利的气息。1944 年，他写下"春天来到了人间"一诗，抒发了他对胜利前景的向往：

春天来到人间，
阳光辉煌，
春风吹荡，
那青青田野一片麦浪。
当春天来到了人间，
大地苏醒，
清新的生命，
在轻快欢笑，
到处生长。
让我们伸长翅膀，
自由地舞蹈歌唱！

李益中被关进集中营后，两年时间音讯全无。1945 年初，我忽然收到他的来信，说他被调入集中营新成立的"新生"剧团教歌，进行流动演出，目前正在衢州，并写了"不要再等我，可以自己去寻找幸福生活"等字句。我心急火燎地带上他喜爱的几本外国名著和音乐书籍，冒险长途跋涉，赶了四天的路去见他。当我出现在他面前时，他一时惊呆了；等到清醒过来，竟不顾围过来的许多难友，激动地抱起了我，连连呼喊我的名字！当晚，我们在益中一个做当地政府秘书的同学的家里住了一宿，谈了通宵。我把从《新华日报》上读到的抗日战况分析给他听，说胜利不会遥远了，我们夫妻团聚的日子也不会遥远了，要他坚信我一定会等他一辈子！在衢州住了十多天后，因剧团要去别处演出，我们只好依依惜别了。

春天终于到来了。1945 年重庆谈判，国共签订《双十协定》，国民党被迫释放政治犯。集中营解散了，李益中和他的难友们一起获得了自由。

可是，他哪里意料得到，这段不堪回首的狱中岁月，却成为他人生政治履历上一团挥之不去的浓重阴霾，影响他后半生近半个世纪！

<h1 align="center">四</h1>

出狱后，李益中没有想到要回印尼，而是选择留在祖国。此时，他已失去了党组织关系。为了生计，我们先后到了富阳简易师范和上海儿童教养院，一面教书、打零工，一面寻找党组织。

一天，在上海作家书屋楼上，李益中遇见了冯雪峰。冯在义乌时，是看着他逐渐成熟起来的，便劝他不要急，说他归国华侨的身份也有利于做党的统战工作。但他不甘心，几天后又去找了冯雪峰。冯雪峰被他急切找党的心情所感动，诚挚地对他说："被捕入狱的同志找党是有一定困难的，党因处于地下时期是很谨慎的，要耐心等待。"这次谈话后，冯雪峰还给他来过两封信，鼓励他要坚持这段黎明前黑暗时期的斗争。于是，他一边在沪杭教书，一边冒险订阅进步报刊，时刻关注时局动向。杭州解放前夕，李益中终于找到了党组织。他在中共杭州地下党教育区委领导下，组织党员及进步教师成立"教协"，迎接解放战争的胜利。

1949年5月3日，杭州解放。5月6日，军管会负责接管杭州各大、中学校，李益中被分配到浙江省高级医士职业学校当军代表。8月，接收工作结束后，他到杭州高级中学担任第一任中共党支部书记，从此结束了地下党员的隐蔽身份。我则到杭州市人民法院当了审判员。

此时，祖国各项建设事业蓬勃开展，李益中是何等的激动啊！他利用晚上时间，给多个业余合唱团如中苏友好合唱团、中学教师合唱团、广播合唱团和工人合唱团等教唱并担任指挥。不久，在一次杭州举行的万人大合唱上，他被指定担任总指挥。1953年，他调入浙江省文化局工作，任省音乐工作组组长、省文联执行委员、全国音乐家协会杭州分会主席、省音协筹委会副主任等职。他还是一、二两届杭州市人大代表。

可是不久，由于当年被捕坐牢的那段经历，李益中在1950年10月突然被告知"暂停党组织生活，听候审查"；直到1956年，才给出审查结论。令我们万万想不到的是，结论中居然有"叛党"字样！一个忠贞不二的共产党员，竟然被抹上了丑恶和卑劣的污秽！他被撤销了党籍。

李益中沉默了。他回忆自己在集中营内的顽强抗争，翻阅珍藏的《佛说阿弥陀经》中用血泪写下的诗句和歌词，实在找不出自己失节的痕迹，无法接受这样的政治结论。他一次次申诉，但却总是一次次石沉大海……

尽管遭遇如此不白之冤，李益中为党工作的脚步并没有因此而停歇。他创作了大量反映社会主义建设的音乐作品，并曾于1958年参加进京会演。

十年动乱中，李益中被造反派打伤。还不时有外地人来杭州"外调"，向他搜集不利于当事人的材料，他都只如实作证。有人威逼他"交代"狱中同志的叛党历史问题，他火了："我没有叛党，他们也没有叛党，这就是历史，这就是事实！"

党的十一届三中全会后，国家迎来改革开放的新时代，李益中再次向党组织提出了申诉。他在申诉材料中动情地写道："我真诚希望在自己有生之年，回到党的队伍，恢复我共产党员的本来面目"；并表示，"我回国，参加革命，至今不悔，永远不悔！"

1984年，中共浙江省委组织部发文，"同意恢复李益中同志的党龄，党龄自1938年12月算起。"直到这一天，李益中所谓"叛党"的子虚乌有的历史问题才得到澄清，蒙在脸上多年的污

李益中创作的部分歌曲

垢终于洗去了。一位曾担任省委宣传部领导的老同志写信勉励他说："像您这样的同志，满腔热情地从国外回到祖国参加抗日战争，在革命征途上又经历了种种磨难，受到极不公正的待遇，而您却始终如一地坚信马列主义，坚决紧跟党，这是多么难能可贵!"远在北京的老同志也来信了:"你终于回到队伍里来了,这是党对你的忠诚、坚贞不渝的嘉许,你真是我们这代人的骄傲!""你是白首逢盛世,党的实事求是的传统恢复了!你这一头白发没有白熬啊!"

在恢复党籍、重新获得离失了 33 年的政治生命后,李益中深情地说了这样一句话:"孩子能埋怨至爱的母亲么?!"此后,他更加珍惜晚年来之不易的幸福生活,用深情的音乐把自己的知识和对党的热爱传授给年轻的一代,兢兢业业地为社会公益事业奉献自己的余热。

1984 年,李益中在省艺校离休。

五

李益中一生为祖国的解放事业操劳,对国外的父母和妹妹却联系甚少。老父多次来信要他回到国外看看,而他却总想着等国家好起来后再回去,以至于终究未能在老父生前见上一面。他是家中唯一的儿子,老父含恨离世还给他留下一份遗产,但他自愧是逆子,对父亲没有尽孝,对妹妹们也没有尽到做兄长的责任,主动将遗产赠与了他的三个妹妹。确实,李益中可谓家中父母的"逆子",但他却是热爱祖国、为国献身的"赤子"!

20 世纪 90 年代,李益中被义乌市选为该市包括陈望道、冯雪峰、王西彦等在内的 9 位革命文化名人之一。可这些事情他从未对家人说起过,直到义乌市寄来《革命文化史料汇编》一书,家人才恍然知晓。他的优秀品质潜移默化地影响着孩子们。4 个孩子中两个儿子很早就成为共产党员,两个女儿则参加了致公党,他们都以父亲为榜样,尽心尽力地干好各自的本职工作。

2004 年 2 月 18 日,李益中因病不治,与世长辞。他的生命符号休止了,但他用青春和生命谱写的爱国主义乐章,将永远为世人所传唱!

回到祖国很开心

——顾美华 口述

顾美华在接受采访

被采访者简介：顾美华，女，马来西亚归侨，祖籍浙江宁波。1932 年出生于马来亚，1948 年归国，1954 年结婚后一直在农村务农。1984 年被推选为镇海县第一届政协委员、镇海县第一届归国华侨联合会副主席；1985 年当选为宁波市人大代表，1990 年当选为浙江省人大代表；1985～1995 年选任北仑区侨联主席。

采访时间：2009 年 6 月 9 日

采访地点：浙江省宁波市北仑区被采访者女儿住所

采访者：黄晓坚　李章鹏　乔印伟　汪磊明　乐规宏

整理者：乔印伟

一

我的祖籍在宁波北仑区农村。1932 年，我出生在马来亚。爷爷在老家种地，我爸爸是独子，爷爷过世得早，不过祖母思想很开放，我爸爸 16 岁时，她就舍得让他跟着人家到上海学习做生意。一开始爸爸跟外国人学习修理钢琴，在上海美得丽钢琴行和老宾士钢琴行学习。18岁的时候，爸爸去了马来亚。他22岁时回来和妈妈结婚。妈妈是宁波的当地人，经过别人做媒和爸爸结了婚。结婚不久妈妈也到了马来亚。

我们先是住在马来亚的槟城，后来全家搬到新加坡，我读书的时候就在新加坡。7岁时我开始在新加坡南洋女中上学，每天有校车来接我们去学校上学。10岁上3年级的时候，太平洋战争爆发了。我记得很清楚，第二天还要上学去，头天晚上就有飞机来扔炸弹，第二天我们还是坚持上课。我们学校没有被炸到，但炸到别的地方，老师被炸死了，有些学生也被炸死了，场面很可怕。学校因此停课，之后我们也没法读书了。那时候日本人整天从天上扔炸弹，我们就在门口的阴沟下面挖了防

在新加坡生活时，
顾美华经常照看弟弟

空洞，盖上石板，上面再放上沙包，警报一响就跳进去。在新加坡我们还看到英国人白旗飘飘地去投降。英国人走后不久，日本人就进来了。有一次，我们被赶到很偏僻的地方去集中，里面有很多人出来说，你们不要进去，很多人进去后都被打死了。我们就慢慢地落在后面，后来有机会逃回了家。在日本的统治下，爸爸失业了，当时母亲还挺着大肚子，家里过得很苦。平时我们都关起门来，不敢出去。这样过了3年，我们又回到马来亚的槟城。回槟城的时候日本人还没有走，我们在那里看

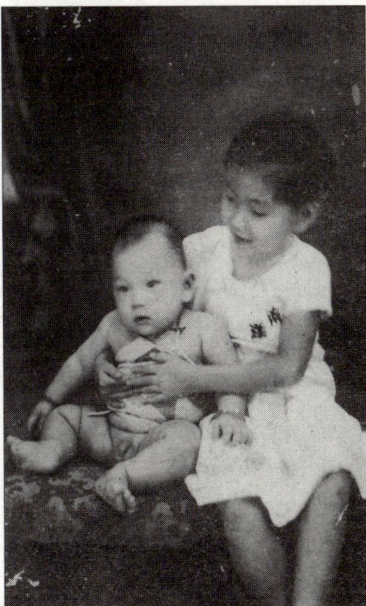

到了日本人投降。

1947 年，顾美华（后中）在马来亚
与母亲及弟弟妹妹合影

回到槟城，父亲又开始修钢琴，生活慢慢地平稳下来。那时候我还小，到槟城后又继续读书。读了一两年，读到五年级，还没有毕业就回到中国来了。那时候老师教育我们爱国，教育我们不做亡国奴！我们深受触动。我在槟城上的是福建女校，现在改名为槟榔女校。我去年到马来西亚探亲时还去看了母校，学校建设得很好，现在中学和小学分开了，原来的老师们都不在了。

2007 年，顾美华参观新加坡母校

抗战胜利以后，我的祖母还在家，她就我爸爸一个儿子，担心打仗在外面炸死了，就写信让我们回去。那时候我们中国人在外面被人家看不起，1948年的时候，爸爸就把我们全部带了回来。刚开始他到了上海，想在那里继续修钢琴，可是那个时候正赶上战争，上海没有多少钢琴要修，不能生活，没有办法，爸爸很快又出国了。英国人从槟城走了以后，没有人修钢琴，就我的叔公和爸爸几个人在修。他们在槟城开了个小小的钢琴店——世界钢琴有限公司，生意很好。1949年年初，妈妈和我的大弟弟也去了槟城。1958年，爸爸回来把我最小的两个弟妹又带了出去。那时候我祖母还健在，爸爸对她很孝顺。60年代生活困难的时候，爸爸就带吃的回来，有糖、油、面粉、米等。七几年和八几年，爸爸也都回来过，回来的次数很多。

**1991年，顾美华赴马来西亚探亲时
在其父亲公司门口留影**

1991年，我去了新加坡和马来西亚一趟，探望爸爸和弟、妹。那时候马来西亚对华侨控制很严，我在马来亚出生的，马来西亚政府却不允许我回去探亲，我只好写我是在中国出生的。那次我看望了爸爸（妈妈已在70年代初病死），后来就没有再见面了。爸爸是在90岁时去世的。

二

1948 年我与全家一起回到中国，很快，1949 年全国就解放了。回到家乡，我又从五年级开始读书。当时有春秋班，春季和秋季都可以读，我就读了秋季班。五年级没有读完我就去考试，结果考上了，我就到宁波市区读中学。我那时候英语很好，比班里的同学要好很多。不过，到现在已有 60 年没有讲了，很多都忘了。小时候我还学了一点闽南话和马来话，现在也都差不多忘了，只记得马来话"吃饭"是"马德拉西"，还有"一二三四"一些简单的词。因为槟城闽南人多，我们在槟城的时候，在家里讲闽南话和英语，两种语言混着讲，宁波话则不大讲。吉隆坡是广东人多。

1967 年，顾美华在宁波的全家照

在宁波读初中没多久，解放军就要解放宁波了。祖母叫我回乡下，害怕打起仗来我被炸弹炸死，我就听命回到老家，以后就没有再读书。我是 1954 年结的婚，以后就一直在农村务农。有我祖母在，侨汇一直没有断过，按月汇过来，平常每个月有三五百块，过年的时候可以达到上千元，这在当时是一笔不小的数目。寄来的钱，还要分一些给我的姑姑和带爸爸出国的叔公，因为他们生活很困难。六七十年代，我的孩子上学的时候，同学都不叫他们的名字，直接叫他们"香港老板"，因为他们穿的衣服跟其他孩子不一样，都是我的弟弟妹妹带过来或者是寄过来的。那个时侯当地连个地摊都没有，农村很苦。小时候孩子们穿了白色的皮鞋，老被人家说闲话。在农村的稻田里，别的孩子还用泥巴扔他们，说他们是"香港老板"的子女。孩子们也没有办法，当时农村穷，不穿这些没有什么东西可以

1970 年，顾美华父母在马来西亚与六个子女及孙辈们合影

穿。寄来的裤子前面熨得有条缝，其他孩子的都不是这样，我的孩子就用热水杯烫那条缝，烫平了好跟大家一样。后来我把带过来的这些东西分给别人家的孩子，他们就友好一点，不然的话他们老欺负我的孩子。再后来，可以凭侨汇券购买紧缺贵重的东西，遇到村民结婚要买冰箱之类的应酬，我就把侨汇券送给他们使用。说实话，我们一家在当地口碑很好。

我家里有 5 个孩子，赶上"文化大革命"特殊年代，学历都不高，大儿子小学毕业，两个女儿初中毕业，两个小儿子后来读到高中。家里的孩子和其他农村孩子不一样，像割稻、打稻、砍柴、拾牛粪等，他们本来一点都不会做，但是做起来会把吃奶的力气都使出来。孩子们都很忠厚，连麻将都不会打，他们的孩子也都不会搓麻将。过年过节的时候他们就在一起侃侃大山。

解放初的时候，归侨身份对我们没有影响，不过后来却受到了牵连。有人见我爸爸和弟弟给我寄钱，就将大字报贴到我家门口。我的大儿子因海外关系，政审通不过，连兵都不能当，只好在家种地；我爱人解放初期土改时就是积极分子，一直当村干部，可是就入不了党；我大女儿 70 年代读到初中毕业，要保送到宁波读卫校，可是又因为海外关系不能上。那天晚上我哭了一夜，真的是难过死了！我们是很爱国的，回来的时候脑子很简单，思想上很积极，我稍微认识一点字，农村开展各种运动的时候大队干部叫我写写抄抄，我都积极地参加这些活动，可是家里人因为我的归侨身份受到了牵连，当时真的很难受！

三

党的十一届三中全会以后，我的爱人入了党，1979 年当了村里的党支部书记。他当了 20 多年的书记，66 岁时，镇党委才让他退下来，他人缘挺好的。有的人当了书记以后首先是考虑安排子女，他就没有这方面的想法，我们家里生活过得去，因为国外亲人总会把钱汇过来。爱人带领村里发展经济，把村里变成了示范村。他威信很高，多次被评为县（区）里优秀共产党员。

我是怎么当上侨联主席的呢？改革开放不久，有一天有人突然通知我去镇海开会，我很奇怪，去开什么会呢？去了才知道，都是平时有汇款的侨眷在一起开个会。原来中国银行里有我们侨眷的名字，他们根据银行里的名字通知大家开会。开会的归侨侨眷彼此都不认识，但还是很亲。1984年的时候，我被推选为镇海县第一届政协委员、第一届归国华侨联合会副主席。1985年9月镇海县撤销，划分为镇海区和北仑区。两区分开以后，因为北仑区归侨不多，就几个人，县、区一级侨联主席需要归侨身份和口碑比较好的人担任，组织上就让我当，这样我就当上了主席。

1991年6月10日，顾美华在北仑区侨联第二次代表大会上投票选举

我们这里的侨办和侨联在一起办公，是一套班子两块牌子，侨联还是侨办筹办起来的。因为我们侨联是群众组织，没有编制，我做侨联主席是兼职的，平时除了开会，有空我就自己下去走一走，看一看归侨侨眷，就像街道妇女主任一样，哪一户有困难就去看一下。对那些特困户和一时碰到灾难的归侨侨眷，我们以侨联的名义捐上一点东西或钱，尽自己努力，力所能及地做些侨眷户的联谊工作和牵线搭桥工作。我一直在农村，视野也不大，工作也没有什么特殊之处。开侨代会的话，他们帮我写好报告。从 1985 年当到 1995 年，我当了两届主席，期间，1985 年我还当选为宁波市人大代表，1990 年当选为浙江省人大代表，后来年纪大了就退下来做侨联名誉主席。我大女儿也在侨联工作，工作了 20 多年。我现在还是农民身份，劳保什么的都没有。不过现在区侨联领导对我这个老归侨很关心，逢年过节经常来我家慰问。

北仑是著名的浙东侨乡，华侨捐款不少，从 1985 年开始到现在已经捐了 1 亿多元，主要用于在捐款者故乡建造学校、医院、敬老院等。这些都是侨办侨联专职人员的功劳。我做侨联主席时，帮着修建了顾家祖堂。我爸爸和弟弟回来的时候，我带他们去看祖堂。当时祖堂看起来快要倒下来，而顾家人就这么一个祖堂，这里乡亲的经济条件也不怎么好，我就动员家里人捐资修理。此外，我们村里有个老年活动室，那时候没有电视，我动员弟弟帮着买了两台电视。

四

我们家有 9 个兄弟姐妹，我最大，我爷爷过世得早，祖母很早就寡居，我爸爸很孝顺，为照顾祖母，我按照爸爸的意思留在了家乡祖母身边。二妹和三妹嫁到了上海。她们一个是 1953 年结的婚，另一个是 1958 年结的婚。我有 3 个弟弟，大弟在马来西亚，二弟、三弟在澳大利亚，其中二弟工作在台湾，我四妹、六妹在马来西亚，五妹在澳大利亚。他们在国外生活得很好，都很爱国、爱家乡，特别是他们的下一代，个个都是大学毕业，有几个还是博士，人丁兴旺，事业一代胜过一代。

前不久我的外孙女结婚，我邀请他们过来，真是很开心。我这么大年纪了，以后老姐妹很难聚在一起。我的外孙女在加拿大工作，这次是专门回国来结婚。

2009 年 5 月，顾美华（中）与三个胞弟、弟媳在宁波南苑饭店合影

我家里 5 个孩子也都很循规蹈矩。大儿子在供电局上班，大女儿在区侨联工作，两个女婿一个是国家县区级公务员，一个在大型国营企业工作，老三、老四和老五本来是在家里做农民的，后来一起合股办厂。他们是怎么办的厂呢？80 年代初，镇海县开办侨资企业华丽绣服厂，吸纳侨汇投资，凡侨属子女每人投资 3000 元就可招为正式职工。当时入股是不要人民币而要外汇的。1980 年，老三交了 3000 元被招工进去了。当时 3000 元是个大数目，我没有钱，便向海外的爸爸伸手要。第二年老四、老五毕业了也要进厂，我只好向弟弟求助。两个人交了 6000 元也一起进去了。三个人进厂后都很勤奋，其中女儿从车工、内勤、外勤，干到业务副厂长、厂长；两个儿子一个是团委书记，一个是车间主任。

后来形势发生变化，华丽绣服厂转制了，三个人怎么办呢？

他们自己想办法在红莲合股办了服装厂，拿外贸公司的订单生产服装。目前该厂已经经营 10 年了，姐弟们很是团结。他们的信誉很好，10 年来一次退货事件没有发生。有一次，有个台湾人专门打听是不是有三兄妹在一起办服装厂，要与他们三人进行业务合作。服装厂效益还不错，最多的时候有 170 多名员工。服装厂的产品全部出口，去年出口值是 1 千多万。姐弟仨很争气，从 10 年前贷款 6 万元，租用厂房起家，10 年后自己买了土地造了厂房。今年受到金融危机的影响，一度订单少了生意不好做了。经过努力现在已经挺过来了，生意仍旧红火。厂里给工人的待遇很好，从不拖欠工资，逢年过节还有一些福利，过春节时给外省职工购买火车票，为职工联系学校帮助他们解决子女读书难的问题。厂里的工人很满意。10 年间从未发生过劳资纠纷。汶川地震以后，厂里积极参与救灾活动，捐了 1 万 5千多元，还花了近 2000 元给两位汶川的工人买了飞机票让他们及早回家寻找亲人。

2007 年，顾美华赴马来西亚探亲，在胞弟家弹钢琴

　　我今年快 80 岁了，身体很健康，庆幸有生之年赶上了祖国改革开放的好时光。2008 年我家被评上宁波市侨界"十佳和谐家庭"。我有个孙子很聪明，去年考上了北京航空航天大学，差了几分没有上成清华。老伴去世了。我现在住在女儿的家里。每个周末，儿子女儿都会过来看我。

　　我儿时在南洋读书的时候，老师一直教导我们"我们是中国人"。回到祖国我很开心，即使在"文化大革命"特殊年代里也没有后悔过，因为我对祖国很有感情，孩子们也很爱国。我现在生活得很好，很知足，所谓知足常乐！

扎根祖国、建设祖国、报效祖国

——关光秀　口述

被采访者简介：关光秀，男，印尼归侨，祖籍福建莆田。1936年12月出生于印尼泗水。1952年回国，进入福建莆田二中读书。1956年考入杭州大学数学系，1960年毕业，分配到浙江省教育厅工作，1971年被下放到浙江丽水，

关光秀近照

在丽水中学担任教师，1974年2月被下放到丽水县联城公社水库工地劳动，6月调到丽水地区教育局，1978年调回浙江省高校招生办公室，1985年光荣地加入中国共产党，1996年退休。

采访时间：2009年6月6日

采访地点：浙江省杭州市被采访者住所

采访者：林晓东　张秀明　陈林　陈永升　陈小云

整理者：陈永升

一

我祖籍福建莆田，祖父这一代开始侨居印尼，我是第三代华侨。

我祖父一代开始在印尼从事机械修配，主要修配缝纫机、

自行车，后来改为修配三轮车、汽车。1936年12月6日我出生在印尼泗水望加兰街42号，家中共5个兄弟、2个姐妹。

1942年我入读当地华小——泗水南洋小学。1949年，我小学即将毕业的时候，新中国成立的消息传来，印尼的华侨学生欢欣鼓舞，掀起归国热潮。看着自己身边的同学一个个回国，我的心也产生了对祖国的向往。在那时我心底就萌生了想要回国读书，特别是想去杭州读书、工作和生活的梦想。我很小的时候，就常

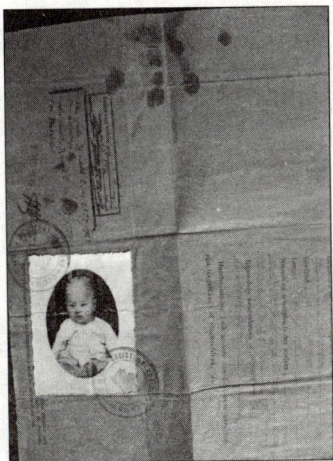

关光秀在印尼的出生证明
（1939年）

听父母、老师和邻居们提起祖国美丽的城市杭州，杭州有美丽的西湖，有关于白娘子与断桥、雷峰塔的动人传说，这些都深深烙印在我幼小的心灵中。

1950年，我进入印尼泗水联合中学读书。1952年春天，我终于得尝宿愿，离别了在印尼的父母、姐弟，与叔叔乘坐荷兰籍轮船"芝查连加"号回到祖国。我们经香港、深圳、广州、厦门，最后回到故乡莆田。我入读莆田二中。

1956年7月，我参加高考，因为我向往杭州，又喜欢数学，所以高考志愿只报考了一个——杭州大学数学系，很幸运被录取了。

1956年9月，我终于来到早已向往的城市——杭州读书。那时，浙江省侨办、侨联对归侨学生非常重视，他们知道我们大部分家不在国内，暑假常组织夏令营，带我们到附近参观、活动。我们那时主要参观了杭州西湖、灵隐寺、茶园、丝织厂，还到过绍兴、新安江等地。

1959 年 8 月，浙江省侨办、侨联组织的大学生夏令营合影
（后排正中为关光秀）

　　1960 年 8 月，我从杭州大学毕业，被分配到浙江省教育厅教研部工作。我在杭州工作、生活的梦想得以实现，我真的特别高兴、激动。接到通知，我直接从学校所在地松木场跑了好几公里，到市区惠民街邮电大楼国际厅打电报向侨居印尼的父母报喜。那时，我觉得这一切都是党和人民给予我的幸福。要回报国家和人民，自己就要加倍地努力工作。我在省教育厅教研部主要负责中学教材编写与教研工作。从工作开始，我就认真努力，刻苦钻研，尽心尽责，逐步赢得了组织和同事的认可，被授予了"五好团员"、"教研工作积极分子"等称号。1962 年 4 月，我光荣地参加了全省归侨侨眷表彰大会。1962 年 7 月 1 日党的生日这天，我第一次向省教育厅教研部党组织递交了入党申请书。

二

正当我以极大的热情投身于社会主义建设浪潮的时候，1966 年，"文化大革命"开始了，我因归侨身份受到了冲击。我被贴大字报，说我是"拜倒在修正主义脚底下的苗子"、"海外的狗崽子"，说我"只专不红"。1971 年 2 月 12 日，浙江省革委会政工组做出决定，要我从省级机关斗批改干校下放到浙江省偏远的丽水地区劳改，但这丝毫没有动摇我"扎根祖国、建设祖国、报效祖国"的决心。

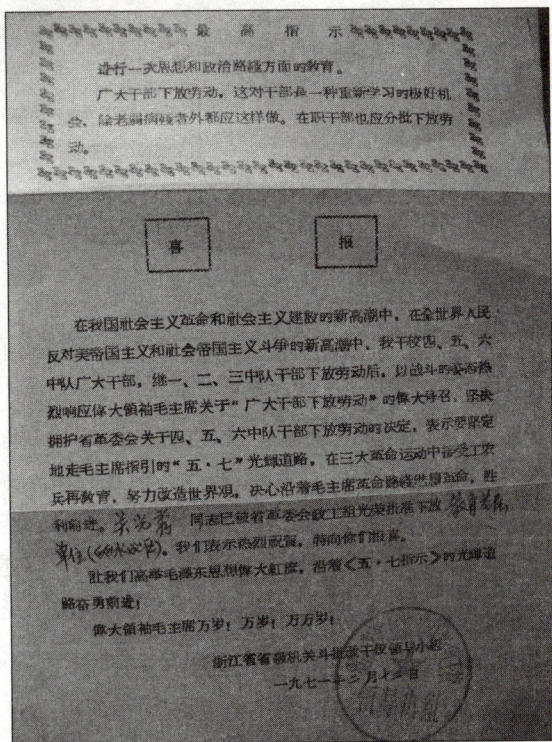

关光秀的下放劳动通知（1971 年 2 月）

1971 年 2 月 17 日，我带了一卷铺盖就到丽水报到。开始时，我被安排在丽水中学高二（8）班担任班主任和数学课教学工作。1974 年 2 月，这个班毕业后，我被下放到丽水最偏僻的乡镇联城公社水库工地劳动，在水库工地，我整天登悬崖，抬石头，挑着泥沙涉溪水，风风雨雨，艰苦磨练，我的衣服不知磨破了多少件，我的手脚不知磨破了多少次。艰苦劳动不足惧，人格遭损实难当。背着"臭老九"的鄙称和说不清的"海外关系"，教

1974 年，关光秀在联城公社水库工地劳动

师早已斯文扫地。"上纲上线"，"无限上纲"成了那个年月的时代特征。但我深知，困境不单是归侨所独有的，全国人民当时都在遭受苦难，而这一切最终会过去，党终会改正自己的错误。

1974 年 10 月，丽水地区革委会政工组做出决定，上调我到丽水地区教育局工作。

1972 年至 1977 年，母亲和亲友多次回国看我，看到当时的情况，催促我和爱人回印尼或香港定居，但被我们拒绝了。我觉得自己在国内生活了二十多年，我们无论如何不愿离开党，离开这个家园。再说，在"文化大革命"期间，不仅是广大归侨有冤无处诉，祖国的其他民众也深受其害，我们始终坚信党的侨务政策最终会回到正确的轨道上来。

三

"文化大革命"结束后，笼罩在我们心头的迷雾终于被驱散了，我们重新焕发了青春。1978 年 1 月，全国侨务工作会议召开，重申了对归侨侨眷实行"一视同仁，不能歧视，根据特点，适当照顾"的政策，再次表达了党中央对广大归侨侨眷的亲切关怀。

1978 年 1 月 8 日，我第二次向丽水地区教育局党组织递交了入党申请书，进一步表达了自己对党的无比热爱和对党的教育事业的忠诚，同时向党讲出自己为"四化"努力工作，争取早日成为一名中国共产党员的决心。

不到半年时间，省里调令下来了。1978 年 12 月下旬，我和爱人及两个小孩又重新回到了美丽的杭州。我被安排到省高校招生办公室负责考务工作，爱人被安排到省文化厅幼儿园担任幼教工作。

1982 年 11 月，党的十二大胜利召开，亲眼目睹党的十一届三中全会制定的正确路线、方针、政策被实施，党的优良传统和作风开始恢复，国家的建设以更大的步伐向前推进，我深受教育和感动。我对党的信念更加坚定了，特别是每当听到许多中老年知识分子入党的消息，其中不少是归国华侨时，我的心更是久久不能平静。1982 年 11 月 14 日，我第三次提笔书写自己的入党申请书，向党组织倾诉自己为党的事业奋斗终身的决心和迫切要求加入党组织的决心。

1985 年 11 月 2 日，我被批准作为一名预备党员，第二年正式成为一名光荣的共产党员。从 1962 年我第一次写入党申请书，到 1985 年成为预备党员，整整 23 年，其艰辛历程、漫长岁月，依然历历在目。

我到省高校招生办公室工作后，就与招生工作结下了不解

1989 年，关光秀（左一）在全国普通高考质量评审会现场

之缘。在近 20 年招生中，我抱着对祖国的赤诚之情，努力为高等学校选拔德、智、体全面发展的优秀人才服务。1980 年，我们在全省首次应用计算机（TQ－16 型）进行高考成绩的登分和合分，浙江省是当时全国第二个用计算机统分的省份，计算机统分避免了人为操作差错，当年有 7．8 万考生没有一例出现差错，工作得到了国家教委的肯定，为全国招生考务工作树立了榜样。1988 年，随着招生改革的不断深入，为进一步加强考试管理，我们又推出了全省高考客观题计算机阅卷的新举措，做到高考分数、成绩登记电脑一体化。为保证标准化考试目标的实现，1990 年开展了全省普通、成人高校招生统一考试考点设置与管理评价、检查、验收工作。统考前，经省派员检查合格后，由省招办发放许可证。整顿了一些不规范、不合格的统考考点，进一步提高了招生考试的质量，得到了国家教委考试中心的充分肯定和赞扬。1984 年，我被聘为副研究员。1992 年 3 月，在全国开展招生工作先进集体与先进个人评选活动中，我被国家教育委员会评为"全国普通高等学校招生工作先进个人",发给了《荣誉证书》和奖章。1989 年 4 月和 1994 年 11月,我作为一名高考质量评审专业人员,被特邀参加"全国高考标准化宣传录像审定会"和"全国普通高考质量评审会议"。

我是个归侨,我和全省广大的归侨侨眷有相似的经历,总有难以舍弃的侨情和乡谊。我在招生中总是积极地为归侨侨眷咨询服务,并及时向归侨侨眷考生通报招生和录取情况。在录取过程中,我大力向录取院校宣传党和国家对归侨考生的优惠照顾政策,希望得到学校的配合和支持;大力宣传归侨(侨眷)考生可以成为一支促进四化建设,实现祖国统一大业,扩大海外影响,争取国际朋友的重要力量,收到了比较满意的效果。比如,1989 年,一位归侨考生报考上海医科大学,他的文化总分加照顾优惠 20 分刚够该校投档的分数线。学校认为该考生实际的文化总分有"水分"(指优惠加分 20 分),担心他进校后学习跟不上,要求退档。侨务政策历来是我们党和国家的一项重要政策,新时期侨务工作愈显得重要。为此,我多次与学校领导协商,谈了 3 天(每一批学校的录取时间一般为 4 天),总算感动了"上帝",争取了那位领导对侨务政策的理解。又如,1992 年,平阳县一位归侨子女报考外省一所外贸学院,由于英语单科成绩偏低,学校不肯录取(当时,满分为 100 分,录取之前,学校内部规定外语单料成绩不能低于 80 分),为此,我与学校前后协商了两天。最后,我以考生在高中阶段英语成绩全部都是优秀为理由,总算说服了学校,这位考生如愿以偿地进了外贸学院读书。据不完全统计,近 20 年,我省为各类高等学校选送了德、智、体全面发展的华侨、归侨、归侨子女优秀新生近 500 名,为社会主义现代化建设和进一步调动归侨(侨眷)积极性,并充分发挥其作用,做了自己应该做的工作。

1996 年,我办了退休手续,但不久被省教育厅返聘,在师范处又工作了 5 年,直到 2001 年才正式离开自己的工作岗位。

　　如今，回想往事，我总是这样想：回国不容易，回国以后祖国的培养也不容易，一切要感谢祖国和组织对自己的重视，也深感省侨联领导对归侨（侨眷）的关怀和教育。如果没有离开印尼，觉得自己有可能庸碌一生，空虚地活着；在祖国，我实现了自身的价值。如今，我已退休13年了，但仍积极参与省侨联和归侨小组组织的各项活动，印尼小组的工作，我做得也很开心。我相信，在杭州这个人间天堂，这个我童年起就向往的城市，一定会度过一个悠闲、安逸、幸福的晚年。

一生与侨务工作结下不解之缘

——侯玉贞　口述

被采访者简介：侯玉贞，女，泰国归侨，祖籍广东揭阳。1933 年 10 月 1 日，出生于泰国。1952 年 3 月，参加泰国华侨教育协会，从事教育工作。1953 年 11 月回国。1959 年 9 月至 1963 年 10 月在杭州大学教育系学习，毕业后留校工作。1963 年 10 月至 1982 年 12 月历任杭州大学教育系团总支书记、党支部书记、政治辅导员、杭大校部机关党总支委员（专职）、讲师等。1983 年

接受采访中的侯玉贞

1 月调至浙江省侨联任秘书长，1984 年夏任省侨联副主席、党组成员。1998 年 6 月退休。曾任全国侨联第三、四届委员会常委、委员；浙江省政协第五、六、七届委员会委员。

采访时间：2009 年 6 月 4 日

采访地点：浙江省杭州市被采访者住所

采访者：林晓东 黄晓坚 乔印伟 李章鹏 丁伟

整理者：李章鹏

一

1933年,我出生在泰国一个贫穷华侨农家里。小时候,泰国政府有个规定,凡7到12岁的孩子必须上泰文强迫班,穷苦孩子可免费到寺庙里接受小学课程。可是由于家里贫穷,为了生活,我7岁时不得不当童工,连免费的学校都没法上。不过,我非常想上学。泰国警察经常到各户检查,看有没有小孩躲在家里不去上学。如有,则要强迫家长送孩子上学,并可能处以罚款。有一天,警察到我家检查,我乘机偷偷地从后堂跑到前面来。我父母害怕被罚款,才勉强让我半天上学,半天劳动。这种情况一直持续到12岁。此后,情况才逐步好转。

16岁前,我在泰国接受的都是泰文教育,到16岁时,我连一个中文字都不认识。但当时建立起来了的各界爱国华侨进步组织都很活跃,我也开始受到进步思潮的影响,参加了进步青年学习小组,学习中文,并提高对新中国的认识。

18岁时,我不但自己会看书读报,而且还能协助贫苦华侨子女学习祖国文化。

1952年初,我参加了"泰国华侨教育协会",该会是1945年11月前中央侨

1951年侯玉贞(右)与姐姐合影于泰国

委在泰国创办的，发起人是黄刚、郭天任、蔡弈础等。参加泰国华侨协会后，我被分配到条件非常简陋、报酬甚低的农村华文学校——泰国吞府新港侨民公学任教。现在的泰国华文民校协会前任主席梁冰先生就是我当时的同事。

侨民公学地处偏远郊区菜园中，学生来源也都是华侨菜农子女。当时，学校有中文教师 4 名，都是由"教协"派来的，还有三位泰文教师和一位工友。尽管我们的工作、生活环境很清苦，但我们的精神很饱满，工作很有激情，同志之间团结、友爱，互相支持，一心为了传播中国文化、正义之声，以苦为乐，以苦为荣。我们与当地群众亲如一家，当新菜上市时，他们都纷纷送给我们先行品尝；每逢新年春节，我们也为他们写对联表示祝福！

自 1948 年以后，重新上台的由美国扶持的亲日排华反共政权銮披汶政府，就一直大规模逮捕工会、学校、华侨教育协会等单位的进步人士，镇压华侨爱国民主运动。

在那种恶劣的政治大环境下，我们学校的教学活动也一天比一天紧张。而我正式走上革命道路不久，就遇到真革命或假革命考验的问题。

一天清晨，有艘汽轮载着几个"特别部"（专门搜捕共产党员和进步人士的机构）的警察来包围、搜查我们的学校。事先我们听到了风声，学生都没有来上学。4 位中文教师中，除了我持有泰国教育部的执教证外，其他同事泰文都不是很通，有的甚至还持着中国护照。我利用自身能说一口流利的泰国话的条件，与他们"周旋"，尽量拖延时间，掩护其他教师离开学校。校长是"教协"小组组长，结果被逮捕了。从此，全校中文教师就只剩下我一个人，泰文教师全部留了下来。

学校一下子失去了负责人，要不要继续办下去，成为一个大问题。泰国当局没有立刻将学校封掉，却经常采取传讯、搜查、破坏等手段，迫使学校停办。例如经常传讯我和高年级学生到特别部去训话，还让国民党人办的学校的负责人来"邀请"我到他们学校去任教；甚至经常派人到我在曼谷的父母家威胁我父母，污蔑我受了共产党的"毒"，要我父母召我回去。有一次，我从外面回到我家所在的巷口，当面碰到他们，来不及躲开，我干脆迎面而上，装着不知道他们已到过我家，"请"他们到我家喝咖啡去，让他们以为我确实不懂什么"政治"！我这个急招还真见效，自此他们改口对我妈说，到我家，是为了给我找个安全的职业。

1952年在泰国的全家福（后排右二为侯玉贞）

由于想到自己是组织（"教协"）派下来的，目的是为了协助贫苦华侨子女学习祖国文化，提高他们对新中国的认识，是干革命来的，不是为了个人生活（我之前曾与姐姐一起开了家缝衣店），就应该迎难而上。我要特别感激当时的"教协"，在那种恶劣的环境下，还千方百计派人与我取得联系，及时给我力量、指导。当地群众也很关心我、支持我。本来我们4位中文教师都住在学校里，现在只剩下我一个人，我不敢住了。学生家长都欢迎我到他们家"三同"（同吃、同住、同生活）。高年级学生看到我一个人要承担从低年级到高年级的中文课教学，工作很吃力，便自告奋勇地帮我上低年级的课。还有许多校务需要我临时顶替校长的职位去处理，校董会很理解我，主动帮助我解决一些问题。至今，我与当时的学生都还有联系，他们也很怀念当时相聚的时光。

尽管一个一个地解决了许多困难，但由于人单力薄，许多具体问题难以跨过，坚持了几个月学校终于不得不停办了。

学校被迫停办后，我毅然选择了回国。原因有二：第一，我们华侨不管已经在国外生活了多少代（我是第三代），总要寻自己的根，认自己的祖。说实在的，四五十年代的华侨及其后代的乡土观念要比现在强得多。特别是 50 年代初，泰国当局敌视新中国，反共排华得很厉害，对爱国华侨青年迫害得特别严重，动不动就以共产分子之名将之逮捕入狱，所以促使我们这些爱国青年更加渴望奔向自由的祖国。第二，1949 年新中国诞生了，中国人民从此站起来了，这对我们海外华侨是极大的鼓舞和感召，而新中国的诞生是中国共产党经历了 28 年的艰苦卓绝的斗争才取得的成果，来之不易。我对中国共产党更加敬仰，对新中国更加向往。

当我将回国的意愿告诉"教协"后，组织上很关心，经过研究后同意我回国，并在我回国前夕派同志到我家送来红包表示送行，并很关心地对我说：到广东汕头后，可到汕头教育局找某同志（姓名忘记了）报到。

二

1953 年 11 月 22 日，我回到了祖国。这是我毕生难忘的一天，有了这一天才会有今天。回顾 56 年来的历程，最使我值得回忆的是：当我喜欢做的事（当然是符合祖国利益和个人愿望的事）遇到困难和挫折时，我能克服它、战胜它，这就是值得回忆的历史、经历。

我回到祖国后，想做的事业是我在泰国时曾经做过的事业的延续，即想当个人民教师和参与一些侨务工作。我在泰国时从没机会上过正规中文学校，都是自学的，回国时我的文化程度只能报考初一，但我的年龄已超过20周岁的底线。因此，组织上刚开始不同意我读书，要我就业。但我这个人从小就渴望读书，书我非读不可。我用从泰国带回来的一点钱，去上了私人学校"汕头现代学校"，在私人学校我用了半年时间，将初一、初二的课程全补上，然后一个人到广州石牌华侨补校学习，当时补校的教务长就是1952年被泰国驱逐出境的吴建中同志。不久，我参加初三考试，很幸运地通过了考试，随后被分配到杭州第四中学，插入初三年级学习。这是我人生中第一次进入正规学校读书。不少侨生生活不习惯，因为当时我们国家还很困难，而我则感到像进了"天堂"一样，不用做工还有书读、有饭吃，太幸福了！

1955年全国各华侨补校分配到杭州的侨生有几百人。杭州的重点中学都安排有侨生就读。各学校都设有侨生工作部。从中学到大学我都被推选为学校侨生工作部负责人。

1957年，杭州市成立侨联筹委会，成员为文曼魂老师等15位同志，我也是其中之一。可以说，我回国后进入稳定生活的同时就参与侨联组织工作至今。侨联组织开始成立时只以杭州市为单位，不分省市。

1961年，杭州市侨联正式成立，我任副秘书长（兼）。

1964年，浙江省成立侨联筹委会，委员有37人，设有主任、副主任、秘书长等职，董云飞为主任，我任副秘书长。虽说是筹委会，但活动挺多的，因曾经召开侨代会，机构也比较齐全，全国侨联后来将之认可为浙江省侨联的第一届。"文化大革命"发生后，筹委会工作中断达十几年之久。

1979 年，全省第二次侨代会召开，选举产生 59 人组成的委员会，严文兴当选为主席。我任副秘书长（兼）。

1984 年，省第三次侨代会召开，选举产生以吴东侨为主席的 85 人组成的委员会。此前一年，我被调到省侨联任专职秘书长。

现在回过头，再回忆我在学校学习和生活的情况。

我到了杭四中当年就参加了共青团组织。我除了积极参加侨联组织的活动外，还争取参加学校课外的活动。例如我很喜欢儿童，虽然我和他们读的年级组相差不大，但我的年龄比他们大得多，我就当起他们的辅导员。这对我后来当教师有很大帮助。

读中学当少先队辅导员时与队员的合影（前排左一为侯玉贞）

1959 年，我考上了杭州大学教育系，享受的助学金从中学的每月 9 元提高到 12 元，生活上我很满足了。我对我的专业很热爱，系领导、老师都很关心我，并不断帮助我提高业务水平和政治觉悟。他们还吸收我参加党支部的学习和活动，出外实习时总安排我当个副小组长（正组长由教师当），让我多锻炼一点。我很珍惜组织上对我的培养、厚爱。我努力克服我的不足方面，例如我的字写得很不好（到现在还是写得不好），尤其是黑板字，我就将小黑板带去，晚上同学们都睡觉、休息了，我还要把明天上课时需写的黑板字练几遍才敢休息。结果，我每次的教学实习成绩都不错。

1964 年，临毕业时，我光荣地参加了中国共产党。

正当我以极大的激情投身于祖国社会主义建设时，"文化大革命"开始了。我全家都受到严重的迫害。

1965 年侯玉贞夫妇结婚照

1970 年，我母亲从泰国来探望我们，当时我还没有"解放"，我爱人还在农村受"监督"劳动，当时的工宣队、军代表不准他回来见我母亲，我考虑到国家的尊严和大局，没有把真情告诉母亲，而以"我爱人出差在外，公事在身无法来相见"的假话应付了之。可过后，他们还是不放心，几次催促我们回泰国定居；我爱人也是泰国归侨，他们家连出去准备穿的西装都给带来了。但我们俩总不相信我们的国家会这样被糟蹋下去，因为我们已在国内生活了十几年，我们都是伟大的社会主义革命和四化建设的参与者和见证人。我们坚信党最终会战胜邪恶。我们对党怀着深厚感情，党对我们只有恩，没有怨，我们无论如何不能离开党，不能离开曾经养育过我们的祖国。

三

"文化大革命"后期（1971～1974年），我和爱人都下农村到基层。我参加杭大教育小分队，到龙泉、临安、奉化等地搞师资培训工作。我爱人下放到地质队。我们就利用这段时间集中精力钻研业务，在实践中吸取营养。在这期间，我连续两年获得"五好职工"的奖励；我爱人也多次获得先进工作者的称号。

粉碎"四人帮"后，经过拨乱反正，尤其是在党的十一届三中全会以后，我们俩都被推上领导岗位。1982年底，我被调到省侨联任专职秘书长；我爱人回原单位任省地质测试中心主任。我到省侨联报到后，就上北京参加国务院侨办与外交部联合召开的一次国外侨务工作座谈会。会上各驻外使馆同志分别介绍各地的侨情，中央首长作了许多重要指示，随后制定了中办发（1983）33号文件。这次会议，使我眼界大开，并增加了许多感性知识，对国家的侨务政策也有了进一步的了解。

过了一年，我又参加了第三次全国归侨代表大会和全国侨办主任会议。大会结束后，胡耀邦同志将中央各部委负责同志都请来与各省侨办主任，全国侨联常委坐在一起面对面地探讨、研究当前急待解决的侨务工作问题，中央首长的重要讲话，为我后来的工作指明了方向。作为刚走上新工作岗位的我，就能这样得到培养、信任，现在想起来还会忆起那段美好的回忆。

大会要求，在对外开放，对内搞活经济的方针指引下，各级侨联组织要进一步明确：把为经济建设服务作为工作重点，加强保护和发扬侨胞爱国爱乡的热情。大会特别要求我们深刻领会和贯彻"十六字"（一视同仁，不得歧视，根据特点，适当照顾）方针政策。"文化大革命"前我们国家只提"一视同仁，适当照顾"，十一届三中全会后（1979年）才提出"十六字"方针。侨务工作必须转到为"四化"服务的中心上来，离开这项任务，不能在全局工作中显示我们侨联组织的优势，就难以取得领导的重视和有关部门的大力支持，同时，服务全局也应该照顾局部，没有局部也就没有全局。否认华侨、侨眷的特点，不解决他们的实际问题，就难于调动他们为"四化"服务的积极性。所以，要彻底地否定"左"倾错误思想。

中央给了我们有力的思想武器，回到本单位后，继续抓紧协助有关部门落实各项侨务政策。记得当时我省平反归侨、侨眷中的冤、假错案就达64500多件，吸收34000名归侨、侨眷知识分子入党，选拔了12000多人到各级领导岗位。

在我主持工作期间，积极协助有关部门扶持侨属企业。1988年，全省的侨属企业已经发展到600多家，总产值约5亿元左右，利润达2700多万元，上缴利税达2260多万元，出口值约3200万元。

华日电冰箱厂是省侨联重点扶持的企业。1984年由侨属陈励君三兄妹，团结一批归侨、侨眷、台属创办起来的。头几年困难重重，既没有资金又没有设备和人才，但靠他们一颗报效祖国的

1981年，侯玉贞到工厂作爱国主义教育报告

心和百折不挠的精神，克服重重困难，经过三年时间，未要国家一分钱，就把一个街道小厂发展成具有一定规模的大厂。

但由于"华日"起步较晚，当年国家对电冰箱生产实行宏观调控时，该厂未被列入国家定点企业，压缩机的进口因此而被冻结。该厂面临着停产的危险。我们省侨联认为，无论是从保护归侨、侨眷的正当合法权益，或是从对外开放对内搞活，扩大海外影响来说，都应该把该厂保护下来。在省侨联和全国侨联的大力支持下，该厂最终获得了国家定点的认可。

该厂今天已拥有具备国际水准的技术研究中心，一流的专业人才和先进的生产制造基地，具有 200 万台电冰箱的年生产能力。这些成果的取得，与省侨联的支持是分不开的。"华日"已成为海内外侨胞了解祖国改革开放和经济建设成就以及对外交流的一个重要窗口，值得我们侨联自豪！

在工作上，我做得很少，可组织上给我的荣誉却很多。我曾被评为杭州大学"五好"职工，杭州市"三八"积极分子和浙江省归侨、侨眷先进工作者；被授予为侨奉献奖，等等。

现在，我和老伴都已退休，过着幸福的晚年生活。儿子留学美国，并在美国定居，他与儿媳妇、孙子一家四口和和美美，生活美满。对此，我们两老很安心。我与老伴也经常到美国，与儿子一家团聚，其乐融融。

党和国家培养我成长

——黄祖金　口述

被采访者简介：黄祖金，男，马来亚归侨，祖籍广西蒙山县。1938年出生在马来亚彭亨州林明镇。1954年回国求学，同年被分配到浙江杭州二中读书，1960年考入北京大学东方语言系，学习阿拉伯语。1965年毕业后被分配到

黄祖金近照

北京市外国语学校任教。1971年，为解决夫妻分居问题，调入浙江慈溪工农五七大学。1972年借调到上海外国语大学任教，1978年调往慈溪中学。1983年，调入慈溪统战部，1984年当选为慈溪县侨联主席，同年光荣地加入中国共产党，12月，借调前往科威特从事援外工作。1988年任慈溪市侨办主任兼侨联主席，同年当选为慈溪市政协副主席，1993年当选为慈溪市人大副主任，从1993年起，先后担任第一、二、三届慈溪市留学人员家属联谊会会长，1999年荣获全国归侨、侨眷先进个人称号。

采访时间：2009年6月9日

采访地点：浙江省宁波市慈溪被采访者住所

采访者：林晓东　张秀明　陈永升　陈小云　王芳　陈益萍

整理者：陈永升

一

　　我祖籍广西蒙山县。大约在 20 世纪 20 年代，祖父因家乡贫困，无力维持生计，所以飘洋过海，前往马来亚打工。20 世纪 30 年代，我父亲到马来亚投奔祖父，在马来亚彭亨州关丹的林明镇定居。林明镇当时是马来亚重要的锡矿产地（现在锡矿已经停止开采，林明镇开发成一个旅游区），父亲就在锡矿里打工，下井开采锡矿。当时林明镇有几千华侨矿工下井采锡。我母亲在林明镇附近的高利橡胶园里割胶，一家人依靠父母的微薄工资维持生计。

　　1938 年 5 月，我出生在林明镇。小时候尽管生活艰苦，家里日子还能过得去。1941 年，太平洋战争爆发，日本开始南进，1942 年占领马来亚。我们被迫逃到山里，靠种番薯、稻子和养猪养家，生活很艰苦。更加可怕的是，我们还要躲避日本兵的搜捕。记得有一次，一队日本兵来突袭，想抓我父亲去修飞机场，父亲躲进了树林，日本兵冲进我家用刀乱戳，我们都被吓坏了。还有一次，日本兵要抓我母亲，一看势头不对，母亲把我们兄弟姐妹紧紧搂在一起，说要抓就把我们一起抓走好了，一个翻译官和日本兵叽哩咕噜说了些什么，那些日本兵才骂骂咧咧的走了。日本人占领马来西亚 8 个月，我们吃尽了苦头。

　　1945 年，日本投降后，华文学校恢复上课，我在林明镇中华学校念小学。在此期间，我多次从老师、同学那里听说新中国的消息，非常兴奋。小学毕业后，就约了八九个同学一起回国求学。父亲当时不舍也不愿我回国，因为前两年，我的哥哥已先期回国了，父亲实在不愿身边一下走掉两个孩子，母亲对此却是默许的，因为她想放我和哥哥回来打前站，最终实现全家的宿愿，叶落归根，回到祖国。父亲最后还是同意了我回国的请求，但这却成了我和他的永别。

那时之所以要求回国，一方面因为新中国成立，希望回去求学；另一方面是因为受到当地殖民者的歧视，他们把我们看成是"二等公民"，常常辱骂我们是"两面乞丐"，当时我心想马来亚尽管是我的出生地，但毕竟不是祖国，新中国才是我向往的地方。

1954年5月，我们从新加坡登上巨轮——芝利华号，返回祖国。上船时，船上已经满员，绝大多数是印度尼西亚华侨青年学生，我们只能挤在甲板上，辛苦又兴奋地度过了3天3夜的航程。

船离开新加坡不久，驶入南中国海，一天傍晚突然传来消息说该船要驶往台湾，我们集合一大群青年学生向船长抗议，反对把船开往台湾，轮船最终按计划开往香港。到了香港，我们在荷枪实弹的英国雇佣军的监视下，从九龙乘火车回到深圳，再换乘祖国开往广州的火车。

二

1954年7月13日晚，我们到达了广州，进入广州华侨补校，准备文化课考试和填写分配志愿表，每个人可填三个城市作为目的地，我填了北京、上海和杭州，最终被分配到杭州。

1954年9月，我进入杭州二中读初一，1957年以优异的成绩被保送进该校高中部学习。因为父母不在身边，我们把学校当作家，把校长、老师当成父母、兄长。他们非常关心我们的生活和学习，帮助我们克服种种困难，使我们得以安心学习，我们和国内的同学也是互相帮助，打成一片。学校依据我的家庭情况，发给我甲等助学金。1956年，我加入新民主主义青年团，我是杭二中侨生中最早加入青年团的人员之一。1959年出席了浙江省归侨、侨眷、华侨学生社会主义建设积极分子大会。

1960年，我以优异的成绩考入北京大学东方语言系，学习阿拉伯语，当时系主任是著名学者季羡林教授，我们的老师是著名的阿拉伯语专家马坚教授。

1965 年，在北京大学东语系学习的华侨同学合影（二排右一为黄祖金）

1965 年毕业后，我被分配到北京市外国语学校任教，教授阿拉伯语。

1966 年，"文化大革命"开始，教师、学生四处串联，学校停课闹革命。1967 年，中央提出"复课闹革命"，我积极响应，恢复上课。因为我平时与学生关系较好，又不参与过激的运动，所以"文化大革命"期间没有因归侨身份受到冲击。不久，我还被选进校革委会办事组工作，校工宣队、军宣队动员我参加党员整风运动。当时我还不是党员，就没有同意。

我爱人在杭州师范学院毕业后分配到了慈溪任教，我希望能调她到北京工作，但那时候中侨委已经解散，归侨事务归入外交部领事司，我们多次请求调动，都未能获准。于是我产生调到浙江的念头。但是，我调到浙江的要求一开始也未能如愿。

后来，浙江方面来函，要求我两星期内去报到。就这样，

1965 年 7 月，北京大学华侨毕业生合影（二排右一为黄祖金）

我离开首都北京，来到慈溪。军宣队政委在我离开北京的时候对我说，国家培养你这样的外语人才不容易，到浙江阿拉伯语可能会没有用，但为了你们夫妻团聚，我们只能同意你调出。

1972 年初，我调入慈溪工农五七大学。三个月后，对外经济联络委员会在上海外语大学培训一批援外专家，借调我去任教师，我又在上海工作了三年。培训结束后，因为调动问题无法解决，1976 年，我又回到慈溪工农五七大学（后恢复原校名锦堂师范学校），继续在学校担任英语教学。1978 年秋，我被调到慈溪中学。1983 年底，机构改革，抽调一批知识分子到政府机关工作，我被调到慈溪市委统战部，做侨联工作。1984 年，当选为慈溪市侨联主席，同年光荣地加入中国共产党。1984 年12 月，交通部港湾工程公司借调我到科威特任翻译，兼 292 工程设备处负责人。1988 年初，工作结束，我途径新加坡回国。这是我离开新加坡 34 年后首次踏上该国土地与亲人团聚，真是百感交集。回到慈溪后，我被任命为慈溪市侨办主任，不久又

1970 年，北京大学东语系毕业照（三排右二为黄祖金）

当选慈溪市政协副主席和慈溪侨联主席。1993 年，当选为慈溪
市人大副主任。1998 年退休，享受着幸福的晚年生活。

1971 年，母亲回国探亲时与全家合影（二排右一为黄祖金）

三

从 1984 年起，我任慈溪市侨联主席（开始时为慈溪县侨联，1988 年县改市），1988 年任侨办主任，我与同事一起在侨务方面主要做了以下一些工作：

首先，在宣传教育方面，我们积极配合市委市政府，做好本市归侨侨眷的学习教育工作。组织归侨侨眷学习邓小平理论、"三个代表"思想等党的理论，并通过报告会、知识竞赛、文艺演出等多种形式向广大归侨宣传党的方针、政策。同时，通过参观游览和座谈会等形式，开展了以爱国主义为主题的多种教育活动。

其次，在对外联络和联谊方面，我们在 1989～1998 年间共接待海外侨胞、港胞 1600 多人次，向重点华侨华人、港澳同胞寄新年贺信 1500 余封。在接待中，我们积极主动、热情周到、以诚待人，根据来自不同国家和地区、新朋老友、年老年轻、

1986 年在科威特留影

不同职业等差异和特点，掌握相关背景和资料，有的放矢地做好接待工作，从而达到深交老朋友，结交新朋友的目的。此外，从 1989 年起，我们每年在深圳举行慈溪籍港胞团聚会，并派人专程赴深圳给我市重点港胞送杨梅和土特产，从中进行联络宣传工作，增进亲情乡谊，争取他们对家乡各项事业的支持。在做好海外联谊工作的同时，我们还注重做好我市归侨侨眷和港澳家属的联谊工作，每年举行归侨侨眷中秋、春节茶话会，经常登门看望和慰问年迈多病的归侨侨眷和港澳家属，对困难归侨给以适当补助。同时，多次组织部分归侨侨眷和港澳家属子女参加夏令营，丰富他们的生活。

第三方面，发挥侨务优势，为慈溪的现代化建设服务。从 1988 年起，我们利用与侨胞广泛接触的便利，宣传我市发展情况，介绍投资环境和优惠政策，争取侨港胞来我市投资兴业。经牵线搭桥，引进中外合资企业几十余家，仅在 1989 年，通过侨务部门及侨眷直接、间接的联络、牵线，成功地创办了中外合资企业 4 家，即：中外合资慈溪联兴羊毛衫有限公司（与港胞姚云龙先生合资）、中外合资宁波华美乳胶制品有限公司（与侨胞任伯年先生合资）、中外合资慈溪尊宝卷尺有限公司（与港胞柴乾良先生合资）、中外合资慈溪佳民光学仪器有限公司，开创了我市兴办外资企业的先河。同年，达成贸易合作意向 2 项，出口额计人民币 2000 万元。从 1988～1998 年，经市侨联联络的协议或合同利用外资约 1400 万美元，同时共接受港胞侨胞捐资 136 起，计人民币 1700 万元左右，用于兴办学校、自来水厂、敬老院、铺路、电网改造、儿童乐园、体育设施等各种公益事业。

从 20 世纪 90 年代起，我们积极在留学人员家属中开展"四个一"活动，即联系一项业务（技术），请进一位客商，引进一笔资金，推销一个产品。有 7 位留学人员投资或引资 115.8 万美元，兴办合资或独资企业 9 家：1995 年从日本引进的紫苏在宗汉试种成功，1996 年种植 80 亩，1997 年种植 100 亩，产品全部由日方包销。超过 300 万美元的家乡产品，由留学人员牵线销往日本、美国、东欧。经市侨联推荐，14 位留学人员被市外经贸局聘为"对外招商代理"。

同时，根据侨联可自办企业的规定，逐步兴办了侨属企业四十余家，安排了部分侨眷就业。

第四方面，为侨务工作服务办实事。我到侨联初期，正是侨联落实侨务政策，归还侨房，平反冤假错案的重要时期。我和同志们一起积极帮助和寻找当事人的原始材料、档案，挨家挨户去核实，最终完成全部工作。

自 1990 年《中华人民共和国归侨侨眷权益保护法》颁布后，我们组织市侨联全体委员学习讨论，将《保护法》发至侨联小组，多次召开部分归侨侨眷座谈会，学习宣讲《保护法》。及时组织市侨联专职干部、部分市侨联常委和浒山镇侨联分会委员共同学习浙江省制定的《保护法》实施细则讨论稿。在

1991 年 8 月召开的全市统战工作会议和 1992 年 7 月先后两次召开的全市统战理论会议上，我们就宣传贯彻《保护法》作了专题发言。1991 年 5 月，配合市人大到部分乡镇召开座谈会，对《保护法》进行逐条讨论，征求意见，上报省人大侨委会。

同时，我们呼吁归侨侨眷以《保护法》为武器，维护自己的合法权益。在侨眷反映的诸如房产、宅基地纠纷上，积极与有关乡镇协调磋商，尽力维护侨眷合法权益。

我们还将为侨务工作服务的宗旨落在为归侨侨眷办实事上来，1988～1998 年，共为归侨侨眷办实事 200 件左右，受理信访案件约 400 件，补助困难归侨侨眷 63 户，为广大归侨侨眷尽了一份自己的绵薄之力。

第五方面，参政议政方面，我们侨联也很活跃。首先，我们积极参与市人大代表、政协委员的推荐工作，并为他们的调研提供便利，让他们更为积极地撰写议案、提案，参政议政，反映侨界意见和呼声。

我在市侨联印象最深刻的是慈溪留学生及家属联谊会的筹建工作。1992 年，国务院颁布《关于在外留学生有关问题的通知》，确定了"支持留学，鼓励回国，来去自由"的方针，当时慈溪留学人员较多，我觉得有必要创办一个组织，为留学生及其家属服务，同时吸引他们为国效力。1993 年 10 月，我们创办成立了慈溪市留学人员家属联谊会（后改为慈溪市留学人员及家属联谊会，简称"留联会"），为留学人员家属提供学习和服务场所，我连续当选为第一、二、三届会长。对于"留联会"，我非常有感情。通过"留联会"，我们摸清了慈溪海外留学人员的基本情况，并通过家属，让留学人员了解自己家乡的发展状况，鼓励他们回国创业。

"留联会"开展丰富多彩的活动，把留学人员家属紧紧团结在市"留联会"周围。在春节、中秋节等传统节日举办座谈会、茶话会，组织部分留学人员家属赴余姚、宁波等地学习参观，与市外经贸委、科委、经济开发区、中行、交行、工行、团市委联合举行活动。每年召开一次年会，全体留学人员家属来市里开会。各留联片组每年举行几次活动。通过这些活动，留联会的凝聚力大大加强了。

有10多名慈溪籍海外学子应邀为国内有关院校、科研所作学术报告、讲学。有的留学人员还在家乡、母校捐资设立奖学金。有22名留学人员学成归国继续创业。1990年自费留学澳大利亚的沈志宏，1993年获硕士学位回国。1994年受中国远大贸易公司派遣在宁波组建浙江远大贸易公司，任总经理。在一无资金，二无场地的情况下，浙江远大贸易分公司起步，当年进出口额达600万美元，经过几年艰苦创业，2001年进出额达4亿美元，名列全省前茅。

回顾归国55年的沧桑岁月，感慨无限。我16岁远离海外父母、兄弟姐妹，回到祖国怀抱。在祖国幸福的大家庭里，在党的温暖的阳光下成长，受到无微不至的关怀照顾。是党和人民把我送进最好的中学，最著名的大学读书学习，把我培养成人民教师、国家公务员。在漫长的人生历程中，我始终与祖国同呼吸、共命运，并把青春年华献给了亲爱的祖国，回首往事，无怨无悔，展望未来，无限美好。

一息尚存，仍要歌唱

——冀汸 口述

被采访者简介： 冀汸，男，本名陈性忠，印尼归侨，祖籍湖北天门。1918年12月出生于印尼爪哇，1926年回国。1935年在武汉参加"一二·九运动"，同时开始诗歌创作。抗战时期，就读于重庆复旦大学历史系，与邹荻帆、姚奔等编辑诗刊《诗垦地》，

冀汸近照
（2009年7月摄于杭州浙江医院）

1945年在重庆参加文协，为40年代著名的七月派诗人之一。1947年复旦大学历史系毕业后，历任南京邮汇局员工子弟小学教员，杭州安徽中学教员、教务主任。1950年10月后，任浙江省文联《浙江文艺》编辑、创作组组长，1954年加入中国作家协会。1955年后因"胡风案件"蒙冤25年。1980年平反后，回到浙江省文联工作，曾任中国作家协会浙江分会副主席，《江南》杂志编委，中国作家协会第四届理事、第五届名誉委员，浙江省作家协会顾问。著有7部诗集：《跃动的夜》、《喜日》、《有翅膀的》、《桥和墙》、《我赞美》、《没有休止符的诗歌》、《灌木年轮》，3部长篇小说《走夜路的人们》、《这里没有冬天》、《故园风雨》和两部回忆录。

采访时间： 2009年6月3日

采访地点：杭州浙江医院病房

采访者：林晓东　张秀明　陈永升　陈小云　丁伟

整理者：张秀明

一

我祖籍湖北天门县，1918 年 12 月 8 日出生于荷属东印度中爪哇小镇井里汶。祖父一代下南洋。当时，老家汉江常年决口，民不聊生，祖父祖母就带着父亲四处逃难。先是在国内流浪，他们到过很多地方，东三省、广东、广西、浙江、江苏等地都有他们的足迹。后来一步一步浪迹海外。他们先到了新加坡，最后在中爪哇的一个小镇井里汶落脚。在新加坡时，他们靠种菜为生。到了印尼后，主要依靠父亲养家糊口。父亲由于从小跟着祖父母四处流浪，没有上过学，后来靠着自习以及祖父教他认识的一些字，能写信。同时，在当地学会了印尼语文。父亲做过很多职业，他修过钟表、开过照相馆、镶牙店。后来，我们从井里汶迁到了巴达维亚，也就是今天的雅加达。巴达维亚是占领爪哇王国时的荷兰司令官的名字，印尼首都就以他的名字命名。

小时候在印尼的生活，我已记忆不清。我六七岁时，跟着祖父祖母回到了湖北天门县农村的老家。父母则留在印尼，因为他们在那儿已经站稳了脚跟，打下了生活的基础。我是长孙，所以回国接受教育，弟弟、妹妹没有和我一起回来。

回来后不记得过了几年，有一天，父亲、母亲带着两个弟弟突然回来了。他少小离家壮年回，出去的时候是一个小要饭的，如今妻儿满堂回来省亲，大有衣锦还乡之感。所以，回来后办的头一件大事就是大宴宾客，因此"名声在外"，引起了一些不良分子的觊觎，被所谓的"保安队"以抓赌为名抓走，被迫交了一笔"罚金"才释放，他身上的现金、戒指、金怀表也被搜去了。母亲祖籍福建，已在爪哇住了好几代，有印尼血统。由于生长在南洋，她很不适应寒冷的气候，冬天来了后，她的双手双脚生了冻疮，再加上农村的生活条件很艰苦，所以她闹着要回南洋。过完春节，父母留下三弟棋生，带着最小的弟弟明生回印尼了。这是我们全家唯一一次团圆过春节。我本来有兄妹6人，但大弟、二弟在我回国前就夭折了，四弟后来也夭折了，只有我、三弟棋生和六妹润枝活了下来。

1931年，汉江北大堤决口，家乡变成了一片汪洋。祖父便带着我和弟弟避到了地势较高的干驿镇。他已经在那儿买了一幢带店面的房子，准备用父亲的汇款开店。当时，贺龙率领的中国工农红军走出洪湖根据地，进驻干驿镇。祖父害怕"共产"，大水退出汉口后，便带着我和弟弟离开干驿镇，来到了汉口。这年冬天，父亲因患病再度回国，我们在汉口见面了。祖母已去世，父亲没有回来奔丧。当时，印尼的华侨有这样一种观念：外科找西医，内科找中医。父亲也信这些。他染上了肺结核，也就是"痨病"，当年人们看待这种病就像今天人们看待癌症一样。南洋没有好中医，只好回国求治。当时他是和一群老乡一起回来的。"一二·八事变"后，父亲和几位同时回国的老乡怕战事旷日持久，回不了南洋。那时粤汉铁路未通，海路又在打仗。直到淞沪协定签订，危险解除，父亲的病情也有所好转，才坐船回到了印尼。

二

我回老家后，祖父让我读私塾。我从《三字经》开始，读完四书五经，又读《左传》、《战国策》，从一个"蒙童"读成了大小子，一直读到15岁。1931年在汉口时，父亲和祖父商量，准备带弟弟回南洋，我则继续留在祖父身边，争取尽快上正规学校读书。经过几番周折，终于找到一位在武昌某初级小学任教的同乡鲁先生。父亲叫我到鲁先生教课的初小三年级跟读，补习算术和其他功课，准备一学期后再考高一级学校的插班生。鲁先生觉得我都到了上中学的年龄才读三年级，太说不过去了，就将我的年龄改小了两岁。所以，现在有的材料说我是1920年出生的，其实是不对的。当时，我住在学校办公室里，吃在鲁家，每月付6块银元搭伙费；周末下课后回汉口家里，星期天晚上回学校，日子过得还算愉快。暑假时，我以"同等学力"考进汉口实验小学，当五年级下学期的插班生，才算进了正规学校。

1932年冬天，祖父和继祖母先回到家乡干驿镇，我留在汉口继续读完这个学期。第二年春季开学后，我也回到了天门县立中心小学当了六年级下学期的插班生，又跳了一级。这样我以一年半的时间修完了小学六年的课程。这一年小学毕业生举行全县会考，成绩公布，我名列第一。由于天门县当时没有初级中学，我们只好到邻县应城县参加西河中学的招生考试。通过李熙明老师的关系，西河中学接受了我们天门县十多个学生。

应城县出产石膏和食盐，这两种产品使应城成了一个富县。西河中学就是由矿井老板们出资兴办的。我在西河中学只读了一年半。同班的应城籍同学地方主义特别严重，认为天门人来应城读书是占他们的便宜，对我采取孤立、歧视的态度，冷言冷语地讽刺我、嘲笑我。我受不了这种窝囊气，背着祖父，愤然离开应城，于1935年2月到武昌大公中学初中二年级当了插班生。1936年7月，我初中毕业，没有考普通高中，而是考进了武昌师范学校。

二年级下学期，抗战全面爆发，为了躲避战乱，武昌师范学校搬到了建始县，并改名建始师范学校。按照当时的规定，师范学校毕业，只有一条出路，就是当小学教员。报考高一级的学校，也须当满三年小学教员。建始师范学校毕业后，我到宜昌的分乡小学当教员。日本人进攻宜昌后，我和一个同事逃到了姊归乡下。住了一段时间后，又一路西进，于 1940 年 10 月下旬到了重庆，继续当小学教员。当满三年小学教员后，1942 年我考入了迁到重庆的复旦大学历史系。我本应于 1946 年毕业，因为我不愿意留在重庆，就故意少修了一门必修课，造成学分不足，不能如期毕业。后来随着学校复员到上海，1947 年在上海毕业。

1947 年冀汸复旦大学毕业时留影

当时毕业即失业，要自己找工作。在国内，我没有可以依赖的家族和亲戚，只有一群可以同呼吸共患难的朋友。我给他们写信求援。同时，也向荷兰王国驻上海领事馆提出到爪哇的申请。父亲已在日军占领印尼期间因肺结核去世，母亲一贫如洗，与幼年的妹妹摆地摊做小买卖艰难度日。虽然荷兰驻上海领事馆批准了我去印尼的申请，但我却凑不齐为数不菲的旅费。后来，有个同学介绍我到一家私立中学教书，但没有住的地方。正当我无路可走时，以前我在分乡小学任教时的校长在南京负责筹办邮政汇业局员工小学，他来上海购买实验器材，并邀请我到那里当教员，我欣然前往。

我有不少朋友在南京，但彼此间住得比较远，只有方然住在离我较近的地方。他 1938 年投奔延安，进陕北公学，1940 年从陕北到成都进金陵大学中国文学系读书。当时国民党大军对延安进行封锁，尽管我党提出了"自己动手，丰衣足食"的口号，开荒生产，但人口压力仍很大。为了缓解封锁造成的压力，组织上有计划地动员一部分人离开延安，有的上前线，有的到国统区。他就这样到了重庆。后来，因在重庆从事革命活动被捕，通过亲戚疏通关系才得以释放，流落到了南京。每天晚上他都找我聊天、散步，他很苦闷，一直想回延安去，我就介绍他到上海找胡风。我因为以前投稿认识了胡风，两人逐渐变成了亦师亦友的关系。胡风介绍方然认识了冯雪峰，方然向冯雪峰提出了想回延安的愿望。冯雪峰觉得回解放区风险很大，建议他先找一份社会工作作掩护，再从长计议。方然有一个姑父当过国民党军长，退休后在杭州安度晚年，方然就来杭州找他姑父。当时徽帮在杭州很有势力，有银行家、大茶商、矿山主等实业家，影响很大。杭州有个安徽会馆，那时变成了一个处于无政府状态的流民收容所，情况很复杂，甚至还有带着孩子的白俄妇女。安徽籍的老板想将会馆收回，另派用场。后来，安徽会馆改办成安徽中学，方然的姑父便向同乡们推荐方然当校长。为了保证教职员工的政治可靠性，方然回南京物色可靠的搭档，邀请我去当教员。我觉得义不容辞，从南京来到了杭州。我先在安徽中学当教员，后来又当教务主任，一直到杭州解放。

三

1950 年下半年，"浙江省文学艺术界联合会筹备委员会"正式成立，方然是筹备委员之一，并任编审部部长。随后，在"浙江省文联筹委会"下，正式成立了"杭州市文学工作者协会"，方然任副主席兼秘书长。当时正值抗美援朝高潮，编审部的首要任务是编印出一批文艺性的宣传材料。1950 年 10 月，我正式调到省文联编审部当编辑，成立了一个创作组，我任组长。我赶写出独幕剧《一家亲》，在不少工厂、矿山、学校都演出过。这是我的第一篇配合政治任务的"文学作品"。随着编审部工作人员的充实，方然又提议创办刊物。在方然主持下，《浙江文艺》于 1951 年 10 月创刊，我们努力想把它办成一个普及型的文艺刊物，为工农兵服务，为政治服务。解放初期，我有一种迫切的心情：深入生活，深入斗争，真诚地希望在实际生活中锻炼自己，改造思想。在学校里当教员时很少有这种可能，到省文联后，工作弹性很大，时间的机动性也较大。1951 年冬天，我们便下到一家棉纺厂体验生活，搜集素材，以便写出反映工人生活的新作品。"三反"、"五反"运动开始后，我们被召回机关参加学习。

在 1955 年"胡风及其一伙"被彻底打入"炼狱"之前，已经开始了对胡风文艺思想的批判。我的作品也受到了批判。刚进大学时，我受《战争与和平》、《静静的顿河》影响，不自量力，立下了写多卷本长篇小说的宏愿，并开始动笔写《走夜路的人们》，毕业的时候完稿。尽管语言生涩、粗俗，但在写作过程中我确实走进了人物的内心世界，在一定程度上写出了旧时代闭塞的农村生活和处于自在状态下的农民的苦难与痛苦、挣扎与奋斗。在胡风先生的帮助下，《走夜路的人们》于 1950 年 6 月出版了。当时，文艺界没有丝毫反响。只有出版这本小说的上海作家书屋转来一封在朝鲜作战的志愿军读者的长信，写得热情洋溢，我很受鼓舞。由于预计到可能引发的误解，1951 年 8 月重印时，我加写了一则自我批评性质的《再版附记》。当时，文艺界还是没有任何反应。

然而，到了 1953 年，《人民文学》发表了批评长篇小说《走夜路的人们》的文章，批评作者用错误的文艺思想宣扬"自发性"，鼓吹个人复仇，丑化劳动人民，歪曲现实斗争。目的很明确，就是为当时日趋猛烈的对胡风文艺思想的批判再找一个例证。1954 年，我的长篇小说《这里没有冬天》出版没几天，上海《解放日报》就发表了长篇批评文章。动作之神速，令人吃惊。说它是对我的"判决书"一点也不为过。我被"一棍子打死"了。《这里没有冬天》是我为配合政治任务而写的，当时几乎是以每天万字的速度完成的，没想到我却因此受到了批判，它变成了我的"罪证"之一。1954年，周扬在报上发表了《我们必须战斗》之后，等于对文艺界下达了总动员令，由此开始，全国文艺界加强了对胡风文艺思想的全面批判，"胡风及其一伙"在一浪高过一浪的浪潮里卷进1955年，由"反党集团"变为"反革命集团"。

1955年5月，我作为"胡风案"的骨干分子，开始接受隔离审查，直到1980年9月"胡风案"平反。漫长的25年岁月，我在审查、关押和劳改中度过，身体上、精神上遭遇的痛苦，不再多说了，只简单地说一说大致过程。

1951年，冀汸、殷蓉仙夫妇于杭州留影

我1955年5月因隔离审查被关进了监狱，关了三年零九个月后，看守所所长向我宣布了浙江省人民检察院对我的《免于刑事处分决定书》。决定书首先认定我犯了"反革命罪"，不过鉴于被捕后认罪态度较好，有悔改表现，特从宽处理，免于起诉，予以释放，我不再是"犯人"的身份，而是公民。但是，我仍没有行动的自由。我不能回家和家人团聚，不能回原单位继续工作，而是被下放到了农场接受改造。1959年2月6日，也就是农历腊月二十九，我出狱的第三天，不被允许与妻子孩子共度已经来临的春节，只在街头公园与妻子匆匆一见，就冒着大雪，离开杭州，前往浙江西北部的安吉农场开始了未知的劳改生活。

安吉农场都是刑满留场人员，一种是有公民权的，一种是依法剥夺了公民权的。我算是有公民权的。待遇是行政二十五级，月工资 35.5 元。这个级别很低，不过算干部。虽然我是公民，但在农场期间属于"内部控制使用"。我始终不知道我到底是什么身份：既不是真正的农场"干部"，也不完全是农场的"劳改犯"。很长一段时间，我处于"闲置状态"，到处打杂，没有固定的工作。政治待遇上，一直不能参加会议，不能听报告，不能听文件传达。我在安吉农场一直呆到 1964 年 5 月下旬。

后来，我调到了杭州郊区的劳改农场，对外叫乔司农场，内部名称则是"浙江省第七劳动改造管教队"。调动的原因是奉命创作电影剧本。"文化大革命"开始后，我当然不能幸免，很快被关进了"牛棚"。"批林批孔"运动中，由于农场劳改干部文化水平低，我曾充当"讲解员"。我除了照本宣科讲解之外，还讲了一些孔丘、孟轲、韩非、商鞅的故事。大家发现我似乎是一个当教员的料。后来，农场曾打算安排我到乔司中学当历史教员，因"胡风分子"的身份而被"退货"。我则继续当闲置人员，一直到 1975 年 3 月下旬，农场才分配我到农业科学研究所当会计。1976 年 4 月，发给我"浙江省公安局"的工作证，编号为 000538。直到这时，我才真正成了正常的工作人员。1976 年秋，我调到乔司中学农场教英语。一个学期后，改任教务主任，场部还专门下达命令，提升我为科员，行政二十一级，月工资也相应增加到 47 元。当时公安部规定劳改干部一律着警服，我也分到了不同季节的警服。我曾被当作"罪犯"被警察逮捕，却又在劳改农场里变成了一名警察，这就是历史。

四

1979 年，第四次文代会召开及之后的一段时间里，我从报纸和广播中知道了几名"胡风案"的"同案犯"作为"特邀代表"参加了那次大会，随后又在《诗刊》上看见"同案犯"发表诗作。我深受触动：我觉得我这个"问题人物"的问题也有解决的希望了。我怀着试试看的心情，给当时任宣传部部长的胡耀邦写了一封申诉信。他没有给我回信，但把我的信转给了浙江省委。省文联派三位同志到劳改农场看望我，我终于"出土"了。1980 年夏天，浙江省召开第二次文代会，我作为省级单位代表参加了这次大会，并当选为中国作家协会浙江分会第二届理事会理事。不久，又应邀参加了中国作家协会浙江分会在莫干山举办的老中青会员夏令笔会。当时，省作协讨论创办一份大型文学刊物，最后决定筹办《江南》。《江南》是在无人、无稿、无钱的"三无"状态下启动的，把我从乔司农场借调回来，作为唯一的专职人员使用。

我的归队和平反并非一帆风顺。我被省文联借用后，文联领导即开始为我办理调动手续。当时文艺界盛传胡风案属于冤假错案，平反已是大势所趋，时间也不会拖得太久。但是劳改局却不放我走，把我派到了三天门一家劳改单位举办的文秘人员训练班当教员。最后，由省公安厅出面才解决了问题。1980 年 9 月下达的［中发（1980）76 号］文件，第一次为"胡风案"平反。凡定为"胡风分子"的，一律平反，恢复名誉，从平反之日起，恢复原级别、原待遇；本人历史上有什么问题，按什么问题作结论，并由原单位妥善安排工作，恢复原工资待遇；凡经法院程序审判的，建议原法院撤销判决；凡因"胡风问题"受到株连的，要彻底改正。看到这个文件，我以为我的问题已经完全解决了。但是到了 11 月份发工资的时候，我还是 47 元，而不是 1955 年前的文艺十级的工资。我的问题仍没有平反，因为我的档案材料一直没有找到。没有档案，许多事情弄不清楚。几经周折，一直拖到 1981 年 3 月下旬，在省文联召开的一次干部大会上，才宣布对我平反。我的平反日期是 1981 年 3 月 25日，而不是中央文件所规定的 1980 年 9 月 9 日。

我曾这样描述这一段岁月："按照进行曲总谱规定的休止符，我中止了歌唱。万万没有料到的是，那个休止符所代表的时值在任何《乐典》中都找不出——竟长达 25 年之久，一个世纪的 1/4！因此，50 年代下半期、整个 60 年代和 70 年代的绝大部分时间，我只能当一名'暗哑者'，混迹于'齐暗'的'万马'之间。"

虽然我的创作停止了 25 年，但我没有怨恨人生，因为写作是我自己的选择，我接受它带来的一切。但是，让我一直感到愧疚的是家人和其他一些无辜的人因我而受牵连，历经磨难。

1959 年春，殷殷、陈殷、殷陈（自左至右）于杭州留影

　　我和妻子殷蓉仙是在 1950 年 2 月 4 日结婚的，她是我在南京邮汇局员工子弟小学教书时的同事，后来在杭州师范附设小学谋得教员职位，落户杭州。我们育有三个子女，孩子的名字是用我的姓和她的姓拼合起来的：长子叫陈殷，次子叫殷陈，最小的女儿叫殷殷。妻子因我的牵连而忍辱负重、默默挣扎了 25 年。

　　1955 年我被"隔离反省"时，她刚生完小女儿没几天，身体极度虚弱，还在医院，等我不能再到医院探望她时，她知道情况不妙，不顾身体虚弱匆匆赶回家，可是回去后面对的却是那个已经被查抄得七零八落的家。当时四岁半的长子陈殷被托儿所退回，因为爸爸是反革命。也因为是"胡风分子"的孩子，1962 年 6 月，次子殷陈生了病却得不到及时救治，最终被贻误致死，他的生命永远停止在 9 岁。这是我心中永远挥之不去的痛。初中毕业的内弟，因为有一个"反革命"姐夫，无权进入高中学习。亲戚、朋友为了"划清界线"，不约而同地和妻子断绝了来往。

　　在历次运动中，她谨小慎微，沉默寡言，只求平安度日，但还是免不了被另眼看待。为了使妻子儿女少受我的牵连，60 年代初，我曾提出与妻子离婚，但她不同意，因为她相信"总有水落石出"的一天。但是"文化大革命"中，我们在当时的政治高压下办理了离婚手续。我们的离婚，形式上是经过法院判决的，但这不过是另一种迫害形式，在思想上、感情上我们没有承认它的效力。在不得不说假话、不得不做假动作的年月里，像我们这样的人是无法统计的。

　　还有一些我不认识的人，因我当编辑时投稿与我建立了通讯联系而受到了株连，无一例外地浪费了 25 年的大好年华。对他们，我惭愧，我内疚，道歉又道歉，但是我的道歉又能弥补什么呢？

五

我是一个曾经想当诗人、作家的人，我在这条坎坷的道路上奔波了一辈子，但是说自己是诗人、作家，不仅可笑，而且令人汗颜。我把自己定位在文学爱好者这一档次上：爱读，爱写，而且爱得非常执著，"虽九死其尤未悔"。

1995 年，冀汸全家合影（自左至右：陈殷、张婴音、陈冬筱、殷殷、冀汸、殷蓉仙）

1940 年，一群团结在靳以先生周围的爱好文艺的学生，以姚奔为首，出版了几期大型文艺"壁报"《文艺垦地》。后来姚奔提出创办诗刊《诗垦地》，得到靳以等老师和许多早年毕业的复旦校友们的支持。我考入复旦的时候，《诗垦地》的筹备工作已经启动，我就成了专职工作人员。《诗垦地》筹办期间遇到的最大困难是登记问题。因为"皖南事变"后，国民党政府撤销各种期刊登记证，要获得期刊登记证是很困难的。经过多方努力无效后，我们决定《诗垦地》以"丛刊"名义出版，"丛刊"就是"丛书"，不必定期，每期只需换一个书名。《诗垦地》的出版，在"皖南事变"后的国统区确实刮起了一阵诗旋风，掀起了一阵诗创作的热潮。

1940年，《七月》第一期上发表了我的长诗《跃动的夜》，是胡风先生将它列为"七月诗丛"之一出版的。诗的发表，深受读者的喜爱，也受到了评论家的关注。我也经历过创作的失败，长诗《两岸》几次改写也只留下了中间一节，另一首长诗《走在前面的》没有发表。歌颂解放的长诗《喜日》，有人物、有情节，算得上真正意义上的叙事诗，也算得上我创作探索的一次成功。三部长篇小说，不是一本比一本好，而是"一代不如一代"。《走夜路的人们》和《这里没有冬天》不必再说了，1989年出版的《故园风雨》是一部根本不必问世的小说。它的人物没有凸现出来，仅仅讲了一个故事；它的编校、印刷质量更是错误百出。《故园风雨》应当重写，但我已没有这份精力了。

1996年，冀汸、罗洛、贾植芳、任敏、梅志、牛汉、曾卓、绿原（自左至右）在北京梅志家中留影

　　人生苦短，匆匆数十年耳。记得"大跃进"期间，我还在监狱里时，在报纸上见到"一天等于二十年"的提法，心里非常兴奋，我想既然别人可以一天等于二十年用，我不管多么愚昧，多么笨拙，倘能获释，今后的岁月，至少可以一天当两天用吧？流失的岁月无法追回，能为自己掌握的今天应当倍加珍惜。该读的书没有读的太多，那就赶快去读；自认为不可不写的文字也不少，那就赶快去写；该去而没有去的地方也很多，那就趁着自己还能行动的时候抓紧时间多走几处……最好能做到分秒必争。然而，天不遂人愿，自 1998 年至 2001 年四年间，我竟两次发生脑栓塞、两次发生心力衰竭，医院还发出过"病危通知"。我因冠心病装上了心脏起搏器，高血压变成低血压。从 2001 年以来，我一直在浙江医院接受治疗，几乎以病房为家。我的这些微小的愿望已经无法付诸实践了。但我仍然坚持每天写作。不能写长篇，就写回忆录，写杂文、散文，哪怕是写日记。我 80 多岁学会了用电脑，不仅用电脑写作，还能浏览网页、发电邮、下载最新电影。我的眼睛不大好，打字也不是很快，但这些年我已经用电脑创作了约 100 万字。

　　现在，我只能重复一遍在《灌木年轮》序言中表达过的那层意思：一息尚存，仍要歌唱。我所遵循的并且应当努力做到的就是胡风先生的这几句话："在自己的创作过程中，只有依靠时代的真实，加上诗人自己对于时代真实的立场和态度的真实。"倘能在诗的花园里绽放几朵独具色彩和芳香的小花，给这伟大的时代留下一星半点的喜悦，也该算我的幸福吧！

回国无悔

——柯万德　口述

被采访者简介：柯万德，男，马来西亚归侨，祖籍福建南安。1936 年出生于英属马来亚吉打州，1954 年回国升学。1961 年从北京市海淀区师范学校毕业后，先后在北京、杭州的小学做教师。1981 年

柯万德在口述中

加入中国共产党，后调杭州市下城区委宣传部和杭州市侨联工作，1996 年退休。

采访时间：2009 年 6 月 2 日
采访地点：浙江省杭州市被采访者住所
采访者：林晓东 苏 挺 黄晓坚 李章鹏 乔印伟
整理者：黄晓坚

一

　　我是个地地道道的"进口货"——1936 年出生于马来亚吉打州的一个小村庄，属于第三代华侨；1954 年回国升学，后来留在国内工作直至退休，就成了归侨。

　　我祖籍福建南安。大约在 1919 年前后，当时 20 多岁的爷爷，带着 3 个孩子即我大姑、爸爸和叔叔，过洋投靠马来亚的堂兄谋生；还有一个孩子即我的小姑，则过继给别人当童养媳了。他们先在新加坡落脚，随后北上马来亚内地与堂兄相会。那时我爸爸才 5 岁大小，叔叔也就 2 岁的样子。

　　堂兄在矿山务工，爷爷自然也跟着他干活。小时候听爷爷讲，有一天爷爷正在矿里劳动，3 个孩子就在椰子树下玩耍。忽然，一颗成熟的椰果被风从树上刮落下来，差点儿把他们砸死！

　　爷爷、爸爸一家子后来以务农为生，置有田地和店面。有一年，他们把田地和店面都卖了，在异地办起了一家米粉厂，生意兴旺。但好景不长，几年之后，日本南侵，他们又把米粉厂卖掉，搬迁到另一处地方开了一家杂货店营生，家境开始败落。这时候已渐渐长大成人的爸爸，开始帮着家里做事、贴补家用。他务过农，走私过大米，运营过小巴士，还蹬过三轮车，背过肥田粉（即鸟粪土）。

　　日据时期，民生凋敝，华人恨透了日本人，却敢怒不敢言。

　　日本投降前夕，我进入一所平民小学上学。上学不久，就生了一场大病：脱发、健忘，不会说话、不会走路。爸爸见我病得不成样子，也顾不上工作了，专心要治好我的病。无奈，任凭怎么医治，病情就是不见好转，只好把我放在楼梯下的木板上，让我听天由命。多亏了我奶奶，她一口一口地喂我"老人头"牌麦片，竟然使我慢慢好了起来，奇迹般地让我起死回生！

　　也许是因为这场变故，我爸爸对行医用药特别用心，后来竟走街串巷、做起民间医生来。认识的人多了，便有了另外一个女人，从此有五六年时间再没进过家门，直到 1976 年逝世。逝世那年他才 60 岁，他与那个女人留下一个男孩。我妈闻讯后很伤心，说本来不该有此劫的，急匆匆赶过去把遗体抢走，亲自料理了他的后事。小妈后来就带着孩子自己过了，这是后话。

二

那时候家里经济很困难，姐姐只读了几天书便辍学在家。病愈后，我要重返华校，爸爸就让我跟弟弟商量，两人只能有一人上学。我们兄弟俩互让，结果还是决定由我继续读书。没想到，病愈之后，我不再调皮了，学习成绩很好。我还当上了学生头，在学校、班级忙上忙下的，要义务做很多事情。

读到三、四年级的时候，新中国已经成立了。我们有四五个要好的同学，经常聚在一起聊抗日、抗美的话题，争论得很厉害。

这时候，另一批同学则已悄悄地筹备着回国，并把筹备之事告诉了我。更让我心仪的是，准备回国的同学中，还有我的一位表哥！为了准备回国的费用，他偷偷地藏起了一笔钱款。没想到，藏款被他妈发现了，他也就被看住了。无论如何，这件事情对我影响太大了。

我被祖国的抗美援朝伟大壮举和第一个五年计划的宏伟蓝图所感召，决定回国升学，接下来，我便开始筹措回国的路费。我骗妈妈说，自己向表姐借了100块钱买彩票，输掉了……

就这样，我于1954年同其他4位同学来到槟城，登上了由缅甸开往香港的一艘轮船。除了我们5人外，同船回国的还有缅甸华侨4人、槟城4人、吉隆坡3人。轮船经马六甲海峡北上，一路风浪，有位同行直吐黄水，旅途辛苦可想而知。终于，我们来到了香港。在香港火车站，我们不顾国民党特务的监视（上厕所都有人盯着），乘坐火车去罗湖口岸。入境时，眼望着迎风招展的五星红旗，聆听着《歌唱祖国》的嘹亮歌声，我们都禁不住热泪盈眶。

三

在广州华侨招待所和华侨补校呆了一个月，我就考上了北京 42 中学（师院附中）。当时上华侨补校的同学有 50 余人，上42 中的就唯独我一个。

1956 年，河北省女青年侯隽放弃考大学而返乡务农。她的事迹见报后，被毛主席树为典型，号召青年人要做第一代有文化的农民。号召在青年人中产生了很大的影响，我也想着这正是自己参加农业建设的好机会，为此天天缠着班主任，坚决要求到农业第一线去。但班主任始终没有答应我，还诚恳地对我说："你父母亲把你送回来学习，我却把你送到农村劳动，我能这样向他们交待吗？"听罢他的话，我才醒悟到自己应该先努力学好建设祖国的本领才是。

1958 年，学校保送我到海淀区师范学校（该校后来改为"北京三师"，再后来并入首师大）学习。第二年，家里来信说，马来亚当局有规定，凡是回国不满 5 年的人都可以申请重返侨居地，要我准备回去。但我当时想的却是，自己回国决不仅仅是读书学习，而是要把学到的知识用到祖国的建设中去，因此婉言谢绝了家里的要求。记得我把自己的答复报告给唐校长后，他还特地鼓励了我一番。1961 年实习、毕业后，我便被分配到暂安处小学当语文老师。

无论是学习还是工作，我都很努力、很积极。想不到，"黑九类"的归侨身份和谁也弄不清的"同情会"的政治背景（自己主动向组织上交代的），却使我入团、入党都受到影响，妨碍了自己的政治进步。而这时候，我已经是个大龄青年了。1966年，我与原先在广州相识的马来亚侨生饶月金结了婚。她毕业于杭州，就在杭州的一所幼儿园当老师。

不久，"文化大革命"开始。我是"星火燎原战斗队"的队长。但海外关系的阴影，依然笼罩着我，我不被信任，学生们甚至把我的皮鞋扔到屋顶上去。还好，我只是个普通的教师，没挨批斗，基本上没有受到什么冲击。1971年，为照顾家庭，我从北京调到杭州新华一小，即现在的新华小学。我勤勤恳恳地工作，年年都是下城区里的先进工作者和工会的积极分子。那时我又写了一份入党申请书。

那些年里，我们添了一男一女两个孩子。一家四口，就靠着两人加起来的70多块钱的工资生活，没有任何的国外接济，生活挺不容易的。

终于盼来了改革开放的春天。1981年3月8日，党组织正式发展我为中共党员。我可能是区里第一个入党的归侨吧！区委组织部、杭州日报先后把我入党的事迹大版大版地登上报纸宣传。侨界的朋友们看到后，都很高兴。第二年，在杭州教了10年书之后，我被调到下城区委宣传部工作。1984年，省里来调我，要我到市侨联工作，但区里不放。市里知道后，出面帮助调我。这下区里顶不住了，就放我去了。

不过，当时的市侨联总共才5个人，我作为秘书长，主要也就是做一些后勤保障工作，拾遗补缺。由于经费所限，很少出差，但因跟区里党政方面的人员比较熟，也有自己的工作优势，我重点抓侨眷联络员的业务学习。那时联络员在走访中，经常会碰到一些业务方面的问题。针对这些问题，我们在组织学习的时候着重讲解侨务政策，以使他们在以后的工作中，能够更好地贯彻执行侨务政策的主要精神。另外，我还负责抓好侨办侨联的政治学习。党组织对政治学习的要求很高，一定要制定好学习计划。我一般都是先选好学习资料，制定学习要求，再组织党员学习，并保证每周都有半天的学习时间。每年，我至少要到各县市走一趟，各区则两次，了解那里的侨联工作情况，回来及时向领导汇报。我还很注意走访归侨侨眷，和他们建立了比较密切的联系，基本上做到对工作对象有比较深入的了解。一直到今天，我仍然与他们保持着个人的交往。

我曾获得省市侨联颁发的报效桑梓奖、为侨奉献奖，是优秀党务工作者和区里的归侨侨眷先进个人。不过，要是跟现在侨联所做的事情比起来，自己其实谈不上做了多大的贡献。

四

1992 年，我第一次回马来西亚探亲。我有 8 个兄弟姐妹，要看望的亲人很多。让我感到欣慰的是，我还见到了小妈生的同父异母弟弟。他已成了家，爱人在车衣厂做工，育有 3 个孩子，到现在我们兄弟俩还不时电话联系。1983 年，我妈妈曾以旅游的名义到杭州来看我。今年早些时候，她也已过世。遗憾的是，爸爸当年去世时，我没有办法过去奔丧；妈妈过世时，我又因来不及办理手续，没有及时过去送别。

1996 年，我退休了。膝下的两个儿女都在自己单位努力工作；可爱的外孙和孙女，也给我带来了莫大的快乐和慰藉。但天下总有不尽如人意之事。2004 年，因病毒侵害，我得了面瘫，跟病魔斗争了几年。还好，我是个乐天派。现在我跟女儿住在一起，生活得很好。

据我所知，目前在杭州，分布在省直机关和杭州市的像我这样的归侨，分别各有 200 多人。我们只是为新中国做了自己力所能及的微薄贡献，感谢中国侨联、省侨联还惦记着我们。

感谢党和政府给我这一切

——李楚乔 口述

被采访者简介：李楚乔，女，新加坡归侨，祖籍广东潮州。1937年出生于新加坡，1950年回国读书。1959年考上华南工学院，1964年毕业后分到上海利华造纸厂，1968年调到了温州瑞安市综合糖厂。1986年调到市委统战部工作，1994年退休。曾兼任瑞安市侨联主席、副主席，

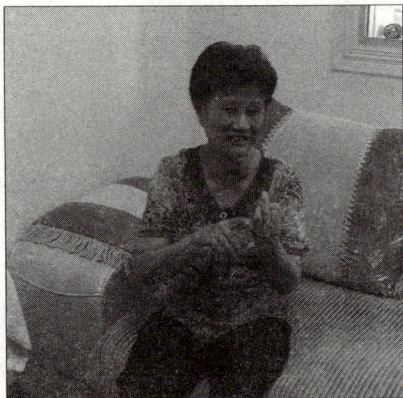

李楚乔在接受采访

瑞安市第五届和第九届政协委员，第六届、第七届和第八届政协常委，瑞安市九三学社秘书长。

采访时间：2009年6月12日
采访地点：浙江省瑞安市被采访者住所
采访者：黄晓坚 李章鹏 乔印伟 张向 袁万帆
整理者：乔印伟

一

我祖籍广东潮州，1937年出生在新加坡，1950年回国。我父亲有5个兄弟，除大伯外都在新加坡。听爸爸说，爷爷和奶

奶也在新加坡，后来他们又回到国内，我大伯则留在国外。我们一家人祖传行医，在新加坡开了中药房（杏生堂、裕生堂、保宁济）。除二伯不行医外，我父亲和三伯都是医生，接下来我的哥哥、侄子和侄孙也都是中医。从祖父到孙辈，总共有六代人在行医。新加坡现在还有我们家祖传的药在卖，药名我不知道叫什么，但效果很好。在新加坡，小时候最大的印象就是爸爸很同情穷人，穷人来看病，经常不收钱，医德很好。日本侵略新加坡的时候，很多穷人来买药都不要钱，我母亲问他，你不收钱我们吃什么？迫于生活压力，只好少收病人一点。

我兄弟姐妹总共5个。我有两个哥哥和两个姐姐。两个哥哥在国外，两个姐姐在国内，都去世了。我大姐是我大妈生的，一直就在国内；我大哥也是大妈生的。我们老家重男轻女，所以大哥很早就被爸爸带到了国外。大妈去世以后，爸爸又娶了母亲，他们是在国内结的婚，然后再到新加坡。新加坡有很多潮汕人，他们都是这个习惯。现在的温州人好多也是这样，不想娶当地人，都回故乡娶老婆，然后再带出去。我父母在新加坡已经去世了。两个哥哥在新加坡，他们的孙子都很多。他们的职业有教师、医生等，做生意的也有。我在新加坡的侄女大学毕业后，在大陆有投资，她来苏州时我就到苏州看她，到青岛我也到青岛看她。国内相见很方便，不比到新加坡那么麻烦。侄女的先生是公务员、博士，其女儿在总理公署工作，女婿也是博士，在国防部工作；儿子是博士，儿媳是硕士，在财政部工作。他们在新加坡发展蛮理想的。全家五个公务员四个博士一个硕士。我的侄子也常来中国。

大姐在国内生活很好，她有四个孩子，两个在香港，两个在广州。我二姐初中毕业以后分配到武汉工作。我二姐跟我不一样，我胆量小，她性格直，说话像开机关枪一样，所以被打成了"右派反革命"。那个时候我正好要考大学，很是害怕，主动到班主任那里交代了姐姐的情况，问他怎么办，他让我在大会上公开宣布和姐姐划清界限。老师叫我这样讲，我就这样做了。我母亲知道了这事后，写了一封信到国务院，国务院转到北京侨办，后来又转到广东侨办。侨办到学校来找我，叫我到侨办见个面。那个时候我真是提心吊胆，我去了他们告诉我说母亲写了一封信，信里讲到了姐姐的事。我告诉他们说我已经和姐姐划清了界限。他们说我姐姐没有问题，要我保证她的安全。我说她在哪里我都不知道，我怎么能够保证她的安全，应该是当地政府保证她的安全。回头想想这句话讲得蛮好的，当地政府应该保证我姐姐的安全。后来我姐姐被释放了，也补发了工资，可是我姐夫不认她了。我姐姐再婚，和另外一个姐夫结婚生了两个孩子。她的命真苦，姐夫病故两年后姐姐50岁也病故了。留下了两个孩子，都是我来负担。我们是一起回国的，相依为命。两个小孩都是我养大的，媳妇也是我帮他们介绍的，因为姐夫家里都没有人了。

二

我是怎么回国的呢？因为我二伯和三伯思想比较封建，认为女孩子读书多了没有用，我父亲思想观念不一样，他认为不管男孩还是女孩，都应该读书，那个时候在国外读书费用大，就让我姐妹回到国内求学。1950年，母亲带我们姐妹俩回国求学。把我们两姐妹安顿好以后，她又回新加坡去了。

小学我是在新加坡义安小学读的，那里分为上午班和下午班，不是全日制的。我年纪小读上午班，年纪大的读下午班。回到中国以后，先在乡下小学读了一年，然后在潮安二中读初中，在潮安一中读高中。跟我二姐一起生活，生活费用是外面寄过来。我们李氏家族较大，我爸爸有5个兄弟，子女辈共有30多人，在老家有大伯大婶和几个堂兄弟以及堂侄堂孙等。前一阵子我还回老家看了一下。

1959 年，我考上了广东的华南理工大学——那时候还叫华南工学院，学造纸机械专业。在学校我认识了我的爱人老陈，他与我是一个学院的校友，跟我的情况类似。他一家人都在新加坡，只他一个人在国内。我的一个高中同学是他的同班同学，通过这位同学我们才相互认识。

当时本科是五年制的，1964 年大学毕业后，我很幸运地分到了上海市利华造纸厂。我爱人分配到了瑞安综合糖厂。刚分到上海的时候，要下乡跟农民三同接受再教育，以后就参加"四清"运动。"文化大革命"开始，我们社教工作队被造反派批斗，我也戴过高帽子，思想很紧张。

和妻子结婚以后有了孩子，我们便要求调在一起，结果1968 年我就从上海调到了瑞安市糖厂，生活也比较方便。"文化大革命"期间，我们一是臭知识分子，二是有严重的海外关系——我们这个家族共产党干部也有，国民党干部也有，所以说有严重的海外关系，社会关系复杂。我就跟爱人讲，该是我们的本职工作我们就老老实实地做，其他政治上的东西我们少管，免得惹祸，毕竟运动这东西很难讲清楚。

三

1984 年我开始兼任瑞安市第二届侨联主席。当时侨联跟侨办在一起，工作不太好开展。那时候捐资办厂的不多，工作重点是发展基层侨联组织。刚开始的时候基层侨联只有几个，现在基层侨联多了，全市总共有 24 个。瑞安海外华侨 10 万多人，国内的归侨侨眷有 12 万人，可能还有一些没有登记上的，比如说偷渡的。偷渡这里土话叫"黄牛背"，意思是黄牛背过去的。据我所知，许多东南亚一带的华侨华人，他们有的来过瑞安，我也见过他们，我劝他们到侨联登记，但多数人没有去登记。

我第二届是正主席，第三届、第四届、第五届是副主席，为什么我这个正主席会当副主席？大家听起来也许会感到奇怪。我不是专职的正主席，只是兼职，对很多情况不了解。当时我的本职是在糖厂搞科技工作。由于种种原因，糖厂的经济效益逐年下降，夫妻俩同在一个单位将面临生活困难。我想要多为侨联做好工作，但当时也面临困难，力不从心。于是，我萌发了兼主席的想法，若能让我调离糖厂，解决我后顾之忧，我宁愿兼任副主席更好。

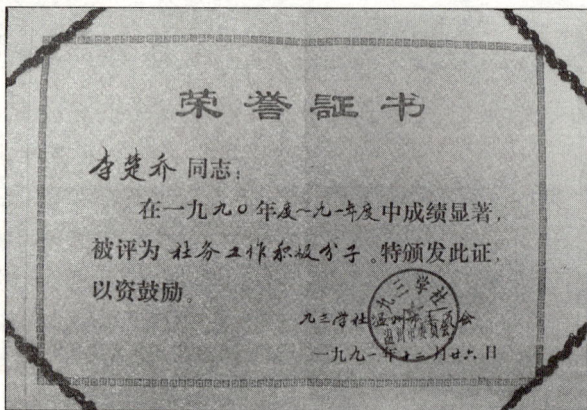

**1991年李楚乔被温州市九三学社评为
"社务工作积极分子"**

组织部考虑到我的实际困难，把我调到统战部去了。很凑巧，那个时候民主党派发展组织，我还不是共产党员，温州九三学社来瑞安市委统战部了解情况，找发展对象，就找到了我。九三学社一定要高中级工程师才能够参加，我符合这个条件。在糖厂工作的时候，我想靠近党，得到党的关怀，写了入党申请书，可是厂里支部个别负责人不同意。当九三学社找我时，我说我有严重的海外关系，他们说没有关系，这样我就参加了九三学社。九三学社要成立市委会，市委会需要一个专职干部，我到统战部就是专门做这个工作的。这样我就成为九三学社的市委专职干部。

后来九三学社慢慢发展到了三十多个人。我们成立了九三学社瑞安市第一届委员会。

成立市委会以后，财政给我们的经费不多。我们的经费从哪里来的呢？主要是从社员的社费中来。这种情况下活动难以开展。政协常委会商讨市财政开支问题时，有人觉得一定要增加民主党派的活动经费，但我总觉得很难开口。不过为了瑞安6个民主党派活动的正常开展，再难也得发表我的看法和要求。结果财政部门接受了我的要求，增加了活动经费，从几百元增加到几千元，解决了订报难、开会费用难的问题。不过开全体会议及代表大会（换届会）是另列预算的，其待遇跟市里人大、政协会议待遇一样，属于一类会议，这样我们党派的活动经费越来越多。现在情况更好了，经费更多了，办公场所设在瑞安市市政府大院里面，空调、饮水机、电脑等都有。既然参加了九三学社，就应该热爱社务，把工作做得更好。我连续好多年都被评为"社务积极分子"。瑞安九三学社现在有100多人，在瑞安来讲影响力挺大的；在参政议政方面，学社也是比较活跃的。我当了九三学社瑞安市第一届秘书长，到了退休年龄，我就退休了。

此外，我还当了瑞安市第五届和第九届的政协委员，第六届、第七届和第八届的政协常委。第六届政协常委是代表侨联的，第七届常委是代表九三学社的。第八届又是代表侨联的。第九届届满时我就退了下来。虽然从政协委员位上退下来，我还是"政协之友社"的社员。"政协之友社"是政协的老主席、老常委退下来以后组成的。这个"政协之友社"真好，为什么这么说呢？有一位老领导说我们"政协之友社"相当于瑞安的老干部局，这些老同志退下来以后可以进一步参政议政。我们退下来都呆在家里，什么事情都不知道，"政协之友社"组织起来后，一年活动四到五次，能够学习知道两会的情况，还了解了很多国家大事，我们感到很高兴，很感谢政协的领导把它组织起来。

在任政协委员期间，我们提出的"关于禁放烟花爆竹的提案"成为瑞安市政协优秀提案。当时瑞安的烟花爆竹燃放得很厉害，丧事也好，喜事也好，瑞安人都要燃放烟花爆竹。烟花爆竹放得太多，空气污染严重，火灾隐患多，不安全，对市容市貌影响也大。一个送葬队伍，烟花爆竹就要上万块，多的则达到三万多；阴间的房地产比我们阳间的还贵，一个墓地需好几万。我们当时写的这个提案，得到了政府的支持，政府方面认为禁放烟花爆竹是好事，一是防止火灾，二是减少空气污染，三是避免浪费。

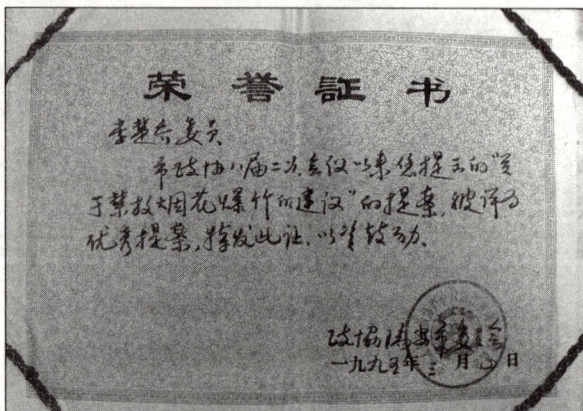

1995 年李楚乔"关于禁放烟花爆竹的建议"
的提案被瑞安市政协评为"优秀提案"

侨联是我们归侨侨眷之家。我们侨联也经常活动。我现在虽然退下来了，但还兼任侨联名誉主席。退下来以后，我跟瑞安侨联的杨主席说，你有什么事情叫我，我一定会来帮忙，因为侨联是我们归侨侨眷之家。四届换五届的时候，我天天去帮忙，帮着干资料收集、整理、归档等工作。侨联的同志都能够融洽地工作在一起，这一点很好。我是归侨，对瑞安侨情不熟悉，通过帮忙可以进一步了解瑞安的基层侨情。多干一点事情心里也觉得踏实、痛快、开心。

除了政治上的照顾外，生活上我也得到了很多的照顾。住房方面，我们夫妻原来住在厂里的一个寺里——四大金刚站的地方围起来就成为住房，整整住了 17 年。"文化大革命"快结束的时候，我想如果落实宗教政策的话，我们不知道要搬到哪里。我们跑了很多部门，像统战部、侨办、侨联、经委、政府办等，希望给我们一个安居的地方以解后忧。我们向有关部门提出申请，要求调动。我们夫妻俩都是工程师，是厂里的技术骨干之一，领导不同意我们调走。那时候凑巧有个运动，即清理领导干部多占住房的情况。1984 年的时候，厂里分给我一套 60 多平米的房子（我们自己出资的），我们一家 5 口人就搬了进去。以后糖厂集资建房，没有给我们，经据理力争后同意给我们一套。1985 年国侨办副主任到瑞安考察，顺便问我住房问题，我反映了情况，陪同的副县长说应该适当照顾。前两年侨联大厦建起来以后，分给我一套房子，结果我大儿子搬过去住了。侨联大厦下面的一二三层作办公用，上面是商品房，按照建筑价格卖给归侨侨眷和侨胞。感谢政府感谢党。此外我工作 30 年以上，退休工资按在职的 100％给我，这也体现了政策对我们归侨的照顾。我感到回到祖国生活是很幸福的，因为有党和政府的关怀。

四

我家里一共有三个孩子，两个儿子一个女儿。大儿子和女儿一开始也在糖厂，糖厂破产以后，都下了岗，后来又各自找到了工作。大儿子原来是糖厂的电工，下岗后义安商场招工，他通过考试考进去了。当时我在统战部工作，他让我帮他打通关系，我没有做，要他自己凭本事考，结果他考上了。他现在是商城集团公司工程部副主任，高级技师，这是他自力更生凭本事拼搏出来的。二儿子本来在瑞安人民机器厂工作，后来这个厂卖了，他也下岗了，他现在自己做装潢生意。女儿从糖厂下岗以后，考了个会计证，上了东北财经大学，毕业以后自力更生，做财务工作，做了五六份兼职。此外她还做印刷业务，工作能力较好，我们侨联的简报之类的打字印刷都是她做的。

李楚乔夫妇近照

因为归侨的缘故，我学会了多种语言。如我在上海呆过四年，会讲上海话；白话，也就是广州话、粤语，我会说一点；潮州话、普通话和瑞安话都会说；闽南话能听懂一点，但是说不来。我去过新加坡，在新加坡到市场买东西，讲潮州话、闽南话、客家话、普通话都行。

退休以后，我和爱人辅导学生。一开始是辅导小学生，然后是初中生，辅导他们数学和自然科学等。我们辅导的学生，有不少考上了重点中学，还有的考上了大学，大学毕业了还跑到我家来看我们。我们不光是教学习，还做思想工作，疏导他们的心理压力。有个小姑娘，父母都没有了，姑姑送她来我们这里辅导，她初一时成绩不错，但思想压力大，老有顾虑，学习成绩不断下降，我们就开导她，加强辅导，结果她成绩回升得很快。最后考上了重点高中，也考上了大学一本。她姑姑很感谢我们。

　　家里孩子们都很懂事孝顺。女儿跟我说，你们老年人不用担心我们，你们保证身体健康，我们年轻人在外面赚钱。你们老年人需要用钱，我们可以给。我儿媳妇也跟我说，妈妈，儿孙自有儿孙福，你们老人身体健康就行了。我跟我爱人讲，有这样的儿子、儿媳、女儿，我们已经放心了。我说我们两夫妻吃光用光，身体健康！

真诚待人，真心做事

——李居轩　口述

被采访者简介：李居轩，男，马来西亚归侨，祖籍海南琼海。1938 年 5 月 12 日出生于马来亚北婆罗州。1954 年回国，1960 年到杭州大学生物学系学习。大学毕业后，分配到浙江省温州第二中学。自 1983 年起连续担任温州市第六、七、八、九四届人大常委会副主任，并当选为第六届全国政协委员和第八、九届全国人大代表。在此期间，还兼任温州市

李居轩在接受采访

侨联主席、浙江省侨联副主席、全国侨联委员等职。2003 年正式退休。

采访时间：2009 年 6 月 11 日
采访地点：浙江省温州市被采访者住所
采访者：黄晓坚　乔印伟　李章鹏　张向　苏彩亮
整理者：李章鹏

一

我的祖籍是红色娘子军的故乡海南琼海。祖父很早就漂洋过海，经香港辗转到达马来亚，在北婆罗州（现在叫沙巴州）定居下来。北婆罗州，当时是英国人的殖民地。出去后，我祖父给一个外国人当厨师。

父亲是在国内出生的，在国内上完小学后被祖父带出去。到达马来亚后，继续读书，不久便辍学回家。父亲非常聪明，学习成绩应该很好。我回国后，他经常与我通信。虽然上学不多，但他文笔比较优美。他给我起的名字也很有特色。我这一生走了很多地方，竟然没有发现与我重名的人。关于我的名字，曾经发生过一件有趣的事。有一次开会，一位同志向我讨求墨宝。我问他怎么知道我会书法。他说："一看你的名字，就知道你是文人。"原来，他认为，我的名字含有唐宋三大诗词大家的名号，李是李白，居是白居易，轩是稼轩（辛弃疾，字幼安，号稼轩）。最后，我只好老老实实地婉拒了他的要求，我跟他说："我连毛笔都没用过，哪里会书法啊？"

对父亲的辍学，学校的一位外国老师感到非常惋惜。他曾找到我祖父，询问为什么不让他继续读书。我祖父回答道："华侨出国有两个目的，一是赚点钱，回家造房子，二是买点田产，将来我们都要回老家养老的。我要让他早点工作。"

从学校出来后，父亲开了一家咖啡店。我们海南人在东南亚开咖啡店的很多，原因是投入比较少，有个不大的店面，准备些茶杯、咖啡，夫妻俩就可以开个店。福建人开杂货店的比较多。

我1938年5月12日出生。5月12日，是国际护士节。10岁时，我才开始上小学。我读的学校是正华学校。教师大多是当地人。我们学校的校长许振荣，福建人，思想比较激进，后被驱逐出境。他在位的时候，有位教师名叫章绵容，是从国内出去的。他到我们学校后，给小学生讲哲学，讲唯物辩证法。我们年纪小，根本听不懂，只能照样用笔记下来。许振荣被驱逐出境后不久，他也离开了我们的学校。

正华学校的前身是中国公学，由华侨商会主办。中国公学后来与华侨学校合并，命名为正华学校。我上学的时候，当地只有两所华文小学，一所是中西小学，由教会创办，另一所就是正华学校。学校每年都要进行募捐，以维持日常开支。正华学校存续到现在，据说教学质量还不错。

在小学里，我曾两次跳级。一次发生在小学一年级。有一天，老师让我们听写，我的听写全部正确。老师说，你可以直接上二年级了。另一次则是因为两校合并，我三年级没读完，就转到四年级。因此，六年制的小学，我只读了4年。

小学毕业后，我又到圣若瑟英文学校读书。在学校，我深受爱国主义等进步思潮的影响。校长和一位姓梁的音乐教师以及许多同学都纷纷回国参加新中国建设，这些都对我产生了重要的影响。我和一些同学经常到大海边向北眺望，眺望祖国，到现在我还留着当时拍摄的同学们手挽手背对陆地、面向祖国的一张照片。华人在马来亚读书比较难，我们那个城市只有小学，要读中学就必须到另一个城市——现在的州首府亚庇去，我家的家庭条件不允许我父亲送我去读。所以，在当地英文学校读了一年多就退学回家，一边帮助家里打理咖啡店生意，一边准备回国。

在学校期间，我们华侨青年组织了一支篮球队，取名为晨光篮球队。我们自己修操场，自己在运动服上印上"晨光"字样。我们规定早上都要集体锻炼。哪个起得早，就沿着马路，拍着篮球，一路走过去，大家都会很快出来。回到国内上学后，我还是热爱篮球运动，曾担任过校篮球队队长。

每当有同学回国，大家就召开一个茶话会，把老师和校长

1953 年，马来西亚北婆罗州（沙巴州）华侨青年站在南海边远眺祖国

请来，互相勉励，他们回国后，会写信过来，告诉国内发生的事。我记得有个叫梁志常的同学，到武汉后参加了学校运动队，写信告诉我们。我们很是羡慕，在国外没有见过什么运动队。

二

我的回国得到了父亲的大力支持。当时北婆罗州限制华人回国，如果华人非要回国，就必须声明以后不再回北婆罗州。因此，父亲只好到移民部门表示他的儿子离开北婆罗州将不会回来。这样，我才能回国。那时，我们要先到新加坡等船，然后乘坐海王号或者海后号回国。

1954 年，我与姐姐一起回国。我们回国前，父亲预先与一位在海口的亲戚和一位在新加坡的朋友进行了联系，让他们接、送我们。这样，父亲也就能放心地让我们回国了。我们先在海南岛海口下船，随身携带的物品除了自己的日常用品外，还有父亲要送给亲戚朋友的礼物，父亲开了一张礼品单，让我们按照单子分送。这些礼物包括拖鞋、衣服、布料、锄头等，锄头是鳄鱼牌的（鳄鱼牌是当时最好的品牌）。

到达海口时，当地侨务部门在港口设有接待站。我们在接待站办好回乡证后，便回到了家乡。家乡的干部收取我们的回乡证后，对我说："你就留在家乡参加革命吧，不要再出去了。"可是，我回国是要升学的，于是，我再三地去找那位干部表明自己的意向。最后，那位干部归还了我的回乡证。

6月，我与姐姐又一起经海口到达广州，被安排进华侨招待所。在华侨招待所吃饭是不要钱的，8个人一桌，米饭可以放开地吃。一个月后，进行了摸

2006 年荣获浙江省侨联
颁给的为侨奉献奖

底考试，接着是填写志愿。我当时对国内的情况不太了解，只知道北京、天津、南京、上海、杭州、广州等几个大城市。我就从北京挨次地往下填。分配的时候，把我姐姐分到杭州，我被分到武汉。我向上反映要求与姐姐分到一块。我又被改派到杭州。

随后，一列火车把我们这些侨生分送到沿线的城市。第一站是南昌，我们在南昌参观了八一南昌起义纪念馆，接受爱国主义教育，并在八一学校住了一晚。火车经过杭州时，分在杭州的侨生下车，并在杭二中操场集合。我被分到杭州初级中学

（后来改为杭州第一初级中学、杭州第四中学），姐姐分到杭女中（大学上的是华东水利学院）。我们学校是杭州招收侨生最多的学校，最多的时候共招收了108名侨生，我们戏称自己是108条好汉。我们侨生一般年龄比较大，长得也就比当地学生壮实，侨生多的班级体育、劳动成绩也就比较好。108名侨生中59%的人是基干民兵，20%的人是学校班级干部。我们这108人，虽然来自四面八方，但很团结。我到学校后的第二年当上了班长，第三年当上了学校的侨生工作部部长。除了个别人由于性格的关系有点调皮外，侨生大多表现得比较好。1958年全国侨务工作会议上，我们学校被授予全国勤工俭学红旗单位。学校附近的柳浪闻莺，解放初比较小，现在则扩充得很大。我们除了到这里勤工俭学外，还到西山公园的刘庄，参与其中的水泥路铺设工作。我们赚到的钱，学校抽去用作侨生活动经费。那样的劳动生活，现在回想起来都觉得非常有趣。我们劳动时都穿着破旧的棉毛衫，吃饭时则七、八个人围着一块儿吃。我将这种场景拍成照片寄给父亲，父亲立刻写信给我，质问我是在读书，还是在工作。我回信解释道，我是在上学，但在勤工俭学，我的心情很愉快，所以拍了张照片寄回去。我有个同学叫彭和古，个子很大，是从沙捞越回来的，别人背一包水泥，他背两包，非常积极。

1959年国庆10周年，有关方面邀请我们作为侨生代表在杭州观礼。我们有三个同学参加了，其中就有我一个，另外两个是彭和古和陈镒初（越南归侨，学习成绩很好，后考入浙江大学理论物理系）。

我初中毕业后，被保送上了高中。高中毕业后，考上了杭州大学生物系。我本来考上了浙江医学院，但杭大生物系当年没有招生，生物系几个著名教授给省委，写报告说教授教授，没有学生怎么教授。于是，省委下发通知，要求从各个学校抽调一些表现比较好的学生到生物系上学。我就这样进了生物系。

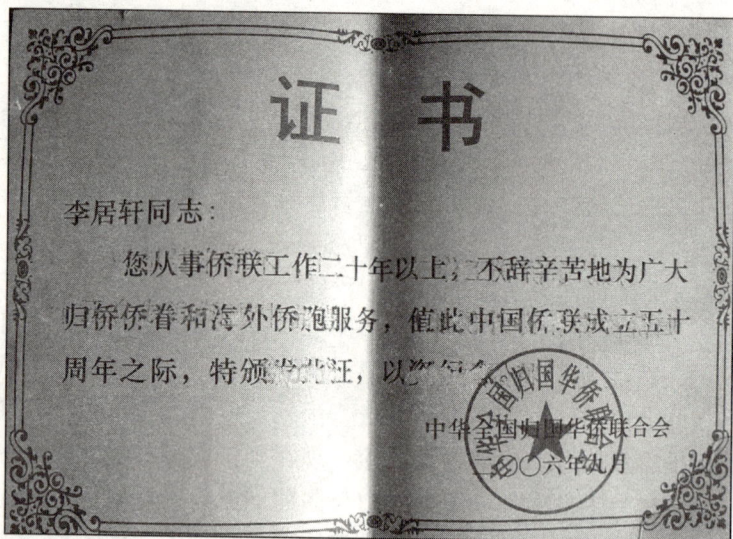

2006年，荣获中国侨联颁发的从事侨联工作二十周年证书

我的志愿是学医，我一直想学医，跟我的人生经历有关。我有个妹妹经常肚子痛，我母亲很迷信，没带她去看医生，而是抓把香灰给她吃。就这样痛了好长时间。我每次去看她，她就搂着我的脖子说："大哥，大哥，我的肚子好痛！"后来，母亲被逼带她去医院，结果一个礼拜就好了。所以，我立志要学医。到杭州大学后的第一年，我的专业思想很不稳固，经常闹情绪。闹了一年后，情绪开始稳定了。后来，我被选为系学生会主席。

回国后，我的学习、生活总体上还是比较顺利的。从中学到大学我都是班级、学生会干部。上学学费，国家全包了，每个月还发给我们生活补助。我们这些侨生有个特点，每周都要出去吃一顿面条，洗一次澡。杭州的冬天很冷，当地人都要围起围巾，我们这些侨生没有围巾，就用洗澡用的毛巾围在脖子上。当地人一看就知道我们是从东南亚回来的。

三

1964 年，我大学毕业，被分配到温州。到教育局报到时，温州二中正好有个干部到教育局办事，看到我的档案后，就想要我。于是，我就到了温州二中，开始了长达 20 年的教书生涯。

到学校后，根据当时的有关规定，应届毕业生都必须参加"四清"运动。经过学习，我首先到诸暨搞了一年的"四清"，接着又到义乌搞了一年。不久，"文化大革命"发生。后来，我们回到了学校。

刚到温州时，温州话我一句都不懂。我这个人本来话就不多，加上不懂当地话，开会时，就不怎么说话。所以，总有人以为我的思想有问题。回到学校后，我慢慢地学会了温州话，到学生家家访时，也能与学生家长指手画脚地交流起来。讲起温州话，还发生了一件有趣的事。1981 年全国和浙江省分别召开侨务系统双先表彰会议，我被评为全国和省先进工作者。1 月我到北京领奖，这是我第一次到北京。开会回来后，向街道、社区传达会议精神。由于温州话不是很熟，我用普通话讲了十几分钟后，有人递纸条上主席台，要求换人。主持人表示，全温州只有我一个人参加这次会议，没法换人。我只得硬着头皮按照发言提纲，传达完会议精神。这件事，深深刺激了我。我觉得，在温州工作和生活，要多多少少学会温州话。

在温州二中，我教过政治，后来学校开设生物课，我教过动物学、植物学、人体生理和高中生物。教人体生理时，曾教过赤脚医生方面的内容。我请来温州医学院陈同丰教授为学生讲人体解剖，并带学生到解放军一一八医院去实习针灸。我自己也乘机学习针灸方面的一些知识。我们理化生物教研组组长有一次腰扭伤了，我说我来给你针灸一下。结果，一扎针，他

2000 年，李居轩一行访美（右三为李居轩）

就好了。他忙说："真功夫，真功夫!"从那以后，我在教研组的地位就确立了。后来，理化生物教研组的同事选我为组长，我担任了两年的教研组组长。

在学校，学生是要学工学农的。我曾带领学生到茶山学农，去的时候，我女儿已出生，并能开口叫"爸爸"、"爸爸"，两个月回来后，她不叫了，觉得我陌生了。

高考恢复后，高考的分值，生物课占 30 分。我教的学生，总平均能拿到 27 分，换成百分制，也就是 90 分，成绩很好。上课时，我从铃声响起，开口讲课，到最后一句话收尾，正好下课。每个班级的情况都不一样，有些班级的学生思维比较活跃，总要跟老师讨论。所以，备课的时候一定要针对不同的班级适当地调整内容。我经常看书看报，学生提的一些问题，我基本上都能予以满意的解答。我教的学生之所以能取得高分，我想，与我的教学思路清晰是有关的。我认为，所有的生物都是由细胞组成的，细胞里面的东西就是我们现在所说的遗传基因，遗传基因的载体是染色体，而染色体是细胞的重要组成部分。这样，我就从细胞的角度，把动物学、植物学、人体生理和高中生物串通起来，高考题目不管怎么变，学生都有一种熟悉的感觉。

四

我是 1983 年加入中国共产党的。当年致公党中央组织部长司徒擘特地从北京来到温州，点名要发展我为致公党在温州的第一位党员。当时，学校党支部已通知我，下周将开会讨论我的入党问题。我想，做人不能搞政治投机，我婉拒了司徒部长的要求。

也就在同一年，我调到温州市人大工作。刚开始在人大是兼职的。到人大后，经常出差。按照我国的财务制度，我必须到原单位报销出差开支。学校的经费本来就有限，我经常出差势必加重学校的负担。我把这种情况向组织上反映后，1984 年，我就成为人大专职干部。

到人大工作，对我来说是件比较突然的事。此前，我是一位普通的教师，只做过东城区和温州市的人大代表。1983 年 4 月，温州市六届人代会举行新一届人大常委会正、副主任选举。公布候选人名单的前一天，时任市委统战部部长的陈国钧和市领导李裕林（已故）以组织名义找我说，准备推荐我为市人大常委会副主任，但要我做好落选的思想准备，因为我的知名度不大。闻言我忙说，我只会当教师，请组织换人。我当时不懂组织程序，以为想换就换。结果，我高票当选。干了一届后，以后换届都很顺利地当选，而且都是高票当选。此前，学校想提拔我当校长，华侨中学、市教育局和温州师范学院都想让我去工作，都被我婉言谢绝了。

六、七届换届的时候，有老同志又推荐我当副市长。我以性格为由，婉拒了这些老同志的好意。七届人大副主任，我干了两年后，人大秘书长位置空缺。在人大工作的老同志一致推荐我当秘书长，市委书记找我谈话，要求我接任。我不想当。市委经过讨论后，还是要求我当。主管党群书记找我谈话，我又想拒绝。人大一位老同志对我说，你是一名党员，应该服从组织安排。我只好同意了组织的安排，但相约只干满这一届。两年后，七、八届换届，我终于辞去了秘书长职务。

我记得，1988年人大开会期间，我主持会议，有代表突然要求市长候选人发表即席讲话。我知道这个要求完全是代表的权利，无可厚非，不可剥夺。但我深知，这个即席发言很重要，却很难讲，讲得不好，可能影响选票。于是，我以《选举法》中有"选举当天不能再对候选人进行宣传"的规定为由，圆满地化解了这个难题。

1987年，李居轩应邀访问新加坡温州会馆，
在欢迎会上介绍温州经济社会发展情况

我在人大，工作的面很宽，分管教、科、文、卫、体、外事、民族、华侨工作。1987年，我应新加坡温州会馆邀请出访。当时温州各界正为温州大学募捐，新加坡温籍侨领林秀明私底

下对我说，你在会上只管叫大家捐资，我会在下面做工作。我也很想动员大家为温大捐资，但又觉得以市人大领导身份出面恐有不妥。于是，我大力宣传、赞扬欧洲华侨捐资事迹。结果，新加坡华侨当年就在温大捐了一座星洲楼。

由于年龄的关系，2001年，我到北京开会之前，写了份辞职报告，想辞去职务退休。结果，人大常委会开会，不接受我辞职，因为我对人大的工作程序非常熟悉，一届又没有干满。开会回来后，主任找我，问我能不能再写份辞职报告。于是，我又写了份辞职报告。后来，经过组织做工作，常委会才同意我辞职。

从1983年起，我连续担任温州市第六、七、八、九四届人大常委会副主任，并当选为第六届全国政协委员和第八、九届全国人大代表，得到了多位党和国家领导人的亲切接见。在此期间，我还担任了市侨联主席、省侨联副主席、全国侨联委员等职。

在九届全国人代会上，全国人大代表、温州市人大常委会
副主任李居轩投下庄严的一票

1983 年，我被选为全国政协侨联界的委员。政协开会期间，有机会接触到张楚昆、庄炎林、萧岗、彭光涵等老一辈侨界先贤，他们在归侨心目中形象很高大，却非常平易近人。与他们接触后，我深受教育和鼓舞。

2003 年，我正式退休。我现在担任的社会职务有省侨联顾问、市侨联名誉主席、温州市人力资源协会会长。

退休后，我当起了"书童"，早晨把孙女送到学校，中午把她接回来。

我共有 9 个兄弟姐妹，除了小弟和二妹去世外，其余都在国外。我的三妹夫现是马来西亚沙巴州的副首席部长、团结党主席。

2002 年，回沙巴州探亲，李居轩在母校正华学校门前摄影留念

为国为家，我们青春无悔[①]

——林 苹 口述

被采访者简介：林苹，原名林秀兰，女，泰国归侨，祖籍海南文昌。1920 年出生于泰国曼谷。1939 年回国参加新四军。1940 年 4 月到丽水中共浙江特委工作，后辗转天台、宁波等地中小学任教。解放后任职于宁波二中、西郊中学和九中，教地理、历史。1975 年退休，1985 年改为离休。

采访时间：2009 年 6 月 10 日
采访地点：浙江省宁波市被采访者住所
采访者：黄晓坚 李章鹏 乔印伟 汪磊明 王式钦
整理者：黄晓坚

一

我原名林秀兰，回国后改名林苹，1920 年出生在泰国曼谷一个经济上还算宽裕的华人家庭。家父林树英，来自海南文昌。祖父林润璋在清朝当过官，是中书科的中书，我小时候在泰国还见过他穿官服的画像呢！据海南乡亲说，他的墓地修得很大，抗日时期中共地下党曾经利用他的墓室秘密开会；后来，墓地被日本鬼子炸毁了。

说起我的大家庭，还真有点复杂。家父原先在文昌已有发妻，育有一儿一女。我的生母陈翠娥，有一半的中国血统，因

[①] 本文部分内容参考了蔡康：《激情铸就的无悔人生——泰国华裔女生回国抗战纪实》，《宁波晚报》2005 年 8 月 14 日。

为我的外公是华人，而外婆却是泰国人。家父跟我母亲一共生了两男两女四个孩子：我的上面，最大的是姐姐，中间是两个哥哥；我最小，是父母的掌上明珠。

我们家就住在曼谷最繁华的唐人街——耀华力路，并在那里开了一家很像样的食品店，店铺的后面是食品加工厂。有十几位来自海南老家的店员和工人师傅在我们家做工，生产和销售糕点、面包等各式食品。在泰国，当地人一般每天只吃两餐饭，中午时分就吃点茶食过渡，因此糕点的销路不错，生意很好。除了这家食品店外，我们家还在马来亚投资了一家橡胶厂，父亲每隔一段时间就要过去照料，因此食品店平时就由我母亲来打理。

由于家境较为宽裕，我小时候的生活可谓无忧无虑。母亲拥有泰国血统，家里生活习惯自然都是泰国的。我从小讲泰语，6岁就到私塾读泰文了。但父亲怕我忘了本，在家里还是要跟我讲海南话。11岁时，他把我送到广东人开办的洁芳小学读书；几年后，又转学到广肇小学。但不幸的是，这时我的家庭出现了变故。在我11岁那年，家父就已去世；祸不单行，过了两年，慈母又亡。中国传统封建思想是，为父不在，长子为大。这时，那帮做工的海南乡亲就建议我们让海南老家同父异母的大哥过来接管家业。没有想到，这家伙沾上赌博恶习，很快就把全部家当连同食品店输了个精光！到后来，我只得依靠开咖啡店的大姐生活。

所幸的是，我上了一所好学校。那时候，华侨学校聘请的老师，大都十分爱国，思想进步。我从小就明白了这样一个浅显的道理：海外华侨的命运，是跟祖国的命运息息相关的。在这种环境的熏陶下，我从小就对遥远的祖国十分向往，并为祖国悠久的历史和辽阔的土地而自豪，立志要当一名史地老师。后来，经要好的进步同学（也是邻居）林莲芬介绍，我如愿以偿地考入了崇实学校的师范班。

读师范班期间，由于我学习成绩好，还没毕业就已经有好几所学校邀请我去教书了。我结交了男朋友胡逢杰。要不是发生了其他变故，自己的人生走向和生活模式似乎将要定格了：去当一名受人敬重的老师，嫁一个知书达理的丈夫，教书育人，过优雅富足的平和日子。

但是，变故还是发生了。它促使我对自己面临的人生道路做出新的抉择。

1937年，七七事变爆发，中国进入举国抗战的历史时期。泰国华侨很快就成立了"暹罗华侨各界抗日救国联合会"，下属工人、学生、妇女、工商等各界别分会，积极开展各种形式的抗日救国活动。崇实学校的同学们纷纷走出校门去宣传抗日，我也义无反顾地成为其中的一员。我们四处奔走，发传单、贴标语，并到各家各户动员，要求华侨有钱出钱、有力出力，积极支援抗战。我们上街搞募捐、义卖，号召各商店抵制日货。崇实学校是泰国著名的进步华侨学校，有不公开的地下组织和一批爱国教师，他们常向学生们介绍中国工农红军的二万五千里长征，宣传中国共产党的抗日主张。同学们都对革命圣地延安十分向往，经常聚在一起谈论如何回国抗战和投身革命。受他们的影响，我也从同学那里借来许多进步书籍阅读，其中就有《共产党宣言》、《大众哲学》、《西行漫记》等书。这些书籍使我在思想上受到了很大的影响，选择新的人生道路的念头开始在我心里悄悄萌动。

不久后发生的一件事，对我的触动很大。泰国警察逮捕了崇实学校一些积极支持学生抗日救亡的教师，说他们有共产党的嫌疑。这激起了广大师生的愤怒，大家纷纷抗议和请愿，要求释放被捕教师。这件事也使同学们意识到，要不受制约全身心地投入抗战，只有回到祖国去。

实际上，当时在南洋的泰国、越南、马来亚、荷属东印度、菲律宾等地，都有许多侨胞和华裔青年学生，凭着满腔的爱国

离开泰国前的最后合影

——照片中的人分别是：邱及老师（后排右一）、林秀兰（前排右一）、钟美琪（前排右三）、许佩鸾（前排右四）等

激情和青春热血，放弃安逸的生活，回到战火纷飞的祖国参加抗战。我的好朋友、女同学谭琼瑶（回国后改名谭岚），也已先期跟我辞别，她的目标是到延安上抗日军政大学。我对她既羡慕又佩服，心中不禁激起了无法平息的回国冲动，充满了崇高的使命感。那些日子，我曾隐约向男友胡逢杰谈起准备到延安就读抗大、然后回泰国工作的想法。他是学生抗日救国联合会积极分子，对此十分理解。他说他也有过这样的打算，他们一些男同学也正在积极寻找机会和途径，准备回国去直接参加抗战。当然，他的弦外之音是希望同我一道回国。只是，后来事情的发展远远超出了我们的预料。

二

1938 年 9 月的一天下午，两个从未见过面的中华中学女生来崇实中学找我，说她们是谭琼瑶的同学，一个叫钟美琪（回国后改名钟时），另一个叫许佩鸾（回国后改名许可）。她们告诉我，邱及老师（中华中学老师、共产党员）从谭琼瑶和林莲芬那里了解到了我的情况，知道我也准备回国去延安，于是让她们来找我结伴同行，因为下星期正好有一条船去香港。沿途的事情邱及老师都已安排好，船上会有人照顾我们，到香港后找八路军办事处，再由他们安排去延安。

可以想象，家人对于我们的决定，肯定会极力阻拦。为避免节外生枝，我们约定，出发之前不但不能跟家人说，甚至也不能跟其他同学和朋友说，一切告别仪式全免。面对回国抗战的神圣使命，个人的情感已经变得无足轻重了。但是，没有盘缠怎么办？我们决定变卖自己的首饰。钟美琪家里是开米厂的，其父是泰国十大富翁之一，很富裕，她卖的首饰最多；许佩鸾的父亲是建筑商，家境也很不错，她特地让父亲给她买一条金裤带过年、然后卖掉做川资。临行前，我们还特地去见了邱及老师，他很关心我们的安全，把我们沿途应该注意的事项叮嘱再三。

出发的前一天，我把住校的一些日用品打了包，托同学带回家去。晚上，坐在学校的宿舍里，我给家人写了一封信，说自己回祖国参加抗战去了，请他们不要为我担心；如果为抗战献身了，自己也无怨无悔，因为这是报效祖国的自愿选择。我也给胡逢杰写了一封信，说自己先走一步了，希望他以后也能回国参加抗战。写好这两封信，已是次日凌晨时分，于是我在信的结尾署上了新的一天的日期——1939 年 1 月 15 日。这是一个令我终身难忘的日子。

这一天，我们如期登上了开往香港的客货两用船，邱及老师等人特地赶来送行。船开了，沿着湄南河慢慢向前驶去，漫漫的征途就这样开始了。

因为装货耽误了一些时间，傍晚时分船在湄南河口遇上海水退潮，搁浅了。谁知这一耽搁，等来了麻烦，钟美琪差点就走不了了。她母亲不知从什么地方获悉了女儿要回国的消息，急得就像热锅上蚂蚁似的，和钟美琪的哥哥、姐姐、姐夫一起驱车赶到学校、码头，到处找她。傍晚时分，他们终于赶到湄南河的出海口，看到了我们这条轮船，于是立即花钱雇一条小舢板，登上了轮船。他们摸黑在轮船上一个舱房一个舱房地找人，好不容易才把钟美琪找到，要她回家。母亲许诺，只要钟美琪回家，捐再多的钱抗日都愿意。但无论家人如何劝阻，钟美琪横竖就是不肯下船。最后，钟美琪以跳海寻死抗争。她母亲这才摇着头、流着泪，万般无奈地与她抱头痛哭作别。

因遇到风浪和大雾，原本一星期的航程，结果我们 10 天后才抵达目的地。这一路下来真是太辛苦了。尤其是我和许佩鸾，一进大海就晕船，吐得躺在船舱里连饭都不想吃。好在钟美琪不晕船，可以端水打扫照料；一路上，还有个船员负责照顾我们。

到香港后，我们就被那位船员安排住进一家较隐蔽的旅店。几天后，香港八路军办事处的人来了。后来我们才知道，跟我们联系的人是连贯同志，廖承志同志我们也见到了，他当时是香港八路军办事处的负责人。

办事处的同志知道我们想去延安，同各有关方面进行了联系。但因当时局势已经发生了很大变化，广州等城市相继沦陷，京广铁路已被切断，北上交通不便；再加上西安国民党方面对前往延安的华侨进行百般阻挠，去延安就更困难了。这样，他们就介绍我们先到东江刚刚成立的惠东宝抗日游击大队（后改名东江纵队），以后有机会再去延安。

三

1939 年 2 月中旬，我们到了惠东宝抗日游击大队的驻地——广东惠东县坪山乡。听说来了三个泰国女学生，游击队员纷纷赶来看新奇，弄得我们很不好意思。根据我们文化程度好、应战能力弱的实际情况，我们被安排到政治部搞抗日宣传和群众发动工作。

尽管组织上给予了许多照顾，但我们还是感受到生活上的巨大反差。首先碰到的难题是吃。本来就不习惯国内的饮食，再加上伙食条件差，饭是粗粮、菜是清煮，这让以前连吃肉都要挑肥拣瘦、平时把巧克力当零食的我们不知道该如何是好。住的地方是一间放农具和养牲口的小屋，又肮脏又潮湿，在地上铺一层稻草就是床了。更让我们难以忍受的是，天一黑，蚊子和跳蚤前赴后继地轮番进攻，很难安稳入睡。因为水土不服和突然改变生活习惯，我们接二连三地病了，患上了疟疾。然而，我们还是顽强地挺过来了。我们每天坚持出操，轮到夜间站岗也从不推辞，搞抗日宣传和群众发动工作更是倾注全力。

我们的奉献精神和工作热情得到了大家的好评。根据我们的要求和表现，组织上批准我们为中共预备党员。

去延安的机会终于来了。这一天，游击队的领导得到一个消息，说香港同胞捐赠了两汽车的药品，要送往新四军军部。经过联系后，他们决定让我们与药品车一起走，先去新四军军部，然后去延安。曾生大队长和周伯明政委还利用去香港办事的机会送我们到香港，招待我们吃猪排，说这些日子苦了你们了，今天好好招待你们一下，算是临别饯行。说得我们三个女生眼泪汪汪的，拉着他们的手久久不想松开。

当时准备与我们同行的还有新四军参谋长张云逸的夫人韩碧和儿子，以及从印尼、马来亚来的华侨工人、学生。为了安全起见，人和药品必须分开走，到桂林八路军办事处后再汇合。但后来，我们提前坐车启程了，同行的还有一个叫孙石的女生，她来自马来亚，原籍是江苏的。路线很曲折，我们先乘船到越南的海防，再坐火车经河内，最后才到达桂林。

那时，新四军军长叶挺将军正好在桂林。听说有三位从泰国来的女学生要去新四军，他特地派人来八路军办事处接我们过去见面。他仔细询问了我们在泰国的生活情况，告诉我们说，抗战是一个长期艰苦的过程，会碰到许多意想不到的困难，而且随时都有牺牲的可能。我们当即表示，既然下决心回国来参加抗战，就已做好了各种思想准备包括为国献身。叶挺将军听后满意地笑了，说："欢迎你们这样的有志青年来新四军！"

在桂林等了一个星期，那两辆运输医疗药品的车还迟迟未见。听八路军办事处的人说，道路不好走，白天要躲日本鬼子飞机的轰炸，只能晚上开车赶路，因此还要等一些日子。我们正等得不耐烦时，正好有一位从延安来的年轻的八路军军官有公务要去新四军，我们得悉后，便缠着要搭他的车。于是，我们一大帮人就提前上路了。

1939 年 10 月底，我们终于来到新四军军部所在地——安徽泾县云岭。不久，香港来的药品车也到了，但只来了一辆，还有一辆在途中出事了。原来那辆车的驾驶员是印尼华侨，他以前只在城市开车，而从广西到安徽走的全是弯弯曲曲的山路，再加上是晚上开车，一不小心车就冲出路面掉下悬崖了。负责押送药品的叶挺将军的弟弟也牺牲了。

到新四军后，我们被安排到战地服务团学习训练三个月。训练很严格，夜里常常紧急集合进行夜行军。在集训的后期，正是隆冬，到处都是厚厚的积雪，行军时一脚高一脚低的，根本迈不开大步。而夜间紧急集合要求在几分钟内穿好棉衣棉裤、打好背包出发，这对从热带来的我们来说确实很困难。为了不拖后腿，我们睡觉时连衣服都不敢脱，集合哨一响就跳起来打背包，这样才算过了关。

战地服务团的训练结束后，我被分配到军部资料室，许佩鸾到军法处，钟美琪去了印刷所。我们一起结交回国、形影不离的三个好朋友，便从此分开了。

在皖南的日子里，平时我们努力工作，逢上星期天也会到附近的市镇逛逛街，工作紧张而快乐。记得来自泰国的华侨陈子谷回泰国继承遗产并为新四军募捐时，曾帮我捎去一条损坏的银裤腰带，换了一条新的回来。他把好几万元的遗产都捐给了新四军，后来还被打成"右派"，让人心酸。

不久，皖南的形势日趋紧张，战争的气氛越来越浓。新四军军部的首长经过研究，决定把有病和体弱的同志紧急疏散，以避免无谓的牺牲，同时也有利于提高部队的行军速度和战斗力。因气候不适应和本来体质就不好，我到了皖南后经常生病，于是也被列入了疏散名单。

那天，军部的秘书长李一氓同志找我谈话，说当前形势十分危急，战争一触即发。组织上考虑到我的身体情况，担心我适应不了风餐露宿的长途行军和残酷的战争环境，决定让我疏散回泰国。我顿时惊呆了。自己能去哪里呢？在国内，我可以说是举目无亲，而回家更不可能，我的家在泰国啊！在这兵荒马乱到处都有封锁线的陌生之地，一个身体本来就不好而且带有一定语言隔阂的女孩子，孤身一人怎么远行，怎么回泰国？特别是想到此行是来参加抗战的，壮志未酬就要脱离部队，我对得起谁？想到这里，我不禁泪水夺眶而出，失声痛哭。我倔强地说，我不回家，我也没办法回家。我患虐疾，吃一些药会好的。我要跟部队在一起，如果我拖累大家，你们把我撇下好了。我是来参加抗战的，就是死，也要死在战场上！项英副军长知道后，便嘱部下跟浙南的地下党组织联系，让我去地方上工作。他还在繁忙的军务中抽出时间亲自找我谈话，交给我 60 块大洋，说是给我今后的生活费用。没想到，这竟是我最后一次见到我所崇敬的项英副军长，时隔不久，在皖南事变中，项英同志便壮烈牺牲了。

1940 年 4 月，在新四军首长专门派遣的一位同志的陪同下，我又一次踏上了征程。根据事先的约定，到金华后，我们来到了《浙江妇女》杂志社。杂志社负责人葛琴同志接待了我们。知道了我们的身份后，葛琴同志关上门严肃地说，金华有许多国民党特务，虽说现在是国共合作时期，但这些特务专门盯共产党新四军的梢。你们怎么可以穿着新四军军装直接来杂志社，杂志社是秘密接头地点！当天晚上，我就换装转移到了别的地方。第二天，金华的党组织把我送往丽水。为了安全和保险起见，由葛琴的丈夫邵荃麟同志（著名作家，中共党员）亲自护送我去丽水。

我换上大小姐的装束，跟着商人打扮的邵荃麟上路了。一路上，我们两人装出根本不认识的样子，一句话都不说，有信息要传递也只用眼色暗示。到了丽水，我见到了老柯（即当时中共浙江省委书记刘英）和其他负责人。此后，我就在他们的领导下开展地下工作。

半个世纪很长也很短

——左图摄于曼谷，右图摄于北京。右图从左至右为：钟时、谭岚、林苹、许可

因为一时无法融入当地的方言环境，我那时从事的主要是内部文字工作。如果对外开展活动，一开口就会被人发现不是本地人，从而引起种种猜测，这样容易暴露身份。

皖南事变后，浙南的形势也越来越严峻了，不断传来有人被捕的消息。组织上意识到长时间呆在一个地方肯定会引起敌人的注意，于是决定分几个小组转移。我们转移到龙泉，并且分散隐蔽。我单独一人住在当地的一个地下党员的家里。

一天傍晚，联络站的一个同志慌慌张张地跑来告诉我，说有叛徒出卖，特务已开始抓人，要我赶快转移，船已在城外的河边等着，天一黑就要离开。我顾不得整理东西，连多带几件衣服都来不及，就急急地往城外跑。赶到时，那条船总算还在。撑船的人说，左等你不来，右等你不来，我们都急死了，还以为你已被抓走了呢。谢天谢地，你总算赶上了，要是再迟一步，我们就已经解缆走了。我暗暗庆幸自己的果断。

　　船到丽水已是下半夜了，天上飘着鹅毛大雪。上岸后，我冻得上牙打下牙，一个劲儿地打颤。当我们在一户地下党员的家里喝上一口热汤时，我终于缓过气来，这才想起当天正好是除夕。

　　由于长期过着动荡不安、颠沛流离的生活，我又生病了。病中，我流着泪给家里写了一封信。以前给家里的信都是报喜不报忧的豪言壮语，这一次，我把自己当时的真实情况和艰难处境告诉了家人。这信能不能到达泰国亲人的手中，我不清楚。即使收到了，又怎么给居无定所的自己回信呢？自己也不知道能在这户地下党员的家里住多久，就算能住上一段日子，也不能把这应该保密的地址写上啊！无奈之下，我把丽水一家画室的门牌号作为自己的回信地址，并专门跟画室的主人关照了一下。这是一位有进步思想的年轻人，他是不是党员我不清楚，但我在丽水时同他有过一些工作交往，他也大致了解我是个回国抗战的华侨学生。

　　没过多久，组织上找我谈话，说日寇的大扫荡就要开始了，处境会更加残酷；为了减少损失，组织上决定各自找门路，分散隐蔽。相互之间也尽量不要联系，这个阶段生存是第一位的；等形势有所好转，组织上会同大家联系的。无家可归的我，又一次陷入走投无路的困境。有了在新四军的那次经历后，我知道组织上做出这样的决定肯定也是万不得已的。

　　特委宣传部长陈金鼎同志对我十分关心，他建议我去诸暨，诸暨民众教育馆里有我们的同志，可以到那里去隐蔽一段时间。经他介绍，我来到了诸暨民众教育馆。馆长很年轻，当时才23岁，是湘湖师范的高材生，名叫傅千里。事后，我才知道他也是中共党员。

　　在民众教育馆住了大概一两个月，日寇的大扫荡就开始了。当时，城里的人都纷纷逃到乡下去，民众教育馆作为政府的部门，人员和一些物资都要撤离，而上面拨下来的撤离经费却远远不够。傅千里一面要安排撤离事宜，一面还要到处想办法筹集撤离款项。

就在这时，我收到了家人从泰国寄来的回信和 300 大洋。原来，家人收到了我的信、知道我已陷入走投无路的困境后，当即寄来路费，要我赶紧回去。根据我提供的地址，这信和汇款是寄到丽水那家画室的，而那位画家收到信和汇款时，我早已离开丽水不知去向了。在当时局面混乱、人们纷纷逃难的情况下，要打听一个人的下落是一件多么不容易的事情，何况是一个萍水相逢在丽水无根无底的人。但就是这样困难的事情，那位画家居然办到了，那信和汇款完整地到了我的手中。事隔多年，我仍然对那个现在已记不清姓名的画家心存感激，如果这位诚实、善良、热心的艺术家还活着，我真想当面对他表达感激之情。

收到家人的信和汇款后，我曾想先回泰国，等待组织召唤。问题是自己怎么回去。当时太平洋战争已爆发，海上的航线已全部封锁了，自己根本出不去。

正在为筹款而四处奔波的傅千里知道我有了这么一大笔钱后，便与我商量，说能不能先借用一下，因为有许多同志都来投靠民众教育馆，生活和以后撤离都需要资金。其实，傅千里也明白这是我的家人寄给我的回家路费，他这样跟我商量，除了因为筹不到款而焦急外，可能也有留住我的意思吧！不管怎样，我把 300 块大洋全部交给了他。我知道，自己交给傅千里的不仅仅是钱，而且是一颗真诚的心和今后的人生命运。

与其他部门一样，民众教育馆在开始撤离时还按步骤有组织，后来就乱套了。不久，人员开始四散、各自寻找生路去了。

这是一段极其艰难的日子。我跟着傅千里，先到东阳，再去义乌，一路上吃尽苦头、历尽艰辛。在撤离的过程中，我和傅千里与党组织失去了联系。

后来局势有所缓和，但民众教育馆已是名存实亡了。早已没有薪金可领的傅千里为了生活，通过朋友介绍，去天台育青中学教书。生活稍稍有些安定后，我和傅千里这对萍水相逢的年轻人就在十分艰苦的条件下结婚了，那一年是 1942 年。

四

抗战胜利后，我很想回泰国看望亲人。此时海上的航线已经开通，但我还是回不去走不了。两周岁的儿子不能没人照顾，而另一个孩子又即将出生，拖一个怀一个怎么远渡重洋？而老傅的收入刚够一家人的开销，也无法挤出一大笔路费。于是，我只得再次给家人写信，告诉他们自己目前脱不开身，过几年再去看他们。后来解放战争开始了，路途再次阻断。不久，我的第二个儿子如期出生。老傅给大儿子取名叫百炼，是希望出生在动荡岁月中的他能够同父母一道坚强地面对时艰；给二儿子取名叫百宁，是企盼一家人从此能过上安宁的生活。

1946 年，宁波当时很著名的三一中学聘请傅千里来任教。就这样，老傅和我带着孩子们来到了宁波。后来，我也在三一小学当老师。从此以后，我们就一直住在宁波，再也没有离开过。

定居宁波后，我曾一再给家人写信，但不知为什么，那些信都退了回来。多年以后，我才从邱及老师那儿了解到，第二次世界大战后，泰国曼谷进行了大规模的城市改造，我们家住的耀华力街那一带全部拆迁了。而我的家人也不知道我已去了宁波，就这样，双方长时间失去了联系。

解放后，我曾写报告给宁波的军管会，汇报自己的革命经历。此后，我和老傅全身心地投入到新中国的教育事业，把教书育人的三尺讲台作为施展人生抱负的大舞台，并为此奉献了毕生的精力。

胸前的红飘带，见证当年血与火的洗礼

——林苹等人在惠东宝抗日游击大队成立四十周年纪念会上的合影，前排右起：许可、林苹、钟时

由于众所周知的原因，在以后的历次运动中，我的海外关系就像一个沉重的包袱，压得我喘不过气直不起腰来，想要恢复党籍更成了一个遥不可及的梦想。无论怎样兢兢业业地工作，无形的歧视还是像阴影一样时时笼罩着我，其中一个典型的例子就是，从建国初当教师直到退休，我没加过一分钱的工资。"文化大革命"中，我更是吃尽了苦头，关过牛棚、扫过厕所，还被打成国民党特务、泰国间谍。

庆幸的是，改革开放后，这一切噩梦都已离我远去。最让我激动不已的是，当年一起从泰国回来的钟时、许可，以及谭岚、胡逢杰等同学好友，竟然能在40年后见了面！

原来，胡逢杰在我回国之后不久，也回了国，而且去了延安。同他一道回国的三个男同学有一位在战争中牺牲了。很担心林秀兰的胡逢杰回国后一直在打听她的消息，但一直没打听到。解放后，他成了武汉铁路局局长。

谭岚回国到延安后，一直在国内参加革命工作，解放后曾任兰州军区后勤部政治部主任，离休前的军衔是少将。

钟美琪和许佩鸾最坎坷。她们与我从皖南分手后，经历了九死一生，吃了远比我多的苦头。在皖南事变的突围中，她俩和其他机关搞后勤的同志没能突围出去，被俘后被关在国民党的上饶集中营。在那人间地狱，她们顽强不屈、受尽了百般折磨。在监狱地下党组织的领导下，她们与其他难友一道同敌人进行了坚决的斗争。有一次她们成功地逃了出来，但因为人生地不熟，在深山老林里转了几天迷路了，最后还是被敌人抓了回去。在抗暴和绝食斗争中，她们挺身而出，数次面临死亡的威胁，最终在难友的鼓励下坚强地活了下来。她们在上饶集中营一关就是 6 年，直到双十谈判后才被释放。钟时与集中营的一位姓吴的同志结婚，返回泰国生了三个女儿，后来离婚了；1952 年回国后又跟另一位集中营的同志刘洁结了婚，定居在福建龙岩，在百货公司工作。钟时回国参加革命后，为党做了不少贡献。在皖南时，每次家里寄钱来，她都捐给了新四军；在集中营时，她多次给越狱的同志资助盘缠；她在龙岩的房子也不是国家分配的，而是泰国家里寄钱资助她盖的。许可（许佩鸾）回泰国后，又于 1952 年前后回国结婚，丈夫是佛山的，她自己在供销社工作。她原来的爱人是新四军政治部的陈惠，据说在皖南事变时受伤，从担架上掉下悬崖牺牲了。钟时、许可两人回到泰国后，都重新入了党，然后才再回国工作。然而，就是这样对党赤胆忠心的姐妹，也没有能够避免"文化大革命"的冲击。钟时被剃过光头；许可被打成叛徒特务，受尽批斗和折磨，几次想自杀。她们还都被怀疑在集中营时变了节，真是天大的冤枉！

1963 年，胡逢杰等当年从泰国回来的学生，在一次劫后余生的重逢中，都不约而同地想到了我。他们相信我一定还活着，说即使已不在人世了，也要找到我的最后下落。为此他们走访了许多参加过浙江地下党组织的老同志，知道"林秀兰"没有在大扫荡中牺牲，都感到很欣慰，最后了解到林秀兰在宁波，于是通过宁波公安局终于找到了"林苹"。胡逢杰还专程来宁波看望了我。

1980年，钟时在福建龙岩，许可在广东佛山，谭岚在兰州，我在宁波。四个历经风风雨雨现在分散在天南地北的好朋友约定在杭州会面，然后去北京看望邱及老师。邱及老师那时在北京语言学院当副院长。

邱及老师怎么也没想到，四个当年由他负责安排回国的女生40年后会专程来北京看望他。他含着泪说："这些年受到磨难时，我便会内疚地想到你们。我不知道你们是不是还活着，战争、动乱的艰难岁月是怎样活过来的呢？我曾一次又一次地问自己，当年该不该安排你们回国，如果你们一直在泰国也许过的是完全不同的生活。我不知道你们是不是怨过我，恨过我。现在你们专程来看我，告诉我尽管经历了坎坎坷坷，但一直认为我给你们指的是一条正确的人生之路。我听了真是如释重负，谢谢你们来看我，谢谢你们能理解我。"

邱及老师是1953年回国的，当他知道我已多年与曼谷的家人失去联系、寄去的信都退了回来时，便猜到是耀华力街拆迁的原因。他说他在泰国还有很多朋友，一定想办法帮我打听到家人的下落。他还劝我争取早日恢复党籍。

我从北京回宁波几个月后，邱及老师就来信告诉我，说已打听到我家人的下落，并附上了泰文的地址。抑制不住内心的激动，我当天晚上就给家人写了一封信。不久，回信来了。信是我姐姐的女儿写的，她说妈妈常常流着泪对她说起，她有一个妹妹在中国，已经多年音讯不通，不知道是不是还活着，如果活着不知道还能不能再见上一面。"妈妈曾想让爸爸回国来找你，爸爸为难地说，中国这么大，我上哪儿去找啊……"

这以后，我开始为回泰国做准备。尽管已到了80年代，但要申请出国探亲护照还是很困难的。从开始申请，到最后拿到护照，我用了一年多的时间；而在北京的签证过程中，还承蒙邱及老师帮了许多忙。

1984年，我终于回到了阔别45年的泰国。曼谷变了，变得几乎不认识了；但人情没变，当年的同学和朋友都赶来看我。

唯一让我感到终身抱憾的是自己来迟了，日夜盼望能同妹妹见上一面的75岁的姐姐眼睛已经瞎了，再也看不见四十多年没见面的妹妹了。我吃惊地问，怎么会这样？姐夫说，大概是常常流泪的缘故。更让我难过的是，姐姐还得了严重的健忘症。

我拉着姐姐的手，哭着说："姐，我回来了，我来看你了。我是秀兰，你的小妹！"

但姐姐怎么也想不起妹妹了，她睁着暗淡无光的双眼，说："秀兰？谁是秀兰？"

我还想说，姐夫流着泪劝我不要说了，"你姐已想不起任何事情了！"

有什么比亲人终于相见，却看不见、想不起了更令人悲痛的呢！

在曼谷的日子，我除了去父母和哥哥的墓地祭扫外，还去母校看了看，而剩下的时间就是陪着姐姐默默地坐着。病了的姐姐是想不起妹妹了，但内疚的妹妹是永远也不会忘记为她流干了眼泪的姐姐的。

为国尽忠，为家尽力，作为一个女性，我已无愧自己的一生。如果说还有什么愿望的话，那就是希望恢复党籍。从泰国回宁波后，我就给有关党组织乃至中组部写信，反映当年与党组织失去联系的真实情况。当时中组部部长是陈丕显，而陈丕显的夫人和张爱萍的夫人在新四军时与我住同一寝室。我写信给陈丕显夫人，说你还记得我吗？陈丕显夫人回信说，怎么会不记得，我会把你的情况跟老陈反映的。1984年年底，已经65岁的我终于实现了心中最大的愿望：恢复了党籍，党龄从1939

年抗战时期算起，并确定为离休干部。在纪念抗日战争六十周年的日子里，我获得了中共中央、国务院、中央军委为参加抗日战争的老同志颁发的"中国人民抗日战争胜利六十周年纪念章"。这是党和人民在政治上给我最高的荣誉，是我一辈子值得骄傲和自豪的。

五

值得欣慰的是，党的十一届三中全会以后，我丈夫傅千里重新被确认为共产党员，并恢复了宁波二中正校长的政治待遇（2004年因病去世）。我的子女们都已事业有成。我共有5个子女：前面4个都是儿子，最小的是女儿。长子为省体育局的处长；次子为宁波九中退休教师；三子原为宁波市外经贸委副主任，退休后任外经商会会长；四子为中国华融公司浙江公司总经理、正厅级；小女在医药公司、已退休。孙辈也很有出息，长孙是学计算机的，在美国朗讯公司工作；还有位孙子被华为公司外派到巴西分公司。这些年来，我去过泰国6次，泰国的亲人也常来中国旅游，我们联系非常密切。

光阴似箭，当年我们这三个同船回国抗战的女战士，到现在就只有我和许可健了。钟时在2005年已过世。

回顾60年前这场抵抗日本侵略的战争，无数优秀的中华儿女谱写了可歌可泣的壮丽诗篇。也许，我们4个女孩子回国抗战，对整个大局来说起到的作用是微乎其微的，但正因为有许许多多这样的爱国青年，在祖国危难的时候挺身而出，不惜用自己的鲜血和生命筑起一道保家卫国的钢铁长城，才使我们中华民族在沧海洪流中尽显英雄本色，走上复兴之路。

我曾参加民抗军打鬼子

——林洪权 口述

被采访者简介：林洪权，男，新加坡归侨，祖籍浙江永嘉。1926年2月出生于永嘉，1939年4月去新加坡做木工。日据时期到马来亚山芭"种山"，1944年参加马来亚人民抗日军。1945年转星州木器工会工作，两年后转入反英同盟会并加入马共。1949年回国后，在永嘉参加工作，曾任浙江省永嘉县罗浮区委副书记、江北公社书记等职。1982年离休。

林洪权在讲述往事

采访时间：2009年6月11日

采访地点：浙江省温州市永嘉县被采访者儿子住所

采访者：黄晓坚 李章鹏 乔印伟 苏彩亮 张向 林春雷

　　　　　朱最陆

整理者：黄晓坚

一

我出生于1926年2月，家住浙江省永嘉县瓯北镇罗浮村。

在乡读了两年的书，14 岁那年，我就到上海鸿利木器公司做工；做了两个月，便跟着姨夫去了新加坡。记得我们是 1939 年 4 月份从上海出的洋，途中还在厦门和香港换了两次船，历时半个月才到达星岛。

那时，有许多永嘉乡亲在新马一带做木匠。我就在乡亲那里做学徒。工地在沙特务街。

做了不到两年的工，日本人就打到了新加坡。飞机炸、大炮轰，新加坡市区硝烟弥漫。我跟着别人带上米粮逃到光明山避难。捱过了一个多月，等到局势稍微平稳后，我才下山回到工棚，还做我的学徒。

日本人来后，我就跟所有的华人一样，度过了三年半痛苦的生活。那时候失业的人口很多，食品和生活物资极为短缺。日本人便把大家集中起来去"种山"，生产番薯、马铃薯果腹。他们也不管我们愿不愿意，就强行动员我们到马来亚内地去，不去就打。结果，我们这一批共有两百来人（包括个别妇女儿童）被装上十几辆卡车，运到一处荒山野岭。还好，日本人给我们带去了工棚、蚊帐和一点钱，我们可以在当地买到粮食吃。

"种"了一段时间的山，过了二十几天后，日本人就不管我们走了。我趁机逃了出来，到一处叫"兴楼"①的地方打工。那里有个造船厂，有个工头是永嘉的乡亲王松仁。我在那里做了近两年时间，主要工作就是将造船用的两块木头钻眼打洞，然后用螺丝加以固定。

二

在这期间，我开始接触到马来亚共产党，有些马共党员也是瓯北人。马共在兴楼办夜校，我们白天做工，晚上就上课。

---

① 疑为今马来西亚柔佛州东海岸的兴楼。

因当地没有日本人，夜校其实是半公开的。1945年5月，我参加过两次会议后，便由礁华乡张堡村翁龙川介绍，参加了马共掌握的马来亚人民抗日军，归属第四独立团第三支队三中队第二小队。小队有十几个人。据我所知，永嘉人参加马来亚人民抗日军的除了我以外（当时我化名林广木）还有张堡人金广来（化名金宇武）和前牌人陈明公。

加入民抗军后，我曾经三次接受军事训练。使的是来福枪，枪管很长，不便携带，便将它锯短。从兴楼跑步到有200来户人家的渔村马鸭不很远，也就只需三个多小时。我们经常去那里，跟当地人都很熟悉。那时日本人常到马鸭一带骚扰掠夺，我们就与当地人互相支持、打击日本人。当时对日斗争的形势，就是敌强我逃、我强敌逃。打得狠，他们就不敢轻易过来；打不狠，他们过来抢几条鱼走也好。有一次，我们在马鸭设伏，等到日本的小火轮过来了，我们就"噗"地跳出来，厉声喝令"缴枪不杀！"不想那帮日本兵假投降，趁我们不注意，一转身，开起马达就逃跑。我们赶紧追击，结果逃走了两个，俘虏了两个。到了晚上，这两个俘虏又偷偷逃走，但他们很笨，逃不多远又被我们抓了回来。经批准，我们干脆将这两个倒霉鬼除掉了。后来，我们还抓了两批日本鬼子，每批都有三四个，都被我们消灭了。还好，我们小队损失不大，只牺牲了小队长一人。

1945年5月，组织上安排我到新加坡鸿利公司做工，同时担任星洲木器工会执委会常委。我负责组织工作，但不脱产，平时仍然做木工。不久，日本战败投降，马共转入公开斗争。1946年7月，我经文成人胡江同志介绍加入了马共，并于次年5月转为正式党员。和我同时入党的，还有金广来。当时，马共组织反英反帝的罢工斗争，影响很大。我们还依托"新世界"、"大世界"和"快乐世界"这三个剧院，开办了一所平民学校，有一千余名华侨学生。白天，我们上课；晚上，我们照常演出。

1948年2月15日，在反英反帝斗争中，星洲木器工会被英殖民当局封了门，我一度与党失去了联系。从 1948 年 5 月起，为了生计，同时也顺便接送党内同志，我还特地置了一辆三轮车，当起了三轮车夫。

由于工作环境恶劣，甚至连吃饭也成了问题，到了这年的 11 月，我便向党组织请假回乡探亲，打算次年再回新加坡工作。对此，党组织是明确同意了的。

三

1949 年 2 月，我回到了阔别已久的瓯北。不久，我结婚成了家。在家闲不住，我很快就下地干农活了。这年 9 月，家乡解放，我当上了罗浮村的农会主任。本来我还想返回新加坡的，但山东籍罗浮区委书记郭明远知道了我的底细，就不让我出去了。在同年 10 月的一次大会上，他突然当众宣布由我到罗溪乡当乡长。那时候我跟书记不沾亲不带故的，也没有组织部门的同志事先找我谈过话，因此自己也感到太突然了。我在乡长的任上干了 8 个月，后来还做过罗浮区的民政助理、浦西乡土改队副队长、永嘉县总工会干事和副主任，以及西岸区副区长、县农务部干事、永临区副区长、桥下乡党总支书记和永临区人民公社主任、碧莲区公社书记、江北公社书记、黄田公社书记、罗浮区委副书记等职。

既然回乡当上了干部，就要勤奋工作，积极上进，我便申请加入中国共产党。1950 年 6 月，经郭明远、周继先介绍，我顺利地被接纳入党。1956 年，县里派我去创办四海山林场。林场离家 100 多公里，那里山高林密，常有猛兽出没，生活条件很艰苦。有一次，老虎把牛吃了，我们便设法把牛肉绑上炸药，将它诱杀。我一去就待上一年多、没有回家，可谓公而忘私。离开林场时，因那里的村民生活很清苦，我便把被子、衣服都让给了村民，只留下一件衬衫穿回家。现在不一样了，四海山已经建成为国家森林公园，是远近闻名的旅游休闲场所。

在基层从事党政工作几十年，我认为自己还是努力为地方做了一些好事的。1968年在黄田书记任上，针对当地赌博成风，我下决心一次抓住10人示众。后来，我还支持当地创办了一个白铁厂，有百多位工人，收益相当可观。

不过，自己的领导干部身份和海外经历，也招惹了很多是是非非。"文化大革命"时期，因我是黄田公社书记兼中共罗浮区委副书记，两派斗争的结果，我被打成"当权派"和"里通外国"，关了七八个月。当时只要哪个乡开批斗大会，就会把我押过去。真想不到，自己在马来亚和国内干革命几十年，斗来斗去，结果到现在还是个无产阶级！

1989年，我被推选为瓯北镇第一届侨联主席，1993年至1996年还担任永嘉县侨联常委。那时候，也有很多我所认识的海外乡亲回到家乡投资办厂，其中有个厂叫爱国五金厂，全部是新加坡归侨创办的，生产五金类产品。可惜，经过市场经济大潮的涤荡和淘汰，这些厂家后来都不行了。倒是捐资办学方面，社会效益还真不错。其实，早在上世纪50年代，就已有侨胞回乡开办礁华学校和红胜学校了。

四

1982年，我正式退休。三年后，经侨办、侨联帮助，改为离休待遇。不管是退休还是离休，我都没有闲着。我当过罗浮村老人协会会长，不仅不取分文工资，每年年终村里给的两千元钱慰问金，也被我几百几百地资助给那些有困难的老人了。现在，我的离休金每月可领4000多元，每年还外加一个月的工资，基本生活支出没有问题。

唯一感到遗憾的是，自己几十年来辛辛苦苦为国家工作，到现在还住在小儿子自建的高楼上，上下楼梯很不方便、也很危险，没有一处像样的住所，所以很想有一个自己的房子。以前单位也有分房的机会，但都让给了别人；而原先的祖屋，早就被他们三兄弟分掉了。听说现在瓯北镇有安置房，照理应该有份的，但听说要房的人很多，不知自己轮得上轮不上？

林洪权伉俪近影

前些年我中过风，身体到现在还没有完全恢复过来。让我欣慰的是，我现在儿孙满堂，他们都还算过得去。三子一女中，老大和老二从前也学过木工，老大还做了十几年的罗浮村村委会主任、书记，现在他们都有了自己经营的工厂（即永嘉摆线减速机厂和浙江科耀石油设备厂）；三子在我退休后顶替过去当工人，现在县电业局工作；女儿则跟她丈夫开办了一个厂子。孙辈中，已有 7 位大学生，其中长孙还在杭州读书，两位外孙都毕业于浙江大学，老二的二女一子个个都是大学生，老三的女儿大学毕业后已进瓯北供电所工作。我从前总是辛辛苦苦跟木头打交道，应该带"木"运，难怪儿孙们个个发家有道、都能成材，财运、"材"运这么好！

与林三渔先生一起建设家乡

——留定华 口述

被采访者简介：留定华，男。1936年8月出生于浙江青田。1944年在青田县城上小学，1951年在石门中学读初中。1954年初中毕业后，到青田县石雕小组做会计工作，1957年后，先后在县手工业联社、二轻局工作。1966~1981年在县石雕三厂任会计工作。1981年，前往日本，在日本工作一年，1982年回国。1983年由县二轻局调到县交通局工作，任交通局财务科长。1984年当选青田县侨联副主席，1996年正式退休。

留定华近照

采访时间：2009年6月11日

采访地点：浙江省青田县被采访者住所

采访者：张秀明　陈永升　陈小云　周峰

整理者：陈永升

一

我的祖籍是浙江青田，这大半生几乎都在青田，生于斯，长于斯。1936年8月我出生于浙江青田县城。小时候记忆比较深刻的是日本轰炸青田，其时正值抗日战争期间，我初记事，记得父母带我们躲避轰炸。1944年，我进入青田一所小学读书。1951年考入青田石门中学，开始读初中。初中毕业后，我便辍学开始工作，开始在青田县石雕小组做会计。1957年，青田手工业联社成立，我进入联社继续工作。

1961年，我认识了自己以后多年的至交好友——林三渔先生。

林三渔与我是同乡，原有亲戚关系。他是青田仁庄罗溪村人。他家祖辈务农。1913年因遭受火灾的劫难，家庭生活发生困难。翌年，17岁的他东渡日本谋生。他在日本先是挑煤、扛铁板、做苦力，以后做过制革厂的杂工、技工。他依靠自己的勤劳和节俭，在当地立足苦度岁月。在有了一些积蓄之后，他先后开设中华料理、游艺场，成为一位殷实的企业家。

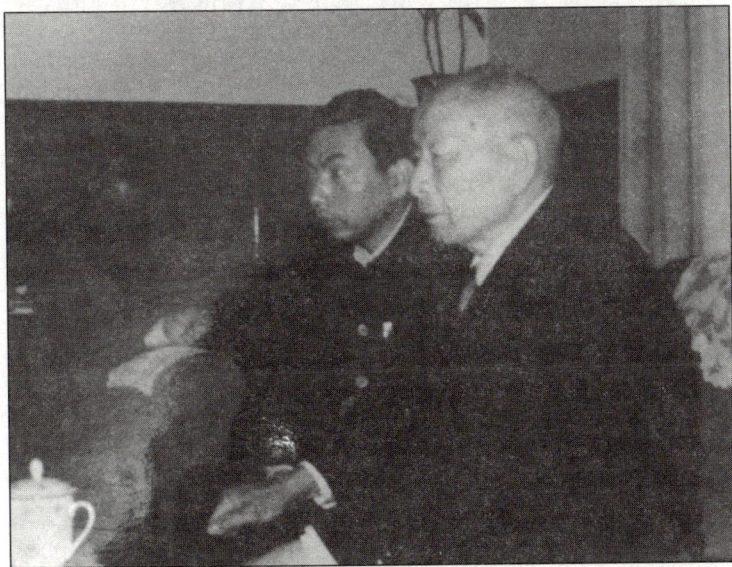

1983年4月留定华与林三渔在一起

林三渔先生一向与广大华侨团结在一起，热心致力于中日人民的友好事业和促进祖国统一的事业。他曾历任东京华侨总会的理事、常务理事。他是旅日华侨浙江同乡会的创始人之一，曾任该会副会长、会长，是一位德高望重的爱国华侨领袖。

说起来，我和林三渔熟识还有一段插曲。1961 年，他回国探亲，携带的行李中有小学生专用铅笔 10000 支，是赠送给故乡小学生的学习用品。上海海关扣留了这批铅笔，认为林先生涉嫌买卖这批德国制的高级绘图铅笔，并且意欲收购这批铅笔。事实上，因为林三渔童年家境贫寒，一直无缘上学，每每谈及没有文化的痛苦时，都会激动得泪眼汪汪。他目睹日本之所以能成为当今世界的经济大国，是同他们十分重视发展教育事业分不开的。因此，他一直想为家乡教育事业贡献自己的一份力量，这次带来的一万只铅笔，就是希望能捐给青田当地的小学，铅笔被扣留，林三渔闷闷不乐。我正好来接待林三渔先生，得知情况后向他提议，由我去向海关说明情况，很可能会取回这批铅笔。林三渔交给我海关的扣留清单，我向海关人员说明了情况，并提出两条解决途径：一是同意收购；二是请求放行。海关人员请外货收购站鉴定后，认为铅笔为学生用笔，随即全部放行。我带着这批铅笔回到林三渔先生居住的上海华侨饭店，把铅笔交还给他，他高兴地说："我几十年来一直想把这些铅笔作为礼品送给故乡的孩子们。"这样，我们就熟悉起来。

二

林三渔先生非常眷恋自己的故乡，早在 1958 年，他就托家中兄长在家办学习班，让村里的年轻人识字学文化，由他支付工资聘请老师，学习班举办了 3 年。1961 年他第一次回到故乡罗溪村探亲访友时，发现本村没有小学，适龄学童要到较远的外村上学，日晒雨淋，寒暑交加，孩子们十分辛苦，就与村干部商议，在本村开办学校，让适龄儿童就近入学。不久，由他出资，在本村建好了一所近 500 平米的小学——罗溪小学，解决本村儿童的入学问题。后来乡亲为了表达对他的敬意，特地把罗溪小学改名为爱国小学。林三渔还出资在本村建造了小型水电站，购买了拖拉机支援村里农业生产。

林三渔也非常爱国，尽管他在日本多年，却坚持不入籍，而且让自己的子女也保留中国籍，他以自己是中国人为骄傲。1961 年 9 月，他首次回国参加国庆观礼，受到周恩来总理、廖承志等领导人的接见。对此，他引为无尚的荣幸，这更加激发了他的爱国热忱。他认为要表达自己的爱国爱乡之情，就要多为国家和家乡做些实事，所以，从 20 世纪 60 年代起，他就在浙江大力兴办教育事业和其他社会公益事业，往往一掷千金而毫不吝啬。为了解决青田地区的交通问题，在 20 世纪 60 年代，林三渔就出资 237000 元，捐建山口到汤垟的公路。由于他就只会讲青田话，不太懂普通话，许多工作需要我从中翻译，所以捐建的联络工作也请我参与。林三渔也对我非常信任，他让我负责工程的监督工作。在山汤公路的修建过程中，他先把钱汇到国内的银行中，然后由我与他联系，按照工程进度分批付款。林三渔对银行、山口区政府有言在先，工程指挥部取款时需经我签字盖章方才有效，其目的是专款专用，使工程能顺利进行直至竣工。

从 1970 年起，林三渔每年都要回国，有时一年回来三四次，他的心和祖国越贴越紧。报国爱乡的热情，老而弥坚。1972 年以来，他每年都要到杭州约见省侨务办公室的领导人。他说，一不为观光游览，二不为探亲访友，只要求支持他捐资兴办一桩规模较大的公益事业。当时对华侨捐赠的政策是一概"婉拒"的，而这位执着的爱国老人一连坚持请求了 10 年，直到 1982 年才接受他捐建浙江华侨大楼的要求，他终于夙愿得偿，分外高兴。这位不轻易添制新衣的老人，这时特地新做了

1983 年，林三渔先生在青田三渔亭前留影

一套西装，为大楼落成剪彩。廖承志为"华侨大楼"亲笔题字，由当时的国务院侨办副主任彭光涵代为送到杭州，并向这位老华侨转达他们的敬意。近数十年中，他在故乡曾先后资助建造公路、桥梁、水电站、华侨饭店、公园、路亭，为一些医院捐赠仪器设备，资助遭受火灾的乡亲重建家园，他兴办的社会公益事业，除教育事业以外，也有二三十项。家乡人民特地赠送这位为故乡做出突出贡献的老华侨一幅竹丝绣帘《松鹤图》，上题"赤子恋故土千里情深，丹心报国恩一片诚意。"这副对联，凝结着故乡人民对林三渔先生的敬意，也是对他爱国爱乡行动的崇高评价。

林三渔先生最为重视的还是教育事业。除家乡的爱国小学外，他还先后资助了上海、温州、丽水、青田等市县大、中、小学达十余所。上海市人民政府为了感谢他资助兴建上海华东师大附属实验学校，特授予他荣誉奖状。原浙江省委书记王芳曾特地为他资助兴建青田中学的礼堂——"三渔礼堂"亲笔题字，以示鼓励。从 1983 年以来，为了奖掖后学，鼓励上进，他出资陆续在爱国小学、青田中学、温州大学和丽水师专设立"振兴中华奖学金"，已有数百名学习优秀、工作勤奋的学生和老师获奖，他看到这些莘莘学子的茁壮成长，感到莫大的欣慰。

在这些工程中，受林三渔的委托，我都负责工程的联络和部分监督工作。记得在修建浙江华侨大楼时，我来回跑了十多次，负责向林三渔先生汇报工程进度，然后由他按照进度分批汇钱给国内，保证了建筑工程保质保量地完成。

他对自己的亲属要求很严，给的钱非常有限，他要求他们依靠自身的力量去创业，但对许多老朋友的照顾却非常周到，不时给他们送药品和滋补品。他办事认真，一丝不苟，在杭州华侨大楼建造过程中，回来时一下火车就直奔工地察看，然后再去宾馆。大楼落成宴请宾客时，他提前一个小时亲自到餐厅检查，然后反剪双手恭立在门口，笑容可掬地迎接宾客。因他是年过 80 的老人了，有人劝他坐一坐，他严肃地说，今天我是主人，坐着迎客是不礼貌的。

三

林三渔非常崇敬中国共产党。他常说，新中国的成立，把一切历史上的屈辱洗刷得一干二净。他觉得身为一个中国人是光荣的，值得自豪的。他从新旧中国的对比中深刻地认识到，没有共产党就没有新中国。他对中国共产党领导下的中国很有信心，他说，我每回来一次，都看到祖国有很大变化，越变越好。当前日本的经济虽然很发达，但它的资源有限，发展也是有限的。我国地大物博，资源丰富，取之不尽，用之不竭。我国的前途光明，现代化建设一定成功。他多次表示还要为祖国办几件实事，没想到 1987 年 11 月 23 日，因心脏衰竭，在东京不幸逝世。

1983 年，留定华在青田
三渔亭前留影

　　我和林三渔不仅是好友，而且后来又成为了亲家。1980 年，我二女儿自费到日本大正大学留学，后与林三渔的儿子相爱结婚，我们也就结成了秦晋之好。其后，我的几个子女陆续到日本自费留学，都定居在日本。

2002 年，留定华夫妇与女儿及外孙在青田留影
（后排中为留定华）

　　1981 年，我受林三渔之邀，去日本探亲。1982 年，因探亲假到期，回到国内，在二轻局工作。1983 年我调到青田县交通局工作，任交通局财务科长。1984 年我当选为青田县侨联副主席。当时，青田侨联刚刚恢复，经费少，人手也不多，所以工作比较辛苦，有时为了做好工作，往往要自己贴钱去做。不过，我想自己有华侨的身份，子女们也是华侨，为自己人办事，即使贴钱也是值得的。1996 年我正式退休。

教好书的关键是用心与投入

——刘绶石　口述

被采访者简介：刘绶石，男，泰国归侨，祖籍海南琼州。1938年出生于泰国，1953年回国，1964年杭州大学毕业后分配到杭州市第十一中学校，此后一直从事数学教学工作，2000年退休。曾多次被评为先进工作者，1993年被

刘绶石近照

中华全国总工会授予"全国教育工作者和五一劳动奖章"，1995年被国务院授予"全国先进工作者"荣誉称号。

采访时间：2009年6月12日

采访地点：浙江省杭州市侨联办公室

采访者：黄晓坚　李章鹏　乔印伟　蒋小红

整理者：乔印伟

一

我祖籍在海南岛，是第二代移民，1938年出生于泰国。父亲是赊单到泰国去的。到泰国后，他为出资人开发荒地、种植橡胶园、割橡胶。那个时候海南岛华侨像这种情况的很多，许

多人家里穷，没有路费，有人出一笔钱将他们带到国外，到国外后他们给人家打工干上几年活偿还出资。小时候听父亲讲，他一般在夜里割橡胶，这样橡胶才会多，但是在夜里橡胶园里有很多的蛇。干了几年以后，他终于赎了身，自由了。他学了门手艺，给人家烧饭炒菜做厨师。后来他找到了一家公司，在公司里给职员做饭，断断续续地一直做到病逝。

我母亲是海南琼山县人。爸爸到泰国打工以后回海南娶了她，然后把她带到泰国。我是 1938 年 11 月出生的，在家里最大，下面有 7 个妹妹。本来我还有一个弟弟，没有多大得了肺炎，家里没钱治，结果夭折了。由于贫穷，妹妹们都没有上学，家里只能供养我一个人断断续续地读书。1951 年，爸爸因为过度操劳病逝了，家里的重担全落在母亲一个人身上，后来她给一家公司烧饭维持一家人的生计。

我 7 岁时在一所华人小学就读。当时，泰国政府排华很厉害，想把中国人泰化，不允许中国人办学。所以我上的小学很快被泰国政府封掉，没有办法继续读中文。许多华侨子女因此失去了学习中文的机会。广大的爱国华侨为了使下一代不忘记祖国的文化，了解祖国的情况，暗地里组织我们学习。老师就像打游击一样教我们，上课没有固定的地方，今天在这里，明天又换到另外一个地方，不可以让泰国政府知道。有一位老师姓李，是爱国人士，后来回国以后才知道他是共产党员。在李老师的教育下，我们知道了祖国的人民处在水深火热之中，在国民党反动派的卖国政策和日本帝国主义的侵略下，祖国山河破碎不堪。

通过跟李老师学习，我了解了中国的一些情况，知道中国共产党是什么样性质的一个党，也知道国民党是怎样的腐败。老师的爱国主义思想深深地感染着我，他希望我们能回国读书，参加祖国建设，为振兴中华做贡献。我想，作为一个中国人，祖国的建设需要我们，我一定要回到祖国去！

1953 年，李老师被泰国政府逮捕入狱，所谓的罪名是共产党人。那时候泰国政府排华得很厉害。只要在你家里搜出进步书籍，哪怕是一面红旗，都会把你当成共产党关起来。李老师被关了很长一段时间，最后被泰国政府驱逐出境。

李老师被抓进监狱后，我就没法读书了。为了减轻母亲的负担，我到一家杂货店当学徒工。杂货店老板是个进步人士。我在那里的时候，警察搜过他的家，从他家里搜出我的一本新华字典。另外警察从李老师家里搜出的一张照片，是我们送他女儿回国读书的留影。泰国警察便把我叫到警察局去问话。那个时候我才 14 岁，什么事情也不知道，一问三不知，警察不得不把我放了出来。

二

祖国人民在我们党的领导下推翻了三座大山，开始当家作主人。因为是刚刚解放，所以当时的中国还很穷、很落后。很多爱国华侨纷纷放弃了优越的生活条件，回祖国学习、参加建设。爸爸在世时，舍不得我回祖国吃苦，因为在中国没有可以依靠的人。我 15 岁那年爸爸因病去世了，母亲无法阻拦我想回到祖国的怀抱、为祖国做贡献的满腔热情。那时候我身体很瘦弱，家里的一些亲友和泰国的邻居都来劝我不要回国，他们说中国很苦，连饭都吃不上，一天三餐吃的是番薯叶，说我到中国会饿死的。

回国的路途非常坎坷，因为泰国法律认为在泰国出生的就是泰国人。我被认定为泰国人，不允许出境。我妈妈把我送到曼谷，住在华侨办的亚洲旅馆里。旅馆里有很多便衣警察，他们知道我们要去中国，就进行阻挠，找了很多借口不允许我们回来。店里的职员是中国人，就跟我母亲讲，拿一点钱给便衣就好。母亲只好借了一些钱塞给便衣。住在旅馆的时候，知道李老师将被驱逐出境，他的女儿在曼谷，还在旅馆里找我。后来我跟她一起去监狱看望李老师，知道还有一个刘老师要被驱逐出境，我请求刘老师把我报成他的弟弟。就这样，我冒名顶替回到了祖国。

我印象很深刻的是，我们坐船进中国海的时候，甲板上缓缓升起了中国国旗。当国旗冉冉升起的时候，大家都跑到五星红旗下欢呼跳跃，激动得热泪盈眶。虽然时间已流逝了几十年，但是，这个激动人心的场景仍然深深地印在我的脑海中。

三

1953年底，我们坐船到了海南海口市。下了船，受到了有关部门领导的热情接待。海口市侨联把我们安排在华侨补习学校，还给我们发放生活费。李老师也到了补习学校任教。那时候国家确实很穷，商店里只有架子，架子上什么都没有，店里空空荡荡的。肥皂是发的，拖鞋之类的都没有。吃饭吃不惯，印象最深的是午餐最好，有大米饭、青菜和一块肥肉。

抗美援朝虽然结束了，但是国家经济仍处在困难时期，侨联找我们谈话，让我们分担国家的困难，把我们安排到广州去工作。第二年8月份的时候，我们有一批归侨一起离开海口市到了广州市的石牌华侨招待所。

在招待所里呆了一段时间，我参加了考试。那时候想读书可以填两个志愿，我知道自己身体瘦弱，不能到北方，北京不敢填，而当时填广东的人太多，不让我们填，我就填了杭州和上海，后来分到了杭州第四中学。

杭州第四中学当时还叫杭州初级中学，没有单个的归侨班，我们就插班与国内同学在一起学习。国内的同学对我们很关心，老师也特别关心我们，过年过节的时候校长和班主任还会看看我们。我记得刚到杭四中的时候，老师说的是杭州话，我们听不懂，当时只有一个数学老师讲普通话，他的课还能听懂。四中的老师到晚上单独给我们归侨补课。讲得很慢，刚开始不怎么听得懂，时间长了就慢慢听懂了。我现在还不会说杭州话，但是听得懂。我在学校里比较内向，话比较少，也没怎么参加活动，学习比较认真，在班里面当过课代表。

初中毕业后我被保送到高中，1959年高中毕业以后就考到了杭州大学数学系。当时生活费主要靠国家的助学金。但光是这些钱还不够，过年过节的时候，还要写信向家里要一点。学校对我们归侨照顾得比较周到。在杭大的时候，校长还和我们一起吃过年夜饭。

四

1963年，大学毕业以后我分到杭州第十一中学教数学。十一中现在是重点中学，以前我在的时候还不是，但在普通中学里是比较好的。我没有担任过行政领导，只是纯粹地从事教学工作，同时也做班主任。教学方面我能下苦功，虚心地向周围的老教师学习，上课受到同学们的欢迎。恢复高考的头几年我们学校的成绩不错，输送到大学的人数，数一数二。我们班的情况不错，受到领导的肯定。从此，我一直担任"快班"的教学工作。

多年的教学工作我深深地体会到：要学好数学，课堂教学很重要。学生要对数学有兴趣，不能让学生一上数学课就心里难受。要讲得深入浅出，让学生能够接受，这就要求备好课。备课不光是备好教学的内容，还要备好学生的情况，怎样讲才能让学生容易接受。同样的东西，讲得深了，学生听不懂，等于不讲；如果是简单的内容，不厌其烦地讲，学生会感到厌烦啰嗦。我原来在十一中上课，现在少体校上课，两批学生基础不一样，教起来截然不同。普通中学的学生基础较好，稍微点拨一下就差不多了，如果点拨得太多，代替了学生的思维也不好。少体校的学生，基础比较差，就要从最基础的讲起，要不厌其烦。作为老师，还要树立学生的信心。作为学生，总会遇到这样那样的问题，要了解学生的情况才能帮助他树立信心。此外，还要教学生怎么学好数学。文科和理科的学习方法不一样，要告诉学生怎么去复习，怎么去预习，怎么去巩固提高。这些技能要在与学生的交流过程中完成。批作业的时候还要面批，面批的时候告诉学生这个问题为什么错了？错在哪里？应该怎么样做才对。这样可以了解学生的情况，查找出具体的原因。有时候班里大部分人出现类似的问题，就整体讲一下，个别的错误就单独讲。一个班有 40 个人，每天有七八个这样的面批，是很费劲的。我从一开始当老师的时候就这样面批。教好书关键是投入，我很喜欢教学工作。

1995 年，国务院授予刘绶石"全国先进工作者"的证书

作为班主任，要更加贴近学生，要和学生打成一片，要和学生时常沟通和接触。平时我和学生一起劳动，一起搞卫生，一起参加社会活动。我身体不好，回国的时候患有类风湿性关

节炎，因为工作繁忙，耽误了最佳的治疗期，发展为强直性脊柱炎，以后就没法治疗了。强直性脊柱炎给我的日常生活和工作带来了巨大的困难，让我很难正常开展工作，但我还是咬咬牙，坚持了下来。

有个姓李的学生，读书的时候父母在新疆，当时他住在他姑妈家。他姑妈去世以后他姑父又结了婚，住的地方有困难。我就主动跟他讲，让他住在我家。在我家里他住了两个学期。后来这个学生考上了浙江工业大学，毕业以后留校工作。

现在的学生见多识广，大多数是独生子女，和我们那时候不一样，对他们不能讲大道理，要和他们打成一片，生活方面要照顾他们，让他们感到你是真心真意爱护他们，他们认可了，才会听你的。这样做要很细心很耐心，也很费工夫。

有一年，《人民日报》刊登过我的照片，我在传达室看过那张照片，但没有很好地保存下来。《浙江日报》也刊登过我爱护学生方面的事迹。浙江省总工会有一个杂志《劳动杂志》也曾经报道过我的一些情况。这些我都没有留下来。

因为我是一个人生活，最让我感到欣慰的是，每逢过年过节，我的好多学生都上门来看望我。有一年年三十，到了中国人传统的团圆日，他们各自从家里带来一些菜来，跟我一道吃年夜饭。到现在为止，每一年过年过节都有学生来看我。有什么事情，打个电话给他们，几乎是随叫随到。我一个人身体不好，有些事情比如说搬东西之类的，基本上都是靠学生。最近有一次，我关节炎发作了，疼得不得了，走路不方便，连楼都下不了，我打电话给我一个在医院工作的学生，他说他那边骨科很好，但是我怎么去呢？结果另外一个学生开车把我送过去，挂号之类的都是他跑前跑后的。我的好多困难都是学生帮忙解决的。

五

我在四中读书的时候，申请加入共青团，那时候我在班里不大讲话，共青团没有发展我。工作以后我出于要求上进的思想，写了入党申请书，不过第一次和第二次都没有批，第三次的时候，有位老师跟我讲，他说老刘你算了，我问他为什么，他说我有海外关系。当时我一听到这句话，心里就凉了半截。后来我向与我一起从泰国回来的老师讲起这件事，他安慰我，其中有句话我记得很清楚，他说："不是所有有海外关系的人都不好，很爱国的也不少。"

"文化大革命"期间，出国的人很多。这与那时候的侨务政策有关系。还有一部分人因为生活艰苦，不适应，就去了国外。我1981年去泰国的时候，家里人动员我不要回中国了。我的妹夫把我叫到一位从中国又回到泰国的归侨那里，让他做我的思想工作。我同学说：现在国家对华侨的政策好多了，但国家的

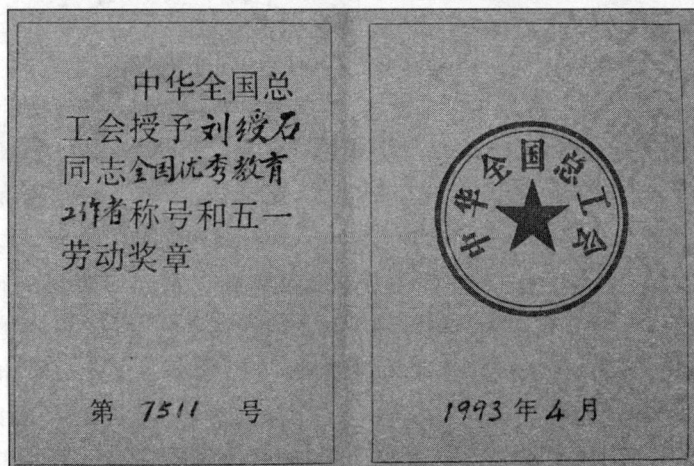

1993年，中华全国总工会授予刘绶石"全国优秀
教育工作者和五一劳动奖章"的证书

政策多变，现在好了，以后会不会变化呢？我有在泰国出生的证明，不回中国在泰国也很方便，但是我还是选择了回国。

1981年，我正式加入了中国共产党。这是我探亲回来以后的事。本来探亲以前组织上已经打算发展我了，书记找我谈过话。正巧我准备出国探亲，下面就议论纷纷，说我要走了不会回来了，还说我没有结婚，没有牵挂，一走了之，这样走肯定不会回来了。当时书记也有这个顾虑，他直接找我谈话，我就说：书记请你放心，我一定会回来的！

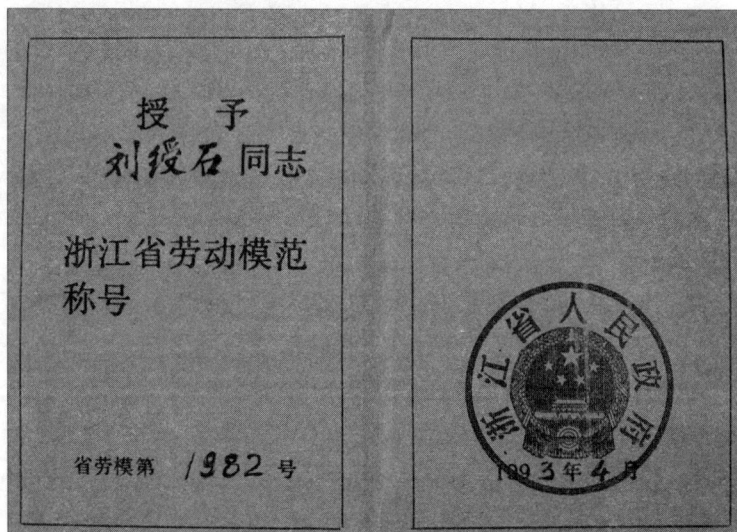

1993年，浙江省人民政府授予刘绶石"浙江省劳动模范"的证书

1982年，我被评为浙江省劳动模范，到90年代，获得的奖项就多了，1993年，我被中华全国总工会授予"全国教育工作者和五一劳动奖章"，1995年我被评上"全国先进工作者"。祖国给了我这么多的荣誉，我感到很内疚。能有今天，离不开老师和同学们的帮助，也是党教育的结果。最初，我的理想是想当园艺师和医生，体检的时候因为我眼睛色弱，不能当医生，园艺师也不行。报考志愿的时候，我语言表达能力差，不适合当老师，就报了综合性大学——杭州大学。后来杭州市缺乏大批教师，杭大就专门培养师资。我进杭大的时候，学校对我们进行专业思想教育，学了很长时间，先是听报告，然后谈感想，后来我们慢慢端正了专业思想。

工作以后，我想我虽然不是当老师的料，但已经当上了，就应下决心好好地干，后面就是怎么去热爱它的问题。要说喜欢，也是慢慢培养的。我很感激十一中的领导和老师，他们对我很关心。环境能够催人上进，我是在这个比较融洽氛围中逐渐锻炼出来的。开始当老师的时候，前两个星期有老教师去听课。记得我上第一节课的时候，有很多老教师去听课。我讲得心里怦怦直跳，耳朵能够听得清清楚楚。我上气不接下气地讲完，其他老师还鼓励我讲得不错。像我这样表达能力差，就得多表达多锻炼。我就这样一点一点地锻炼，不断地在实践中提高，最后慢慢地锻炼出来了。

1995 年，市教育局推荐我当"全国先进工作者"，我印象挺深的。那时候有个林书记，在评选以前特地到十一中找我谈话，告诉我被推荐的情况。当时杭州市推荐了两位，一位是我，还一位是杭师院的讲师。我就跟他说，我没有特别的贡献，作为一位教师，教书育人是分内的工作，我的工作很平凡，没有突出的东西。我说杭师院这位老师好一点，贡献可能大一点，还是推荐他吧。林书记说，普通中学老师有普通中学老师的贡献，大家贡献不一样。后来就把我推荐上了。我知道以后，很激动。想想我能有今天的成绩，全靠党和祖国的培养，是在领导同事的帮助下才有今天的。教书育人是我分内的工作，也没有什么特别的。评上以后我自己暗暗下决心，一定要在原先的基础上，用心、投入，把工作做得更好。

能有今天的美好生活，我很知足了

——陆敬中　口述

被采访者简介：陆敬中，男，越南归侨，祖籍广州番禺，1933 年 5 月出生于越南堤岸。1953 年回国，1965 年自浙江大学化工系塑料成型专业毕业后分配到浙江省二轻工业总公司所属皮革塑料公司工作。改革开放后，历任省二轻工业总公司处长、省侨联秘书长，1995 年退休。

采访时间：2009 年 6 月 4 日

采访地点：浙江省杭州市被采访者住所

天天有花鸟与我作伴

采访者：黄晓坚　李章鹏　乔印伟　丁伟
整理者：黄晓坚

一

1933 年 5 月，我出生于越南堤岸花园仔福兴街 24 号，是土生土长的第三代华侨。家里数我最小，上面有 5 个姐姐。据说，我们家的祖籍在广州石牌（原番禺县），爷爷当年是坐"大眼鸡船"扬帆漂流到越南去的。爸爸是位私塾教师，因劳累过度得了肺病，在我5岁的时候就去世了。此后，妈妈一人独自挑起了家庭的重担。为了生计，她不得不去越南的避暑胜地大勒，给一家有钱的法国人打工。

我从小就在堤岸读书。初中毕业后，我去中法学堂读法文，后来又转到远东中学。在那里，我认识了华侨进步组织——"西堤华侨解放联合会"的同志。他们教我刻钢板、做宣传。新中国成立时，他们把五星红旗高高竖在堤岸闹市——新街市的电线杆上，引起了轰动。法国殖民当局闻讯大惊，一个小时不到就开来警车，把竖旗的人全部抓走。他们被足足关押了一年多的时间才重见天日，其中就有教我刻钢板的陈克玮。

陈克玮放出来后，身体已经被打坏了。恰巧我三姐、四姐都是护士，便经常到他家去给他打针。这样一来，我们家也开始受到监视。我是陆家的"独苗"，母亲怕我被抓，还要花钱赎我；为了我的安全计，姐姐她们便凑钱出路费，让我赶紧回国。

当时，越南执政当局是吴庭艳政府，跟台湾的"国民政府"有着外交关系，回国办手续必须经过台湾设在西堤的领事馆。在领事馆那里，官员认真地审问我回国的动机。我只说是回去看看亲戚，再塞点钱给他，就过关了。

我是经香港从深圳回到国内的。至今印象最深的，就是跨过罗湖桥的那一刻。记得那是1953年5月3日傍晚四五点钟的时候，我拖着两个破皮箱投入到祖国的怀抱，耳边一遍又一遍地回响着《歌唱祖国》和《二郎山》的高亢旋律。这激动人心的时刻，我一辈子都不会忘记！

二

到了广州后，我先在一个归侨的祖屋落脚。北京是京城，当时很多华侨学生纷纷北上求学求职。我也打定主意，经上海来到北京，找到了中侨委。那时大概已是8月份了。

到北京一看，才知道已来了很多华侨子弟。住宿成了问题，我只好和他们一起睡地铺。不久，北京长辛店车辆制造厂来中侨委招工，凡是初中毕业的都符合报名的条件。我正要报名当工人，刚好碰上中侨委干部杜建红来看望我。他劝我不要去当工人，说我还年轻，应该去学习。我听从了他的建议，便一心一意准备考高中。

毕竟具有初中毕业的底子，我顺利地被录取了。至于就读的学校，则全国分配，但东北不能去，北京没有名额。这时，杜建红又建议我填写志愿时，写上"因成绩不够，要求降级录取"。分配我到上海，我不想去，因为我此前路过上海时，曾被三轮车夫兜圈子蒙骗过，对那里印象不好；广州是祖籍，没有新鲜感，也不想回头去那里。最终，我挑选了杭州。

杭州当时没有什么归侨，只有一些厦门华侨补习

青春帅气的陆敬中
（1953年回国前在越南堤岸拍摄）

学校的学生分配过来。杭高、杭四中（初中）随便让我们挑，我们像贵宾一样受到了热情的接待。我选择了杭一中。读了一年书，赶上我母亲跟外甥女回国，我就回到广州去接她们。过了一年，面临考高中了，我便就近在广州华侨补习学校报考，又考回了杭州，进杭一中就读。我在杭一中一直读到1957年。

从越南回国的华侨学生，一般都比较勤奋用功，我们同班

的越南同学就有考上北外东语系和人大国际新闻系的。那位考上人大的同学一年后转到国内新闻系，分配在光明日报工作。很不幸，"文化大革命"时期他受到冲击，后来移居香港，已过世了。

1957年，我考上了青岛的山东大学水产系。青岛地处北方海滨，冬天气候很寒冷。但我们这些来自南方热带地区的侨生，对严寒气候可能对身体的伤害没有足够的认识，冰天雪地的，我们还用冷水洗澡。很快，我就得上了关节炎。同年年底，我回到杭州，与部分未考上大学的归侨侨生到萧山农村插队落户，后来又改到炼焦厂工作。1960年，我被保送到浙江大学学习深造，并于5年后从化工系塑料成型专业顺利毕业。

毕业分配，我很荣幸地被分配到杭州工作。当时浙江省二轻工业总公司筹备成立塑料研究所，需要对口专业的毕业生。但后来，又改让我去皮革塑料公司了。我们两个班、五十多人，就只有我和另一位留在了杭州及嘉兴，其他同学都下放到全国各地去了。

三

改革开放后，海外关系成了好东西，归侨知识分子纷纷受到重用。

我由一名普通的国家干部，很快就被提拔为省二轻工业总公司的处级领导干部。单位还推选我担任第五届、六届和八届的省人大代表。之所以空缺第七届，是因为我曾经被派往省政府驻深圳办事处，当了三年的信息处处长。

1986年，我光荣地加入了中国共产党。同年，浙江省侨联换届，选我当省侨联的秘书长。调动时，单位不放我走，说："我们好端端的一个业务处长，怎么能随随便便地说调走就调走？秘书长兼职去做好了！"于是，我便在省侨联挂了5年的名。

1990 年，省侨联又要换届，特地派人到深圳跟我商量调动事宜，我就和我爱人一起回杭州来了。在省侨联秘书长任上，我正好干了整整 5 年的虚职、5 年的实职，直到 1995 年退休。

侨联的工作条件是够艰苦的。那时，省侨联一年的经费也就只有区区 7 万元，其中还包括人头工资费用。资金很缺乏，难以放手开展工作，侨属企业华日电冰箱厂便资助了 1 万多元钱。没想到，这 1 万多元钱却成了上头明令禁止的"小金库"，被冻结了。据说现在省侨联经费有几百万，跟过去比已经相当不错了。

尽管条件不好，我在侨联的岗位上，还是跟同志们一起尽力而为，为归侨侨眷做实事，调动归侨侨眷和海外侨胞为国奉献的积极性。例如，我省的老归侨包括上世纪 50 年代回国的，经我们的努力，都拿到了 100% 的退休金。我当了三届浙江省人大代表，其中第五届是绍兴选区的，第六届是宁波的，第八届是象山的。作为省人大代表，我每年都要到全省各地跑一趟，体察侨情民意。1993 年、1994 年，我还曾经利用原先工作单位人员熟悉的便利条件，帮助华日电冰箱厂评上了国家二级企业。

四

我现在的这个家庭，很幸福美满，但来之不易。

我的前妻是杭州钢铁厂的质检员，命运很坎坷。其父亲据说是国民党军统头子戴笠秘书之一，解放后就不知去向，母亲也回老家不知所终，她成了无父无母的孤儿。我是"黑九类"，也许是同病相怜吧，就与她结合了。1979 年，她不幸罹患恶性的肺癌，虽经单位全力支持，送她到上海著名的华山医院就医、找专家会诊，她还是于半年后故去了，给我留下两个女儿。我现在的爱人姓邹，是同单位管业务的同事，她不幸也失去了丈夫，带着两个儿子和一个闺女过日子。有一年，单位要分房子，领导就为我们拉线，我们就生活在一起了。令人欣慰的是，我们的子女间都相处得很融洽，他们都有自己的事业。孙辈也很争气，有到荷兰留学的。

陆敬中、邹汉中伉俪近影

再说我在越南的家人，大姐、二姐很早就因病过世，五姐被发配去开发区后也失踪了。剩下的三姐和四姐，上世纪 70 年代末跟随难民潮随子女到了香港，后又定居加拿大。1987 年，她们还曾专程到深圳来看我！现在，健在的就只有加拿大的四姐一人了，她常常给我打来电话。香港那边，还有七八个外甥。

从深圳回到杭州后，我就很少与海外交往了，只去过一趟港澳泰；加上我这些年双腿有疾，也走不动了。不过，平常我还是经常骑车外出活动活动。现在我能住上这么好的房子，天天有鸟语花香做伴，我已经很满足了。

国家对我们这样好，我们已经无所求了。

生于乱世，长于治世，老于盛世

——丘永宁 口述

被采访者简介：丘永宁，男，泰国归侨，祖籍广东揭西。1940年5月出生于泰国万磅。1947年随父亲归国。1958年从南京八中高中毕业，考入杭州大学物理系。1962年9月大学毕业后，分配到浙江杭州第二中学，教授高中

丘永宁近照

物理，1983年被评为中学高级教师，2002年退休。曾任浙江省政协委员、杭州市政协第六届委员、第七届委员，杭州市政协第七届常委。中国致公党杭州市副主委，杭州市归国华侨联合会副主席等职。著有《游踪归思》一书。

采访时间： 2009年6月2日

采访地点： 浙江省杭州市被采访者住所

采访者： 张秀明　陈永升　陈小云　苏挺

整理者： 陈永升

一

我祖籍广东揭西，是第二代华侨。我的父亲丘达民1901年

出生，因为当时国家在处于内忧外患之际，再加之家乡揭西地窄民贫，所以很多都出洋讨生活。1933年，父亲和本村的丘惠民一起过番，到暹罗谋生。第二年，在泰国跟邹道明合伙开药店。两年后被原籍揭西九斗埔的汪潮顺（我的外祖父）请去在泰国万磅开药店。1939年跟汪潮顺的女儿汪稣珍（我的生母）结婚。1940年5月1日，我出生在泰国万磅。期间，国内抗日浪潮日渐高涨，海外华侨也受到感染。南洋侨领陈嘉庚曾向中共建议，派得力文人到他主办的《南洋商报》工作，以加强在华侨间的抗日宣传教育工作，胡愈之、郁达夫等一批文化战士受命前往新加坡。已届不惑之年的父亲，积极参与泰国华侨的抗日救亡运动，参加救国组织，搞宣传办义卖。记得小时候，父亲常给我们讲何香凝在新加坡为抗日卖字画筹款的故事，背诵画中号召华侨青年回国抗日的题诗，可惜当时年幼无知，没有想到用笔记下来，等到我年老回忆旧事时，父亲早已驾鹤西去，留下了无法弥补的遗憾。

1岁 泰国曼谷　　3岁 缅甸景栋　　安庆弟 1944年于云南昆明 4岁

小学毕业 1952　　初中毕业 1955　　高中毕业 1958　　大学毕业 1962

童年及青年时期的丘永宁

1941年12月，日本偷袭珍珠港，4小时后日军空袭新加坡，太平洋战争全面爆发。半年后，日本军相继占领了马来西亚、泰国、菲律宾、新加坡等地。泰国当局不久投降日本，同时大举排华，尤其是大举迫害参与抗日救国的华侨。胡愈之、郁达夫等抗日文人志士，为了保存抗日力量，暂时撤往偏僻的印尼苏门答腊乡村。泰国的难侨们也四处逃散，父亲携全家与旅泰的难侨同乡们，向泰国北部疏散避难，雇马帮驮着家人和物品，辗转在泰国北部山区和缅甸山区一带，这时襁褓中的我随家人在泰缅山区村镇中颠沛流离。在缅北的景栋、勐拉、在云南的打洛、勐海（旧称佛海），都有从南方来的难侨们的生活足迹。父亲告诉我，我在两三岁时，由一位苗族阿姨带着。

1943年，抗日战争到了相持阶段，日军主要盘踞在城市和交通线上，对偏远山区和广大农村无力顾及。泰国万磅回不去，于是父亲跟同行的难侨老乡们商议，也许粤东老家揭西山区是较安全的安身立命之地。战时信息阻断，无法得到几千公里之外的家乡的确切消息，回乡的举动就这样仓促决定下来。于是，父亲携家带口与几位同乡难侨，在"苟全性命于乱世"（诸葛亮语）中长途跋涉，历尽千辛万苦，越过千山万水，经昆明、贵州、广西等地，好不容易回到故乡揭西谢洞。

世事难料，命运多舛。呈现在我们面前的谢洞是一片干涸的田野，哀鸿悲鸣，我们遇到了广东历史上著名的"1943年大饥荒"，真是才避战祸，又逢天灾，祸不单行。真如后来父亲在一首诗中所写，"十年心血尽丢掉，回来原乡更困难。"这一年久旱无雨，蝗虫横飞，颗粒无收，饿殍毙途。村民先是将耕牛、母猪杀了吃掉，再将家藏的粮种吃光，后来连山上能吃的树皮草根都找不到了。于是村民被迫出逃他乡，沿途乞讨求生，在粤、闽、赣相连的客家人聚居区里找活路，我们就这样辗转到邻近的江西泰和县住下，做些小生意日。结伴迁徙的难侨们，风雨同舟，相互照应，再也无力奔波了，再也没有钱上路了。

几千公里的跋涉，成千上万人在痛苦中挣扎和死去，不知战乱苦难的日子何时是尽头。这期间，我的生母汪稣珍不幸病逝，我和弟弟安庆由继母汪金凤带养。

1945年8月15日，日本投降，举国欢腾，苦日子终于熬到了尽头。难侨们纷纷打听遣返原居住国的办法和途径。道听途说中知道有些国际难民救助组织在活动，也许找到他们可得到帮助。江西泰和地属僻壤，信息不灵。难侨几经商量酝酿，决定到南京国民政府首都去找"华侨救济总署"帮忙，也许还会有一线希望。于是乘小火轮沿着赣江北上，经九江再换乘江轮到南京，到了南京首先找到"广东会馆"，暂时安顿下来。这时已到了1947年冬天，南京大屠杀的遗痕仍随处可见，战争的疮痍尚未完全消除，南京除国民政府各机关驻地热闹些外，市内仍有大量的荒芜之地。抗日战火刚刚熄灭，国共内战烽火又起。父亲和难侨朋友们几度到国民政府"华侨救济总署"寻求返回泰国的帮助，终因无法得到船票而被搁浅。父亲也几度写信到泰国外公处求助，始终得不到回音。于是，不得不在南京三牌楼的无主荒地上搭屋住下，一面做小生意度日，一面等待泰国的来信汇款。

到了1948年初，国民政府已风雨飘摇，南京城内到处人心惶惶，风声鹤唳，政府机关几近瘫痪。父亲终日为一家四口的生计操劳，开中药铺一无资金二无场地三无执照，最后在三牌楼菜市场租了个摊位，勉强度日。每天下午，父亲都要到北郊的迈皋桥，或东郊的孝陵卫去挑菜，继母汪金凤照料着摊位，我和弟弟在家剥蚕豆瓣。我和弟弟还处在"少年不知愁滋味"的年龄，铁路南街的小玩伴们，给我们带来难忘的童趣和欢乐。

1949年4月23日，南京解放，宣告国民党政权在大陆的终结。新中国成立后，中国和泰国断绝了外交关系，从此我们断了和外公舅舅们的音讯来往。幸福是由苦难铺垫出来的，1950年6月爆发了抗美援朝战争，三哥从广东赴朝鲜参战，我们家成了军属归侨，生活得到一定的照顾，父亲先是被安排到小北门军需仓库做工，后来到了南京无线电元件十一厂工作。全家维持着低水平的安定温饱生活。

二

1952 年 7 月，我小学结业，考入南京八中读初中。受惠于政府的资助，1952 年至 1955 年我都申请到了助学金，解决了自己的温饱问题，可以专心地读书。南京八中是解放后南京人民政府新组建的一所完全中学，荟集了大批优秀师资。由于南京是国民政府的首都，各路人才众多，高校也多，我们老师中大多毕业于原中央大学、金陵大学、金陵女子大学、东方语言高等专科学校等名校，还有几位从美国回来的留学生，这些留学生教师后来陆续被调往大学和科研单位。

1955 年，我考入了新建的南京十三中。南京十三中是南京市政府新建的示范性中学，校园建筑优美，硬件设施先进，师资都是从南京各校抽调的骨干教师，生源也是从全省招来的优秀生。很遗憾，我只在十三中读了一年，由于学校离家太远，来回奔波太过辛苦，我高二后又回到母校南京八中继续读书。

1958 年，我从南京八中高中毕业，考入杭州大学物理系。高中毕业后为什么会选择物理专业？这跟我喜欢物理有关，也跟当时的政治气候有关。反右派斗争中，学校中被划为"右派"的老师大部分是文史类科目老师，社会上当"右派"的名人也大多是搞文史类的，所以我们在选择道路时都尽量避开文史类，觉得读理工类稳当些。高中物理老师范纯学是我学物理的引路人。他毕业于中央大学电机系，20 世纪 60 年代调往北京当科学家。他学识渊博，讲课精彩，持一口标准的普通话，他还是我们学校教工篮球队的主力队员。1956 年国内提出"向科学进军"的口号后，他在几次全校性的科学讲演中都获得满堂彩。当时震惊世界的苏联原子弹氢弹以及卫星上天，都是物理学研究的最新成果，我的数理化成绩很好，都是 5 分（当时实行 5 级分制），由于上述诸多原因，我选择了物理系。

1958 年，我进入杭州大学学习的时候，正值"大跃进、大炼钢铁、大办人民公社"如火如荼的时候，杭州大学也就是在这种背景下产生的。1952 年，全国高等院校按苏联的模式进行了院系调整，浙江大学的竺可桢、苏步青、王淦昌、谈家桢、贝时璋等大师级教授纷纷奉调到北京、上海、南京等地，文理学院和之江大学合并成立浙江师范学院，浙江大学变成了理工科大学，号称文化之邦的浙江竟没有一所综合性大学。1958 年，大跃进的浪潮席卷全国，浙江省准备成立建国后第一所综合性大学。中共浙江省委书记处书记陈伟达亲任校长，陈烙痕任校党委书记。教师则从复旦大学、华东师范大学、东北科学院、浙江大学和浙江师范学院等处调来。学生则是参加全国高校统一考试考来的，当然主要是来自华东六省的学生。我有幸成为杭州大学首批物理系学生。

刚开学，每天不是劳动、列队训练，就是政治学习，两个月后系里才开始安排上课，相继开课的有普通物理、高等数学、外语、机械制图和中级物理实验等课程，这时，也常有各种政治活动插进来，教学秩序服从于政治运动已是家常便饭。

1959 年新年开始以后，全年级分别到杭州机床厂、杭州仪表厂边劳动边上课。我被分配到浙江美术学院旁的杭州仪表厂劳动，住在荷花池头的浙大工农速成中学校舍内，上课也借用他们的教室。直到放寒假。下学期开学以后，又一场"插红旗拔白旗"，批判资产阶级学术权威的政治运动开始了，据说这时北大在批判牛顿的反动思想。不破不立，向老教授们的旧思想，旧观念开火，有的系开始让学生参与编写新教材，要创造无产阶级的教育体系，好不热闹。

期间，我比较难忘的是 1959 年夏天举办的浙江省高校侨生夏令营。那是 1959 年的暑假，浙江省人民政府侨务部门组织了全省高校归侨学生夏令营。营地设在老和山下的浙江大学（玉泉校区），为期一周。前半段是听首长讲反右斗争及大跃进以来的大好形势，在杭州参观梅家坞茶园、都锦生丝织厂并游览西湖名胜。

夏令营后半段是到新安江水电站参观学习。到底这次有多少侨生参加了夏令营，当时没有在意，反正是包乘了一列火车从杭州城站经金华驶往新安江的，总共有好几百人。我们晚上乘坐火车到达，住进了新安江电站招待所。第二天上午参观了正在建设中的新安江电厂大坝和发电厂房，站在逾百米高的宏伟坝顶，看着敬爱的周总理"为我国第一座自己设计建造的水电站而欢呼"的题词，侨生们都感到欢欣鼓舞，感觉祖国时刻都在关心着我们侨生，更激发了大家日后建设祖国、报效祖国的热情。

在杭州大学的四年中，前两年政治运动较多，教学被挤到次要地位，后两年矫枉过正，大抓教学，严格要求，造成了一部分保送生跟不上学习进度，提早就业，有些同学留了级，有些同学退了学。后两年我们不但学完了规定的全部课程，还增加了一些有专业倾向的课程和心理学方面的课程。

1962 年，我从杭州大学物理系毕业，正逢不少工厂、学校和科研单位调整压缩下马，毕业生的分配工作比 1961 年困难多了，以至分配方案迟迟难以落实。当时大学毕业生分配有条原则：国家全部包下来，绝不能像资本主义国家那样，毕业即失业。面对困境，学校不得不落实一个分配一个，我是到 9 月底才被分配到浙江省教育厅直属实验中学——杭州二中教授物理。从 1962 年 9 月 27 日拿着大学毕业生分配介绍信到杭州二中报到，开始了自己的教师生涯，到 2002 年 8 月退休，我在教师这个岗位上度过了整整 40 个春秋。

懵懂少年时，曾做过当科学家的梦，但在"党叫干啥就干啥，哪里艰苦哪里安家"语境下，命运之舟让我在桃李园中欣然耕耘 40 载，终生从教，无怨无悔。

杭州二中是百年名校，不但学生中人才辈出，年青教师也能找到成长的沃土，这里荟集不少杭州市中学教育界各学科的带头人，在老教师传帮带下年青教师成长得较快。积 40 年之教学经验，我认为做一个合格的教师最基本的是两条：爱学生与重课堂。

首先是热爱学生，他们是我们教师为社会服务的对象。当我站在三尺讲台时，面对一双双渴求知识的眼睛，这是我一天中最投入忘情的快乐时光。他们都是一批小我 6 到 7 岁的学弟学妹们，热情奔放，朝气蓬勃。我与他们一接触就有了亲近感，教研室、课堂、宿舍三点一线，我几乎都在学生堆里转，解惑答疑，讲科学故事，寒假班主任返乡探亲，我便带他们去与解放军联欢，这样我们师生间结下了浓浓的情谊，在他们毕业后 40 多年里历久愈浓，我的第一届学生都已年届退休，但每年都会有像老朋友一样的聚会。以后的各届学生们，也有不少成了常来常往的朋友。

重课堂，教师的能耐都是在课堂上展现的，给学生一杯水，自己就要准备一桶水。教师要养成终生学习的习惯，不断用新的知识充实自己，这样才能达到"问渠那得清如许，为有源头活水来"的境界。物理学是思辨性和实验性较强的学科。上好每节课的关键是三备："备教材、备实验、备学生"。备学生就是讲课从学生的可接受性和关注点出发，才能做到重点突出、提纲挈领、激活思维。使学生感到趣味盎然，收到良好的教学效果。课堂教学受到学生们的认可和欢迎，教学效果得到校长和教务处的肯定，是对教师的最大安慰。

"海外关系"是归侨的一个生命基因，我们曾因孙中山的"华侨为革命之母"的题词而沾了一点光。曾几何时，在"文化大革命"中，海外关系成了归侨的精神羁绊，成了挥之不去的思想阴影。1967 年军宣队、工宣队进驻学校，停课闹革命。姚文元的《工人阶级必须领导一切》的文章，把所有的知识分子说得一无是处。我感到有些迷惘。

丘永宁全家福（摄于 1980 年）

为了贯彻"五·七"指示，学校要办学工基地，抽调我、化学老师张振涛、工友严顺喜师傅、总务处的冯文老师，利用 1958 年"大跃进"年代的解放路 42 号老厂房，生产日光灯镇流器，后来又增加生产自行车打气筒，产品被列入国家计划，由五金交电公司包供包销。我担任产品设计设备安装调试和《工业基础课》老师。那时原有的教材全部被废除，政治、语文、历史改为《毛泽东思想课》，物理改为《工业基础课》，化学、生物改为《农业基础课》，还要到部队"学军"，到工厂"学工"，到农村"学农"。《工业基础课》的主要内容是"三机一泵"：拖拉机、收割机、电动机和水泵。

1973年，丘永宁父亲丘达民与儿媳、孙子合影

在校办工厂的10年，我做工教学双肩挑，没有寒暑假，孜孜不倦，心中反而感到踏实，在干中学，在学中干。我设计的40瓦镇流器在全国测评中，居然获得第一名，令一些专业工厂大跌眼镜，产品被评为商业部部优产品，"红旗牌"镇流器成为浙江省著名品牌。我也多次被评为教育系统先进工作者。工厂贯彻"勤工俭学，育人聚财"的方针，在接纳学生劳动的同时，还为国家创造了数百万元的财政收入，上缴市教育局和学校，改善了办学条件，工厂先后多次获得杭州市、浙江省以至教育部的勤工俭学先进单位称号。

我们的校办工厂还为教育系统内及学校的人事安排解决了就业困难，先后安排了教育系统内 20 人和学校数位农村户口家属的就业，全厂人数最多时达 60 多人。由于产品质量过硬，销路一直比较稳定，即使在 20 世纪末企业改制市场经济大潮冲击下，工厂还能在夹缝中生存发展，没有一位工人下岗失业，显示了小厂的活力。

三

莫悲往事愤沟沉，但看祖国换新颜。1976 年粉碎了"四人帮"，"文化大革命"十年动乱终结，举国上下一片欢腾。大家都振奋精神，准备大干一番，要把"文化大革命"十年的损失夺回来。

十一届三中全会后，"文化大革命"中饱受摧残的教育战线终于迎来了新的春天。1978 年恢复高考后，我从校办工厂调回到物理组，加强教学第一线。以后几年中，学生的求知欲和教师的工作热情都空前高涨，那时的教学参考书不像今天这样丰富多彩，能找到一本都如获至宝。1983 年我任班主任的高三(4)班毕业 45 人，升入各级大学 39 人（在杭州市名列前茅）；在全市物理学科竞赛中，获奖人数占全部获奖数的 1/3。那时教师还没有奖金和课时补贴，但看到自己这样的劳动成果还是很欣慰的。1983 年我被评为中学高级教师。

由于教学工作的繁重，也由于一人支撑家庭重担，1985 年我病倒了。病愈后，1985 年至 1989 年间由于校办工厂在激烈的市场竞争中技术工作需要，我被调到校办工厂任技术副厂长，同时被聘为市教育局校办工厂职称评委和标准化管理委员。

1990 年后又奉调回校任教，2001 年在杭州六和塔对岸的现代化的新校区建成，我随校迁往钱塘江南岸工作了一年，2002 年 8 月我正式退休。从此告别教坛，开始了安怡的晚年岁月。

回眸 40 年的教学生涯，感慨万千。平凡而琐碎的育人工作，苦中有甜，先苦后甜。跟莘莘学子们在一起，能品尝到教学相长的乐趣，还能受到同学们青春气息的感染。这一辈子当老师，值！在平常的日子里，我们会不时听到、看到或从媒体上知道，我们所教过的各年龄段的学生的名字。从平民到官员，从学界、科技界到商界，从地方到中央，不经意间会跳出我们曾熟悉的名字，会激起一波欣慰的心潮，会有一种农夫庆丰收的感觉。这，就是我们当老师的享用不尽的精神"财富"了。

随着改革开放的不断深入发展，党的各项政策的逐步落实，"知识分子是工人阶级的一部分"，"海外关系是好东西"（邓小平语），广大归侨焕发出前所未有的政治热情和充沛的工作干劲。1984 年，我在侨友们的助推下，参加了以归侨、侨眷的中上层人士为主的中国致公党。在中国共产党领导的多党合作制度下，积极参政议政、建言献策。在不经意间，担任了一些社会职务。1992 年，我被选为第六届杭州市政协委员；1995 年，被选为第五届杭州市归国华侨联合会副主席；1996 年，当选为中国致公党杭州市委员会副主委；1997 年，当选为第七届杭州市政协委员，同时被选为杭州市政协常委；1998 年，当选为浙江省第八届政协委员。曾两度被杭州市政协评为"双好委员"（本职工作好，委员工作好）。

对于人生来说，这些都是历史的偶然，是无实权的社会兼职，它却给我开启了一扇建设祖国、了解社会、体察民情的窗户，开辟了一条交友识人的途径，增加了向各路社会精英学习的机会。通过参政议政，反映社情民意，多了一条言路，多了一种历练，也多了一份责任。

在 1992 年杭州市第六届政协年会上，针对市长《政府工作报告》中"科技兴市"方针的提法，我撰写了《建议把"科技兴市"方针改为"科教兴市"方针》的提案，被市委市政府采纳。后来，该提案被杭州市政协评为优秀提案。在我兼任致公党杭州市委参政议政委员会主任期间，领衔调研和撰写的调研报告主要有：《发展农村经济和农村初级保健工作中要重视的几个问题》、《关于我市高校教师流失的分析和思考》、《关于华侨、华资在杭投资情况调查及我们的建议》、《关于发展杭州有线电视的报告》等，并代表致公党杭州市委会在各次杭州市政协年会上作大会发言。为了做到本职工作和社会工作两不误，我除了集中精力提高效率外，就得挤占不少业余时间了。但我乐此不疲，觉得在忙忙碌碌中，日子倒也过得很充实。

1999 年，丘永宁被评为杭州市政协
"双好委员"时留影

2002 年退休后，我婉谢了校长和多家学校的聘请。想给自己留点时间，以欣然之心，做喜爱之事。在"读万卷书，行万里路"方面补些课。读主要是文史方面的书籍，因为其中有中华文化传统的精神要我们咀嚼体味，以弥补我这方面的不足。望向历史深处，体悟自己的人生历程，有时很多苦涩，却能酿出一坛好酒。我们这一生有太多的特殊时刻，化成永久的定格。怀旧经常是一种老年美好生活的选项，人生经过时间的打磨，岁月河流的冲刷，往事反而会闪现出新的光彩。我出生于第二次世界大战烽火忧患的南洋乱世，成长和求索于新中国成立后有起有落的治世，老于中华走向伟大复兴的盛世。一条从乱世到治世走向盛世的人生轨迹贯穿我的一生。我的一生是与祖国同衰荣共命运的一生，也是回味无穷多姿多彩的一生。

2009 年 5 月 10 日，在广州二姐丘文玉八十华诞
聚会时兄弟姐妹合影（左五为丘永宁）

岁月如歌，流淌着欣慰。我很庆幸生活在邓小平开创的好时代，他对知识分子的尊重和他力主改革开放，带领国家走向富强，使我们从精神和物质上都获得了新生。退休后，有点钱，也有了空闲时间。先后走访了两岸四地，周游东南亚和欧美等十余个国家，开阔了眼界，也深为祖国 30 年来取得了彪炳史册的伟大成就而自豪。当我们到海外访亲问友时，他们反而羡慕

我们这些古稀老归侨们的晚年生活：享受着公费医疗、有一套自己的住房、有一份衣食无忧的退休金。

当我们徜徉在风光旖旎的杭州西湖山水，与中外宾客一道欣赏这人间仙境时，"钱塘自古繁，烟柳画桥，风帘翠幕"（柳永语）早已融入了浓浓的现代气息，一种品质生活的幸福感、满足感涌上心头，我们早已把他乡杭州当成自己的故乡了，在这里，安享自己幸福的晚年生活，祝福我们的祖国更加繁荣昌盛！

只争朝夕，奋斗不止

——王启东　口述

被采访者简介：王启东，男，1921 年 9 月出生于南京，祖籍浙江黄岩。中国民主同盟会会员。1933～1939 年在上海中学求学。1939 年～1941 年就读于上海国立交通大学，1941 年底转入贵州遵义国立浙江大学，1943 年获浙江大学机械工程学士学位，

王启东与夫人张苏澄
（摄于 2007 年 4 月）

1947 年获国民政府教育部奖学金赴美留学，1948 年获美国斯坦福大学机械工程学硕士学位，1951 年获美国爱荷华大学哲学博士学位，专攻热能工程。1951 年回国后历任浙江大学教授、系主任、博士生导师、副校长，兼任浙江台州广播电视大学名誉校长、台州社区大学名誉校长、国务院学位委员会学科评议组成员及材料组组长，浙江省科学技术协会主席、名誉主席，浙江省金属学会理事长、名誉理事长，浙江省人大常委会第五、六、七、八届副主任，分管教育、科技、文化与卫生方面的工作，全国人大第八届常委会委员，中国能源研究会氢能专业委员会副主任，国际氢能协会常务理事，国际金属——氢系统学术讨论会国际指导委员会委员。曾获得 15 项专利，发表了论文

450 余篇。

采访时间：2009 年 6 月 3 日

采访地点：浙江省杭州市被采访者住所

采访者：林晓东　张维仁　张秀明　陈永升　陈小云

整理者：陈小云

一

1921 年，我出生在南京，是浙江省台州市黄岩区宁溪王氏从德公横街派的三十一世孙。我的祖父是清朝朝义大夫王士骏，字吉人，历任闽省仙游、莆田、龙岩、闽候等县的县令。我的父亲王琎，字季梁，是我国著名的化学家、教育家，也是我国分析化学及化学史的主要奠基人。由于出身教育世家，我从小受到了良好的家庭教育，立志做中国科教战线上的岳飞和文天祥。这与我日后服从祖国的需要，不计个人得失，多次改行及调动工作有着很大的关系。

特别值得一提的是我的生母孙多蕙女士，她是晚清宰相孙家鼐的孙女，知书达礼，在培育儿女方面无微不至，对我的教育更是倾注了她的大部分精力。她常向我们讲述名人传记或经典故事，并教导我们如何讲求礼仪，如何正确待人接物，还常鼓励我们要奋发向上，像岳飞、文天祥那样爱国家、爱亲人、爱家乡。此外，她在家中为我们购置了各种运动器械和实验仪表，引导我们从小锻炼强健的体魄，养成自己动手及手脑并用的良好习惯。现在，我虽届耄耋之年，仍然坐如钟、行如风，还承担着国家诸多的政教科研及经济建设任务，这与我从小所受的教育和锻炼是分不开的。

我出生及幼年时，父亲在南京高师教书，我出生那天正逢南京高师改称东南大学，因此，父亲给我取名为"启东"。我小学是在东南大学附小上的，这所小学当时采用的是杜威教学法，比较讲求实践。五年级时，父亲调到了上海中央研究院化学研究所任所长，我随之转学到上海比德小学，因母亲在外教书很忙，就委托小叔父王曰玮为我和姐姐作辅导。叔父的教育方法非常好，要我们把每天学到的对他复述一遍，演算一些习题给他看，或说给他听，我们学习进步很快。1931年我以比德小学最优秀学生毕业于该校。当年考入江苏省立上海中学。省上中是当时全国最好的中学之一，文化教育抓得很紧。1937年抗战开始后，父亲转到浙江大学教书，我随他转到杭州高级中学借读。后来浙江大学迁到建德，我只能自学了。日本军占领杭州后，浙江大学搬到了江西，父亲准备带我们从金华乘火车去江西。那天早上到了火车站，站上挤满了逃难的人群。一会儿，日本侦察机来到车站顶上盘旋侦察。一看形势，父亲觉得，火车站的目标太大，十分危险，不能带我们去江西了，就带了我和姐姐王宝琳转回台州黄岩老家。当时，我未来的岳父在黄岩县里办了一所高中——君毅中学黄岩分校。父亲就将我托付给他，在那里读了一年。一年后父亲觉得君毅中学教育质量不够好，便送我们去上海，请他在上海的朋友帮忙，让我住在中国科学社里，继续读上海中学。一年后，我考入上海国立交通大学，当时的交大已迁入法租界。学习近两年时，日寇准备在太平洋发动战争，并拟进占上海英法租界。我征得父亲的同意转到浙江大学读书。我跟着父亲的一个朋友先到香港，再从香港转到北部湾上岸，最终到达浙江大学所在地——遵义。当时浙江大学的学术氛围很浓，教学质量也很高。1943年，我毕业留校，担任助教。1944年日本侵略军为了挽回太平洋上的败局，在亚洲大陆上打开南北通道，发动了豫湘贵战役。国民党部队一时溃不成军，难民裹挟在两军之间，遭遇十分悲惨。我见状后有意投笔从戎，救国家于危亡，与一些热血青年一同去打日本鬼子。父亲知道后，劝我不要去，他说"日寇目前在中国虽然仍十分猖狂，但就太平洋战局以及世界形势看，已是强弩之末，战争即将结束。今后你们一辈的任务是发挥你们已有的难得的科技优势，进行科技兴国，这是一辈子艰苦奋斗的重任，绝不比从军打仗轻松"。我将这教诲铭记在心，一辈子身体力行。1945年，日本战败投降。1946年，我随浙江大学一起迁回杭州。到上海后，在报上见到有个招考赴英美留学的机会，于是我借住在上海的亲戚家，经过一个多月的专心备考，最终我考取了留美机械系第一名。在出国之前，我与相恋多年的爱人张苏澄女士结了婚。

就这样，我先后到美国斯坦福大学和爱荷华大学攻读硕士与博士学位，经过四年的艰苦学习，我先后获得上面两个大学的机械工程硕士和哲学博士学位。在爱荷华大学攻读博士研究生期间，我主修的是热能动力工程。为了做好博士论文，我查阅了大量文献，并在化学系教授的指导下，选用了不易为水润湿的涂料，又在数学系教授的指导下，推导了在金属表面上水蒸汽因冷凝而形成的不断长大并滚动下落的细小水珠液膜的传热模型与数学公式，并在此基础上自己设计并制造了一台实验装置来验证理论。因为我的工作比较认真勤奋，研究工作有一定创新且有应用前景，导师对我的评价很高，以至于他以系主任的名义要我留在该校任教，并与他一起继续进行该项研究工作。当时我年少气盛，自恃很高，觉得自己今后可以在学术上做出一番事业来。

二

新中国成立后，我父亲与长兄多次来函告知新中国的新气象，国家怎样致力于建设，并重视知识分子，父亲还被邀请去参加全国政治协商会议且见到了毛主席和周总理等等，嘱咐我学成后及早回国参加社会主义建设。正当我要进行毕业论文答辩之际，抗美援朝、保家卫国战争爆发了，美国对中国留学生的政策发生了急速的变化。事态的发展越来越清晰地表明，如果我不在 1951 年上半年内离美回国，那么将在相当长的一段时间甚至一生也不能回到祖国了。此刻，我的爱国心、父兄的叮咛、新婚不久就与我分离的妻子的期盼，使我下定决心，尽早完成答辩，并托一个亲戚以我妻子的名义由香港向美国国务院及爱荷华大学发了两封电报，要求将我放行，以便能够"回香港照顾家庭"。我向导师再三表示谢意，解释我为什么必须回国，以取得他对我的谅解。那时在内心里，我还是很惋惜这项研究工作的，认为这可能是我在学术上攀登顶峰的重要阶梯。当然同时我也很自信，认为我已学会了进行科学研究的方法，已有了一定的理论基础与实践技能，回国后，我还可以继续我的研究工作，为祖国做科学研究的强大思想动力甚至可能更加激发我的研究潜能。

经过一番努力，我终于在 1951 年 1 月底回到杭州，进入浙江大学机械系工作。刚回国的一年多内，我对工作还是很满意的，系主任安排我为化工系及电机系四年级学生讲授机械设计课，指导他们的设计作业，并为化工系研究生开设传热学课程。虽然没有经费与条件开始我的颗粒状液膜传热工作，但我把传热学的基础理论搞得更透彻了一些，为今后的研究打下了更好的基础。

1952 年下半年开始的院系调整及全面学习苏联的教学改革，对我冲击是很强烈的。记得 1953 年初的一天，校党委书记刘丹同志找我谈话，他很直率地告诉我，说浙江大学决定在机械系内增设铸造及热处理两个新专业拟任命我负责铸工专业及铸工教研组的筹建工作，并指明这是党对我的信任与考验。这项任命对我来说是个学术方向上的大改变，基本上等于改行，是我未曾料到的，对我的震动太大了。我控制了自己的情绪，慢慢镇定下来，向刘丹书记解释说我在浙大求学时所学的课程，毕业后做助教时所辅导的课程，以及在美国近四年的硕士及博士研究生工作，都在热力工程方面，而热加工工程是以冶金学为基础的，我的基础知识及实验技能都很单薄，最好把我放在热工教研组工作，可发挥更好的作用，或者暂时兼任热加工工作，一段时间后调回热工教研组工作。我自认为已作了很大让步，但当即遭到他的严厉批评。他大意说我们高级知识分子总是强调事物中的差异性，而忽视事物间的统一性。热工和热加工都是属于机械工程的学科，哪有那样大的差异，为何不能胜任？哪里会有那么大的困难？要做好一件工作就得全心全意！三心二意怎么可能做好工作。他再三强调这是党组织对我的信任，这样我只好请求他让我回去再考虑一下，三天后向他汇报我最后的决定。

此后三天是我有生以来思想斗争最为激烈的三天。我的确很惋惜要放弃我在学术领域中，通过近十年的努力而攀缘到的高度，再转到以冶炼工艺为主的铸造领域中去，虽说同属一大学科却基础迥异，由于年龄、学习环境以及其他工作与生活方面的干扰，再花上 10 年也未必能达到同样的造诣。但另一方面，这又是党和人民交给我的任务和对我的期盼。就在这样反复交锋与斗争中，我呆坐了两天。最终我自己解开了这个死扣，我自己批判了我那珍惜现有学术成就的观点，认识到这种珍惜的背后其实仍然是应受到批判的，金钱与地位的不良思想是岳飞、文天祥等英雄人物所不齿的。在想通了之后，我放下了包袱，去找刘丹书记接受了任命。他很赞赏我的这种自我批判精神。

因为这一次成功的自我思想斗争，在以后的岁月中，我就能全身心地投入到组织交给我的任务中去。一次又一次地因国家建设的需要和组织的安排，由铸造改向钢铁冶金，由冶金转向功能金属材料研究。

改革开放之前，我在浙江大学先后讲授过《机械工程试验》、《机械设计原理》、《产品质量控制》、《产品质量统计控制》、《铸造学》、《冶金炉》、《竖炉热工》等专业性课程，培养了大批专业人才，为我国的机械工程、铸造及冶金工业作出一定的贡献。到1978年党的十一届三中全会之后，我在出国考察时看到当时我国高等教育亟待改革以及国际上材料科学迅速发展的情况，决心挑起重任，率先在国内提出并创办了我国第一个材料科学与工程学系，并亲任第一任系主任。1981年，我建立并领导了浙江大学金属材料博士及硕士科学点建设，此后在这学科点内我亲手为国家培养出4名博士后、29名博士毕业生和42名硕士毕业生。

现今，从国家经济及文化发展的角度来回顾、评价我这些年来一再变换专业方向的得失，结论是成绩巨大，效果良好。这些年来，我自己虽然劳累一些，在每一学科中的造诣深度都未达最高峰，但从国家与社会效益来看成绩是巨大的。由于1953年浙江大学成立了铸造等热加工专业，为当时苏联援建的156项工程先后输送了近千名对口的技术人员，对其建设及其后的发展起了很大的作用，为国家热加工产业也打下了基础。我国现今是世界上铸件生产第一大国，也得益于这些技术人员。1958年浙江大学开办了冶金系，为我国钢铁及有色金属冶炼、加工输送了一批技术干部，为我国现在成为世界第一产钢大国作出了贡献。1978年浙江大学创办了材料科学与工程系，对我国新型材料，特别是能源功能材料及纳米材料的研究和生产起了推进作用，日后效益当更巨大。我为能服从党的要求，积极参加这些工作感到欣慰与骄傲。

在教育工作方面，我除致力于办好教育——研究型的一类大学外，还积极提倡并推动发展职业高等教育，特别是建立紧密结合各地社会与经济发展需要的，类似美国社区学院（community colleges）的高等学校。2005年我就趁去美国参加会议之便与加州奥罗内社区学院（Ohlone Community College of California）联系并促使该校与浙江台州广播电视大学结为姐妹

2006 年 5 月，王启东与美国教授 Alan G. MacDiarmid 摄于浙大紫荆港校区

学校，共同建设浙江台州社区大学。该校目前正在迅速成长中，并于 2007 年 11 月召开我国第一届"国际中国社区大学论坛"，推动了我国职业高等教育的发展。

三

我在下列研究与开发方面曾作出一定的贡献：铸造冲天炉过程强化方面（1958～1965 年）、高速钢复染刀具精密铸造方面（1972～1976 年）、储氢金属及其应用方面（1978 年至今）。我提出的《用冲天炉网状特性曲线比较各种强化措施》对澄清与规范当时强化冲天炉的措施混乱、评价各异的状态起到了积极的作用。我从事研究的钨钼钒系铸造高速钢及用失蜡法铸造复杂刀具的工艺无偿地提供给多家工厂使用，因此我获得浙江省科技进步二等奖两次。我率领的研究组研制的富镧混合稀土

——镍储氢合金可应用到氢的储存、净化、压缩制冷空调与镍氢电池等方面。在工作中，我曾获得15项专利，国家发明四等奖一次，浙江省科技发明二等经两次、三等奖两次，并发表了论文450余篇，被 SCI 或 EI 收录的科研论文就有350多篇，有多家公司、工厂按研究成果生产贮氢合金、氢贮存、净化设备及镍氢二次电池。30多年来，我一直与同事们一道，在领导储氢金属材料及其应用的研究工作中勤奋工作，走出了一条独立自主的道路，取得了令人鼓舞的进展。

1990 年 12 月，王启东获得国家教育委员会颁发的
从事高校科技工作四十年荣誉证书

我还曾荣获"竺可桢教学奖"一等奖一次，全国优秀博士论文导师奖一次。2004 年，由于我的突出成就，我在美国留学的母校爱荷华大学授予我一个"爱荷华大学杰出工程学院校友"的荣誉称号。

目前，我正致力于研究、开发与推广储氢金属材料及适合我国现状的氢能源工作。在我的领导下，浙江大学多个研究小组由使用工业副产氢开始，扩展到使用农业及城市固体废弃物以热裂解法及微生物法制氢，再发展到使用各种可再生能源，如风力、水能发电电解制氢。制得的氢目前可作为车船用内燃机辅助燃料，可有效地节约汽油或柴油的用量，并有效地减少汽车对大气的污染和温室气体的排放，日后随着技术的发展再逐渐扩大到用于燃料电池汽车及小型独立电站。这项工作得到美国诺贝尔化学奖获得者爱伦·迈克笛亚密德（Alan G. Mac-Diarmid）教授的热情赞扬。为此他于 2006 年 5 月专程来杭州，和我会见，讨论合作事宜。

四

我热爱我的祖国，热爱科研事业和浙江大学。鉴于我在所从事的学术领域中取得的成果，党和国家以及国内外学术团体对我委以重任。自 20 世纪 70 年代起，我曾先后担任过浙江大学副校长、全国八届人大常委会委员、省人大常委会第五、六、七、八届副主任，民盟省委会主委，浙江省科学技术协会主席、名誉主席，以及国际氢能学会材料学组常务理事，国际金属——氢系统学术讨论会国际指导委员会委员等数十个重要职务。此外，我还兼任浙江省网球协会主席、名誉主席等职。

在担任浙江省人大常委会副主任、全国人大常委会委员及浙江省科学技术协会主席等职务后，虽然在浙江大学的教学与行政业务十分繁忙，我总努力挤出一定时间推动并完成分内的工作，完成较好的工作有下列一些：

20 世纪 80 年代中期，中央决定在浙江海盐县建设华东第一所原子能核电站。那时适逢苏联切尔诺贝利电站及美国三里岛核电站皆发生事故，一时反对建设及要求加强安全措施的呼声很高。当时人大常委会决定加强对安全措施的监督，并把工作交付教科文卫小组，由我到现场了解情况并向人大常委会汇报该核电站安全措施执行情况。为此我多次去海盐了解该原子能核电站拟定的安全措施及执行情况。期间还抽时间阅读了不少核工业部提供的有关欧美核电站安全措施的材料。我与核电站互相联动，促使安全工作做得很到位，迄今未发生一件大小事故。

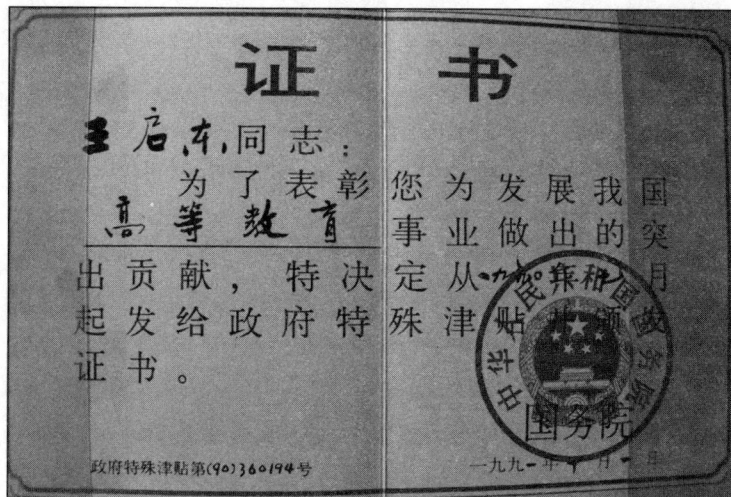

1991 年 10 月起，王启东开始享受国务院颁发的政府特殊津贴

20 世纪 80 年代初中期我国教育经费比较短缺，中学数量不够，以至于失学青少年较多。当时一些富有的个人、企业主及民主党派有办学的积极性，但社会上反对意见强烈，认为私人办学谋利，不合法，当禁止。但也有少数人认为私人办学可缓解青年失学的矛盾应当鼓励，但应该立法防止以办教育牟取暴利的行为。我倾向后者。在做了很多调查研究后，草拟了一份有关私营中小学办学的条例，几度修改后由浙江省人大常委会通过。这个条例既鼓励私人办学的积极性，又防止了以办学获取暴利的行为。其后很多家私办中小学及职业学校在浙江开办了起来。效果很好，群众较为满意。

也是在 20 世纪 80 年代初中期，浙江省由于极"左"思潮尚未肃清，一些省人大代表对于上海推行的"星期天工程师"予以否定，认为造成人事制度混乱与不安心本单位工作等。但也有人认为这样有利于新技术、新产品的研发与生产，是调动技术人员的积极性，推动社会较迅速的发展的有力措施。我鼓励教科文卫委员展开讨论，下去调查，统一了对"星期天工程师"的意见，并草拟通过了一系列条例，并为几个典型的被处理的"星期天工程师"平反落实政策。对此社会反映良好。

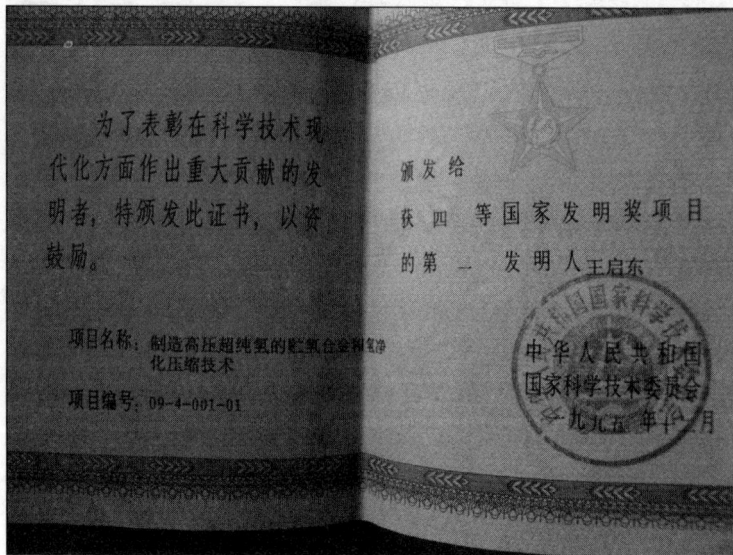

1995 年 12 月，王启东荣获国家科委颁发的国家发明奖证书

为了进一步加大知识和科技对工农业的支持力度，我还推动浙江省科学与技术协会成立咨询服务部，将协会中百余个技术人员组织起来以知识和技术支援需求者。咨询服务现在已形成一定规模的产业了。

由于"文化大革命"无政府主义思潮的影响，我省许多小矿山的开采存在严重的无政府状态，技术原始，浪费严重，收益低，产品多为外商压价收购，国家损失巨大。浙江省的小硼石矿的开采就存在这种情况。在浙江省科学技术协会调查的基础上，我在全国人大常委会大会上作了一个发言，引起全国很多部门及媒体的关注。全国人大常委会作了进一步调查后拟定法规，使这状态得到一定的控制。

我对浙江网球运动的开展也作出了一定的贡献。由于母亲的教育和影响，我自幼热爱体育，我对游泳、网球、篮球、排球等都十分爱好。幼年在大哥的带动下我开始学习打网球，大学时代我曾代表浙江大学参加贵州省运动会。我在两次罹患大病后皆曾借助网球锻炼迅速恢复健康。亲身经历使我深信网球是一良好健身运动项目。任浙大副校长分管体育工作期间，我积极提倡网球运动，建造球场，亲自从国外买来教材翻译成中文，并与外教，浙江大学的体育老师及学生一同建立师生网球队。网球运动在浙大的开展，带动了杭州市及浙江省网球运动的开展。我曾担任浙江省网球协会主席 10 年，现仍为该协会名誉主席。

我虽是一位年届 89 岁的老人，但伏枥之志尚存，我愿意请缨为民族的振兴、国家的富强，特别是对能源结构向氢能源经济改变方面，以只争朝夕的精神，耕耘不息，奋斗不止。

赤诚之心永不变

——王树模　口述

被采访者简介：王树模，男，印尼归侨，祖籍福建泉州，1937年8月出生于印尼爪哇岛泗水市。1956年5月回国求学，1957年考入浙江农业大学，1961年毕业。大学毕业后，分配到德清县农业局。1963年被调到嘉兴地区农办，之后被抽调参加省委社

王树模在接受采访

教工作队，先后到吴兴县、萧山县、海宁县去搞社教。1968年下半年，下放到五七干校劳动锻炼。1971年，调到德清县粮食局，1978年被任命为县饲料公司副经理。1982年调到县委统战部，1983年又调往湖州市委统战部。1984年后，任湖州市侨办、侨联专职干部，直至1997年退休。

采访时间：2009年6月9日

采访地点：浙江省杭州市文华大酒店

采访者：林晓东　黄晓坚　乔印伟　李章鹏　丁伟

整理者：李章鹏

一

我是第三代华侨，父亲在小时候跟随祖父去了印尼。父亲18岁时因与祖父不睦而走出家庭，独立谋生。他做过名胜地方管理员，当过小学教师、工厂职工、经济商人（自己没有资本，靠抽取佣金生活），后在一家私人银行当职员。父亲向来热爱新中国。在我高中快毕业时他就极力主张让我回祖国升学，而有的华侨不愿意让子女回国，说是祖国艰苦，回去肯定要吃苦，有的还把子女送到台湾。当地华侨报纸也有两派：一是"左"派，以《大公商报》为代表，一是"右"派，以《青光日报》为代表。我家长期订阅《大公商报》。父亲是个很本分的人，他没有参加任何组织。父亲在我回国后始终不间断地与我通信，并经常在信中鼓励我要克服困难，要服从组织分配，不要闹个人情绪，要虚心向别人学习，绝不可骄傲自满，要注意节俭，不可随意浪费等等。父亲给我的教益和影响是比较大的。

我是个独生子，没有兄弟姐妹。由于是独生子，父母平时对我比较疼爱。上学期间，我曾获得过两次嘉奖，一次是代表母校参加全市中小学演讲比赛，结果我获得小学组冠军。另一次是代表爪哇去雅加达参加全印（尼）华乒乓球比赛，我是主力队员之一，结果我们队获得冠军。因为这两项荣誉，他们对我更是疼爱有加。

说到这两项荣誉，不能不提到我父亲。我取得的这两项成绩，都与他有关。在我准备参加演讲比赛的过程中，父亲倾注了大量的心血。他根据我的讲稿内容，帮我精心设计演讲的姿势和动作，每天都要督促和辅导我练习好几遍，直到我的讲稿背得滚瓜烂熟才罢休。当时我们学校备选的代表有两人，一名是学校董事长的女儿，另一名就是我。我们每天上午都要在全校师生集会上做示范演讲。在决定谁代表学校参赛时，由全校

1953 年，全印尼华人乒乓球比赛冠军队成员
（前排右二为年龄最小的王树模）

老师投票表决，结果我获得了多数老师的信任。幸好我没有辜负大家的期望，荣获了冠军。在体育运动方面，我父亲不会打乒乓球，只会打羽毛球。我每次去练球，父亲都用自行车带我去，他坐在旁边看着我打乒乓球，还不时给我提出一些指导性的建议。我就是在这样情况下不断取得进步的。

1955 年，我高中毕业，面临着今后去向的选择。我很想回国升学，参加新中国建设，可这谈何容易。我一个人回国了，父母怎么办？他们会同意吗？一些好心的亲友因为知道我是独生子，怕我吃不起苦，劝我父亲让我留下来。而我当然有自己独立的想法。新中国刚成立不久，经历长期战乱后，百废待兴。回去后，生活势必比较清苦。但我想，越是这样，祖国越需要有志青年回国参加建设，生活苦一点怕什么。想当年共产党只有那么少的几位核心人物，指导着那么少的队伍，用那么差的装备（小米加步枪）通过星火燎原，经过二万五千里长征，最后打败了拥有精良装备的庞大的国民党军队，解放了全中国。这里面何以能以小胜大？何以能取胜？必然有其硬道理。我们党好不容易推翻了旧中国，建立了新中国，正是需要大量人才参与社会主义建设的时候。我出于热爱祖国、建设新中国的满腔热情，毅然地选择了回国之路。

1955 年，泗水中华中学高中第七届毕业班师生合影
（第三排右三为王树模）

我之所以能够回国，与我父母的支持是分不开的。他们有着一股广大华侨都具有的爱国爱乡的朴实感情，他们深知生活在异国他乡而没有一个强大的祖国作后盾的辛酸滋味，因此他们还是以祖国为重，忍痛让我只身回来。

王树模（后排右一）回国前夕与祖父母、父母等人合影

二

在父母的支持下，1956 年我回国升学。1957 年我从北京华侨补校考上了浙江农业大学。当时我们党强调教育要与生产劳动相结合，所以我们经常参加学校农场的劳动。我们干过许多农活，如拔秧、插秧、播种、挑泥、挑粪、施肥等。所施的肥料，除了化肥、人粪尿外，还有猪粪。施肥时，得用手抓粪放到田里去。开始时有些怕脏怕臭，但习惯了也就无所谓了。有一年冬季捻河泥，双腿站在冰冷的河泥里，冻得够呛。除了在校农场劳动之外，我们还下过几次乡，一去就是好几个月。一次是搞土壤普查，一次是搞技术革新。那时正是国家困难时期，农村生活更为困难，大家经常挨饿，有时我们就吃瓜菜代饭。当时年轻，比较容易适应环境，也就不觉得艰苦。

1961 年，我大学毕业，被分配到嘉兴地区。与我一起分到嘉兴地区的有将近 20 位同学。地区再将我们分到 10 个县，我被分配到德清县农业局。开始时跟着老同志下农村熟悉情况。由于不是本地人，听不懂德清方言，有时还闹出笑话。如农民说产量"八博斤"（意思是百把斤），我却听成"八百斤"。又如他们说"用抽子"（用车子），我听作"用草纸"。又如"消矣"（就是"不要"的意思），我根本听不懂。显然会给工作会带来一定影响。现在，我已经能很流利地听、讲本地话了。

1963 年初，我被调往嘉兴地区农办。嘉兴地区下辖 10 个县。到了新的岗位，必须熟悉新的情况。然而，刚过了半年，我就被抽调去参加省委社教工作队，先后到吴兴县、肖山县、海宁县去搞社教。社教工作队队员都要与农民同吃、同住、同劳动，基本上每个晚上都要到生产队开会，由于工作努力、认真，会动脑筋开展工作，1965 年我被评为浙江省"五好"社教工作队员。社教工作，一直搞到 1966 年"文化大革命"开始。

"文化大革命"开始后，我才回到机关参加"文化大革命"。当时许多领导在一夜之间就成为"走资派"、"反革命"。这不仅在湖州市，而且在全国都是这样。我心里想，全国真要有那么多坏人当道，中国不早就完蛋了吗？对此，我不相信也很反感。此时我只能自居于"保守派"，但由于自己有"海外关系"，不敢乱说乱动，处处谨小慎微。1968年下半年，全体机关干部下放去五·七干校劳动锻炼。1971年重新再分配时，我以照顾爱人、孩子为由，坚决要求调回德清县工作。后来我被安排到德清县粮食局工作。1972年，我母亲回国探亲，觉得我们生活非常艰苦。当时我们一家住在一大间，"三位一体"（吃、住、拉都在一间房里）。附近的居民还经常到门口来看这位"华侨"，并指指点点，就像看马戏一样。另外公安局还扣留了她的护照，曾两次请她去公安局，美其名曰"座谈"，实际是审问。这让我母亲又害怕又不习惯，她想把我再带出去，因为她知道"文化大革命"后期确有不少归侨重新出境出国。我婉言拒绝了她的好意。

到县粮食局后，没有给我安排什么固定工作，约一年后才让我搞粮油工业管理。这是一份新的工作，又得从头学起，可是这个阶段政治运动仍然不少，如批林整风、批林批孔、揭批查等等，我只得断断续续搞些业务工作。1978年县委任命我为县饲料公司副经理。这又是一个新课题，我只能边学边干。我主要根据外地的先进经验，结合我县的实际，用科学配方生产复合饲料、进行科学养禽试验和推广工作。结果在德清县西部大部分地区和中、东部的部分地区取得了显著的效果，特别是在西部的对河口公社牧场效果更为显著。对河口公社牧场原来是个亏损单位，由于饲养员使用复合饲料喂猪，达到节省粮食、节省饲料、节约成本、缩短饲养期、提高饲养效率的目的，在两三年时间内就转亏为盈。可以说，复合饲料在德清县西部地区已深受群众的欢迎。

三

1982 年我被调到县委统战部工作，1983 年下半年由于工作需要又被调到湖州市委统战部分管侨务工作。由于只有我一人，又是初来乍到，人地生疏，情况不熟悉，又没有基本资料，而来信来访者几乎天天都有，上面分派的调查、统计工作又比较多，事多人少，确实比较困难。我只有加强学习有关政策文件，虚心向老同志请教，边搜集基本资料，边熟悉情况、开展工作。总之，必须尽我所能，努力地把工作做好。之后在接待来信来访工作上，在处理一些问题上基本上都能按党的侨务政策办理，特别是在落实侨房政策上，我更是做了大量的工作。在热心为归侨、侨眷服务方面，我也做了不少具体工作，如帮助几位归侨、侨眷的子女安排好工作，如督促有关部门妥善处理归侨侨眷私房拆迁安置问题。有一位侨眷私房被拆迁，拆迁办给他安排在高层，由于他与老伴年纪大，腿脚不方便，因此到我这里来哭诉，希望得到帮助。我认为他们确实有困难，就不厌其烦地数次到拆迁办做工作，以有关政策说服他们。问题最后得到妥善解决。

我市侨办侨联向来是合署办公的，1984 年下半年成立之后，尽管人员少，经费少，但我们仍尽力把工作做好。如根据港胞沈炳麟先生的捐赠要求，摸清各地贫困学校的情况，为沈炳麟先生捐建校舍提供信息、做好工作。还有顾乾麟先生设立叔蘋奖学金时，我们根据他们的要求评选成绩优秀的学生。顾乾麟先生为他在湖州的祖坟重建的时候，我们也做了很多具体的工作。

我在工作中勤勤恳恳，平易近人，不少归侨侨眷喜欢找我谈心，有困难总想请我帮助解决。不论事无巨细，只要能办的就尽力去办，能帮助解决的最好，不能解决的我也尽力了，因此深得归侨的赞许。直到如今，有的归侨侨眷还戏称我是他们"永远的领导"。这是他们对我的爱戴，而对我来说则是莫大的欣慰。

四

关于申请入党问题，我在1964年搞社教时就提出入党申请了。当时的工作组长找我谈话时明确对我说，"你的一切表现都很好，不过你有海外关系，调查起来比较困难……"言下之意，不言而喻。一句话，我基本上被打入冷宫了。但我从来没有灰心，之后我又写过一次入党申请书，也没有回音。后来大概因为"文化大革命"开始了，工作队解散了，我入党的事也就从此石沉大海，没人提起。而我自己，由于有海外关系不受到冲击已是万幸，哪里还敢提什么入党的事，"那不是削尖脑袋想钻入党内吗？"1982年我调到县委统战部工作。在党委部门工作，不是党员，有许多不方便之处。为此我又重新写了入党申请书。经过政审，1983年，正当县委统战部支部准备解决我的入党问题的时候，市委统战部的调令来了，当时支部书记与我谈心时说："没想到你那么快就要调走，此事（组织问题）由于我没抓紧，耽误了，我马上与机关党委商量一下，看看是否能在你走之前把组织问题解决好。"可当时我已开始办理调离手续，因此县委机关党委不同意在这个时候匆匆忙忙地处理这件事。对此我确实有些想法，难道我们归侨入党真的就这么难吗？1983年底调到市委统战部，虽然我在德清的有关材料转过来了，但毕竟又是一个新单位，当然又得重新政审。直到1985年我终于如愿已偿，被批准加入中国共产党。而这个申请，经历了整整21年的时间，最终才获批准。

1990年，我父亲护送我生病的母亲回国。当时母亲在印尼已住了半年的院。她得的是糖尿病。父亲想换个医疗环境，再加上有我们亲人照顾，情况也许会好一点。实际上，母亲的病已经非常严重，她是用担架抬回来的，回到湖州直接住进医院，一个星期后就过世了。过世前，总算与我们见了最后一面。母亲去世后，父亲只身一人，决定不回印尼，而在湖州定居，与我们住在一起。他总算是落叶归根。2007 年父亲逝世，终年97 岁。

王树模（前排右三）全家福（摄于 2007 年）

我爱人叫林兆华，福州人，她是市九三学社成员，浙江省第七届人大代表。我们是农大的同学。结婚后我们生了第一个儿子，由于都是农业干部，长期在农村跑，没精力照顾，因此把儿子托付给福州的岳父岳母。第二个儿子生下来后（当时我已调到湖州），我爱人自己将他带在身边，由于经常跑生产队，工作时间不固定，经常过了吃奶的时间，儿子一个人困在宿舍里，饿得大哭。现在想想，心里都非常难过。因有老二的教训，女儿（她是老三）出生不久就托给农村奶妈了。现在他们兄妹三人都已长大成人，并成了家，老大现在美国波士顿任外科医生，他是生理学博士和医学博士，已连续几年被评为州里最优

秀的外科医生。儿媳妇是经济管理硕士，她在美国一家很大的
金融投资公司工作（世界各国都有该公司的员工），她已数次应
邀到国内来作报告，国内的大金融机构若出访波士顿，一定会
去她们的公司，并由她接待，因为她会讲普通话。老二夫妻在
一家合资企业打工，女儿女婿则在税务部门工作。我的三个子
女都有一个儿子。老二的儿子最大，现在读大学，其次是老三
（女儿）的儿子，现读高中，老大的儿子最小，现在美国读初
中。我和爱人早已退休，现正过着幸福的晚年生活。

祖国在我心中①

——吴炳辉　口述

被采访者简介： 吴炳辉，男，马来西亚归侨，祖籍福建莆田。1937 年 11 月 22 日出生于福建莆田。1947 年去马来亚寻亲，1954 年回国。1965 年从浙江医科大学医疗系毕业，同年 9 月参加工作，1997 年 12 月退休。曾任宁波市镇海龙赛医院内科主任、副主任医师，并兼任宁波市镇海区侨联第二、三、四、五届主席，宁波市侨联第三、四、五届副主席和原镇海县政协一届副主席，宁波市政协第七、八、九届常委，第十届委员。

采访时间： 2009 年 6 月 9 日

采访地点： 浙江省宁波市镇海区龙赛医院

采访者： 黄晓坚　乔印伟　李章鹏　汪磊明　顾燕华
　　　　　王飞跃

整理者： 李章鹏

一

1937 年 11 月 22 日，我出生在福建省莆田县的一个贫苦农民的家里。10 岁那年，我跟着堂伯远离家乡到马来亚寻找父亲。不久，父亲送我进了当地的培华小学念书。由于家庭贫困，我只读了一年书就失学了，年仅 12 岁就开始当学徒谋生。

由于旧中国政府的腐败，祖国贫穷落后，国际地位非常低

---

① 本次采访得到了镇海区侨联王飞跃和吴炳辉爱人乐亚美的大力协助，他们陪同我们采访，事后又不厌其烦地为我们搜集并提供相关资料。

下。我们华侨身居异国，寄人篱下，不得不忍受各种歧视和侮辱。我们华侨多么盼望祖国能早日强大起来啊！记得 1953 年，我在一家华侨电影院观看"周总理出席日内瓦会议"新闻纪录片时，我和许多侨胞都高兴得站起来欢呼、鼓掌。我仿佛看到母亲在向我们海外孤儿招手。

祖国，母亲！您终于站起来了。我决心回到母亲的怀抱，和亿万同胞一起为社会主义大厦添上一砖一瓦。1954 年在海外漂泊了七年的我终于踏上了祖国的归途。

原本打算与我一起回国的，有我的好朋友李君。李君是我回国前在吉隆坡的好友，我们在当地两家不同行业当学徒。他比我大三岁，我们都热爱祖国，都想回国求得知识后能报效祖国。当时我们已选定一起回国的日期。由于他家中的阻挠和反对，在出发前一周他决定暂不回国了，叫我先走。为了表示他的诚意，他从吉隆坡送我到新加坡下码头。临别前，我们在新加坡虎豹别墅合影留念。想不到这一别竟是永别。后来我从朋友处悉知，他原在吉隆坡开家小店，十多年前患了一场重病，由于当地医疗条件差，加上经济实力不足，50 岁左右就病故了。翻开旧相簿，取出回国前与李君在新加坡告别时的留影，许多往事和不同的人生旅程立刻浮现在我的脑海中，李君的经历更是让我唏嘘不已，让我感慨万千。

与李君告别后，我独自一个人回到祖国。我一无知识，二无技术，更无财产，是党和政府，把我送到广州华侨补习学校参加短期的文化补习，然后又送到杭州读书。从中学到大学毕业，我都享受人民助学金，学习有困难，学校会选派优秀的老师给以辅导，组织上对我的生活更是给予无微不至的关怀。

大学毕业后，我被分配到宁波镇海龙赛医院工作，成了一名医生。

回想起三十年来，我从一个海外游子成长为一个人民的医生，深深感到这都是党培养的结果，都是在祖国母亲的哺育下成长起来的。我的一切都是党和祖国给的，我也要把我的一切无私地献给党和祖国——这就是我大学毕业走上工作岗位的坚定信念。

二

到龙赛医院后，我认认真真地工作，不断钻研业务，从一名普通医生做起，最后晋升为医院的内科主任、副主任医师。

1968 年，吴炳辉（左一）为贫困老人看病

我是医院的主治医师，每年都要担任高考招生和征兵体检的主检工作。每年都有那么一些人通过各种途径来拉关系，想让自己身体不合格的子女或亲戚蒙混过关去上大学或当兵。每当这种时候，我都坚决予以抵制。这样虽然得罪了一些人，但是想到我这是为党和祖国的事业严格把关，心里就感到极大的安慰。由于我坚持按体检标准签字，连续十余年无一退兵事件发生，此事获得了镇海县武装部的好评，到我这里来送条子开后门的现象也就随之逐年减少，从过去的一百多人次减少到后来的十来人次。我相信，随着党风的好转，这些同志的觉悟会不断提高，递条子、开后门的现象也会杜绝。

1975 年，吴炳辉（右一）给实习医生作指导

多年来，每当有病人登门求医，我都能热忱地接待。不管是正在吃饭还是刚刚就寝，只要有人来叫就去出诊。工作是辛苦的，但苦中有乐。

1994 年冬天某日，宁波北仑区小港镇卫生院转来一位肺心重危病人，安排进我的病区。病人是上海普陀区某机关退休干部（下乡探亲发病），妻子是上海某医院退休的医务人员。因病重需特级护理，而病人的子女远在日本、上海等地，妻子又年老多病、身体不好，这更需要我们医护人员的关心，抢救治疗过程中一切治疗方案都需格外小心。病区医务人员对他关爱有加，但他们还是相信我本人医疗技术与务实的服务态度。所以不管我上班还是下班，一有病情变化，他妻子就一定要求其他医务人员打电话叫我去主治处理。

记得有一天深夜 2 点半左右，内线电话（医院装在我家的）响了，叫我去医院。当时正值寒冬腊月，西北风冰冷刺骨。妻子劝我不要去，她说医院有值班医生，你不去他们也会抢救的。我说："病人家属只认我一个医生，我不去处理，他们会不放心，我不去不好，今晚深夜电话叫我，肯定是病人病情有变化，病人信任我，再冷我也得去，这是我的职业道德，不能不去。"说完，我便从热被窝中起床。一开门，天空飘着雪花，冻得我身体直打哆嗦。

到医院一检查，发现原来是新来的值班护士把减压瓶的压力调得不当，致使患者体内气体增多，从头到脚都气肿，病人呼吸十分困难。我处理好减压瓶的压力，直等到患者呼吸正常后才回家，到家已是早晨6点多了。

1989年，吴炳辉（右一）下乡为边远山区老百姓看病

病人家属抱歉地说："这样的下雪天，我本不该深夜麻烦你，医院有值班医生和护士，但病情危险，我实在不放心。我只认你一个医生，所以只好深夜叫你，实在是不好意思。"我说："没关系，救人是我的天责，只要病人需要，我做医生的应该这样做。"

后经二十多天抢救治疗，病人的病情稳定了。因在外地生活不方便，家属要求回上海继续治疗，我们同意了她的要求。

但病情刚稳定，如要回上海路途远，有一定的风险，路上一定要有医护人员护送，家属要求我去护送。因当时病区内还有其他重危病人需要抢救治疗，后来我派了一个有经验的医生和护士乘船护送病人去了上海。我还与船上的领导联系，请求他们给予帮助与方便。到上海后他们住进了事先联系好的大医院。十余天后因病情恶化，老人不幸病逝。

老人去世后，他在日本的子女都来奔丧。处理好后事后，他儿子（郑伟信）特地来镇海感谢我对他父亲的治疗与关爱。郑伟信说，早知道上海会这样，后悔当初不该急着回上海。要是当初不回上海，说不定他父亲的病早就好了。现在父亲虽已病逝，他还是深表感谢。

后来在交谈中，我问他，"你父亲祖籍在哪里？你准备把你父亲的骨灰下葬在哪里？"他说："父亲的祖籍是宁波北仑下邵，但骨灰安葬在哪里未定。"我说"你父亲原籍是下邵，不如落叶归根。"他在我的建议下决定把父亲的骨灰送回下邵安葬。

办完丧事后，他又来我家感谢。我问起他在日本做什么工作，他说做翻译。现准备去南通谈一笔公司投资项目。我当时兼任镇海区侨联主席，应该帮侨引侨，不如把他引到镇海来投资。于是，我对他说："你父亲的坟墓在下邵，你何不把投资引到镇海，这样你每年扫墓，公私兼顾两方便。"他认为我的主意不错，人又忠厚老实、办事中肯，就叫我牵线搭桥把他公司500万美金的投资引到镇海来。此后，我又与区侨联的同志一起陪他实地考察，后因镇海地理环境关系未能办成。我想镇海不成，到宁波鄞州区也可以。后我通过宁波市侨务部门把他的企业落户到鄞州区梅墟工业区。公司创办过程中需要人才，他人地不熟，托我与夫人帮他物色人才，后我帮他物色了总经理、翻译等人员。现在该公司（日本海盟工业株式会社）在梅墟工业区的分公司生产蒸蒸日上，利润成倍上升，公司日益壮大。

引进外资项目，既解决了地方部分就业问题，又为国家增加了税收。现一想起，我心中就有一种说不出的高兴。

三

我是归侨，又兼任侨联的职务，对华侨侨眷自然有一种亲切的感情。对华侨侨眷病人，我格外地予以关心。对他们遇到的困难，我也会热心地帮助解决。

1988年春的一天，龙赛医院内科门诊来了一位面色憔悴的老人。经检查后，我发现老人患有严重的冠心病，并伴有二度心率衰竭。老人名叫余翼，是位在法国里昂开设大华饭店的老华侨，子孙满堂，但均居国外。因眷恋故土乡情，不久前老人夫妇俩回家乡镇海居住。出于对病人高度负责的责任心，出于大家都是侨胞的情谊，我当时就对老人说："我家离您住处不远，以后就由我上门来为您看病吧！"此后，我坚持每隔一星期或十天上门为老人检查身体、配药、送药。在我的帮助下，老人的病情一天天好起来。

1989年，吴炳辉（右三）为法国老华侨祝寿

　　老华侨夫妇觉得我是一个热心人，因此，生活中一碰到困难，也总是要同我商量。我则尽其所能，全力相助。老人想找个保姆，我就几次奔波于保姆市场，但是，由于种种原因，雇来的几个保姆总不称心。后来，我想方设法为他们物色到了一名"钟点工"，终于了遂了老人的心愿。1987年隆冬下了一场大雪，不少住宅楼群的自来水管道都结冰停水了。我心中记挂着老华侨夫妇，一清早就与儿子一起抬着一大桶水送到了老人家中，余翼夫妇感动不已。

　　一次，我发现老人愁眉不展，一问之下，方知老人收到一份金额达数百元的电话收据。虽然他们打过几次法国长途，但费用不可能这么多。我便自告奋勇地替老人到电信公司查询，在电信公司配合下，终于查清了差错原因。

　　在与老人交往的几年里，类似这样的事情不胜枚举。老华侨感慨地对别人说："在故乡认识这么一位兄弟，后半生真是有幸！"为此，他多次去信告诉海外的儿女。老人的儿女们也给我写来真挚的致谢信和一张张精美的贺卡，以表达他们的谢意。

四

　　我从事内科临床工作长达三十多年。对消化系统疾病和东莨菪碱药物有点研究。1990年开始配合浙江农业大学杨贤强教授研究茶多酚的药理作用及其机制，取得一定成就。我曾先后撰写十余篇论文在全国省级以上刊物发表或在学术会议上交流。"东莨菪碱抢救狂躁型肝性脑病的体会"一文收入《中华医学大典》1996年卷。《亿福林治疗白细胞及血小板减少症》一文1997年12月被收载编入国家级中医古籍出版社出版的《中国中医药优秀学术成果·中国名医特技精典》一书，并被专家评委会评为优秀学术论文先进成果奖。1998年5月，我以当代特色名医专家的荣誉资格入录国家版《中国特色名医大辞典》一书，

1994 年被中华全国归国华侨联合会评为"爱国奉献奖"和在"为实现'八·五'计划和十年规划做贡献"活动中先进个人。曾先后多次被浙江省侨联及宁波市侨联授予归侨、侨眷先进个人荣誉称号。

我爱人在香港的一位亲戚经常回镇海探亲,他们对我说"假如你在海外当医生,生活要舒服得多了。汽车、洋房样样都有。"这位亲戚还劝我到香港去。我说:"物质生活虽然没有香港好,这是因为我们还穷,我正是为了解除祖国的贫穷面貌而工作的。这是精神上的追求。党和祖国在贫困中培养了我,我要为党为祖国分忧解愁,贡献出我的光和热,使祖国早日富强起来。"

这些年我只做了一些应该做的事,党和人民给了我极大的荣誉和信任。我曾出席了省第二次侨代会和省归侨、侨眷、侨务工作者、先进工作者表彰大会,又当选为县侨联主席和县政协副主席。更令我终身难忘的是 1981 年 4 月我加入了中国共产党,实现了我决心为共产主义奋斗终生的夙愿。

我时刻不忘祖国和党的关怀和培养,也全心全意为人民服务了三十多年。目前已退休了,在家颐养晚年,子女也都已成家立业。我现在生活上有保障,看病有医保,特别是过年过节和生病时,市里、区里侨务部门领导还上门慰问。虽然年纪大了也有些疾病缠身,仍然感到无忧无虑,感到生活很幸福,也很知足。我常常感到,自己有今天稳定的生活,这完全是祖国和党对我们归侨关怀的结果。我决不忘祖国和党的恩情!

我的人生没有虚度

——萧 群 口述

被采访者简介： 萧群，男，泰国归侨，祖籍浙江舟山。1930 年 9 月出生于泰国曼谷，1935 年回国。40 年代开始从事地下工作，1947 年领导了奉化中学的罢课学潮，1947 年 9 月入党，1948 年任浙东江南武工队队长，1949 年参加了

2009 年 6 月萧群在接受采访

解放三门和天台的战斗。新中国成立后，在台州军分区做部队政治思想工作，荣立三等功。1958 年转业到温州，1971 年担任温州地区工业局局长。1978 年到北仑港工作，1981～1996 年任北仑港埠公司党委书记，1996 年离休。曾任宁波市政协常委，宁波市侨联副主席、顾问，宁波市新四军历史研究会副会长，舟山促进会宁波联谊会首任会长、第一会长。

采访时间： 2009 年 6 月 10 日

采访地点： 浙江省宁波市被采访者住所

采访者： 张秀明　陈永升　王芳　陈小云　徐静建

整理者： 张秀明

一

我祖籍浙江舟山，1930 年 9 月出生在泰国曼谷一个华侨家庭。原名王德根。我有两个姐姐、一个妹妹、四个弟弟，我是长子。我上世纪 30 年代就回国了，由于当时年纪小，对在泰国的生活没有太多印象，但是有两件事一直深深留在我的脑海里。

一是泰国华侨爱国抗日，为祖国抗战做了很多捐献。我父亲原本是油漆工人，1912 年被英国人招募到暹罗（泰国当时叫暹罗）曼谷做工。他凭着自己的辛勤劳动和艰苦创业，逐步有了一定的经济实力，也有了一定的社会地位。在我出生时，他已经是曼谷江浙同乡会会长，也被国民党聘为侨务顾问，是一个爱国侨领。他发动并积极参与了曼谷侨胞对祖国抗战的捐献。前几年我参观有关上饶集中营的展览时，发现当时曼谷华侨捐助新四军的资料，其中就有我父亲的名字。我妹妹是 1931 年九一八事变后出生的，由于父亲痛恨日本侵略中国，就为妹妹取名为"恨东"，意为痛恨东洋人，以此表达他的爱国热情。这件事留给我的印象很深。

还有一件事是当时中国人没有国际地位，泰国经常排华，华文学校时开时停，办得非常困难。这也是我回国的主要原因之一。父亲想把我培养成有用的人才，但在泰国难以实现这个愿望，所以想把我送回国接受传统文化教育，以便将来回泰国继承他的事业。当然，我回国还有一个突发原因。大概是 1935年左右，祖父去世，我和养母、姐姐回国奔丧，后来妹妹也回来了。当时日本侵略中国的形势日益危急，不久全面抗战就爆发了，舟山等地相继沦陷，成了抗战前线，交通中断，我无法再回到泰国，就此留在了国内，在家乡上学。1939 年下半年，我到定海书院弄小学读高小，1941 年毕业后考入定海昌国中学，

1944年初中毕业。1944年下半年，我和堂兄王德南以及几位同学，去宁波鄞县中学读高中。当时抗日战争已经进入最后阶段，时局更加混乱，形势非常紧张，对外交通已不畅通。我在江容的安排下，1945年上半年到国民党游击区小沙乡中心小学教书半年。

江容（江耀蓉）是我的革命引路人，她是我大姐夫的妹妹。1941年时，国民党不顾抗战大局，制造"皖南事变"，掀起了反共高潮；同时日寇对我抗日根据地进行大扫荡。为此，延安一方面发动了大生产运动，进行生产自救；另一方面开展精兵简政。苏北抗日民主根据地和延安一样开展精兵简政。当时，江容在苏北华中根据地工作。精兵简政要求能回家乡的回家乡，要把革命的种子撒遍全国。她因此回到了家乡舟山。我认识她以后，开始接受了革命的启蒙教育。她向我讲述的有关抗日民主根据地、八路军、新四军、共产党抗日等英雄事迹，就像神话一样吸引着我，促使我走上了革命道路。

回顾往事，我觉得我的人生没有虚度。现在，我把走过的路大致分为七个阶段来总结。

二

第一个阶段是发动学潮。抗日战争胜利后，国民党撕毁了《停战协定》，全面发动内战，国民党统治区笼罩着一片白色恐怖。1946年，在定海的地下党组织为了贯彻党中央"放手发动群众，壮大人民力量"的方针，积极配合解放区战场粉碎国民党大举进攻的阴谋，决定派我到奉化中学搞学生运动。

奉化是蒋介石的老家，国民党的统治格外严密。奉化中学作为全县规模最大、影响最大的学校，国民党对它的控制也不例外。奉化中学原来有一个"奉中剧团"，由进步的老师和学生为骨干组成，每学期公演一出进步剧目。1947年春天，北京、上海等大城市接连不断出现了"反饥饿、反内战、反迫害"的民主运动。为了配合当时的形势，"奉中剧团"的同学们决定排演陈白尘撰写的揭露国民党黑暗统治的《结婚进行曲》。国民党校方虽然不敢禁演，但在排练和演出期间，多方进行刁难和阻挠，并且在事后开除了两位骨干同学。对此，许多同学愤愤不平，反对开除同学，学潮成一触即发之势。我根据地下党关于开展学生运动的指示，认为这是推进学生运动的有利时机，于是就因势利导，串连和鼓动同学进行罢课。罢课先从我们班开始，其他班级纷纷响应，罢课持续了十天，在当地引起震动。当时宁波国民党的主要报纸都进行了报道，因为在蒋介石的老家和母校竟然发生了学潮，等于给蒋介石一记响亮的耳光。反动当局一直和我们谈判，要求我们复课，我们不答应。后来，县长亲自出面处理罢课学潮，宣布开除我们五位骨干的学籍，并将我驱逐出境。

虽然学潮被镇压了，但是它为奉化中学历史写下了光辉的一页，促使同学们觉醒，播下了革命的种子。我离开奉化时，几十位同学到车站为我送行。学潮过后，有的同学奔向四明山等游击区参加革命，有的同学从此参加了革命的文艺活动，有的同学在学潮后继续与我联系，进一步接受革命的影响，配合我党的地下斗争。当地解放时，不少同学立即投入革命行列。

第二个阶段是当敌后武工队队长。1947年9月我加入了中国共产党，1948年上半年由浙东东海工委派到镇海泰清乡任中心小学校长，作为公开的职业，同时秘密进行革命宣传，发动群众，发展组织，为第二次筹建浙东江南武工队做好准备，第一次建立江南武工队的时间是在1947年12月份。到了1948年六七月份，条件已基本具备，决定再次成立武工队。8月份，武工队正式成立，浙东东海地区党组织委派我担任浙东江南武装工作队队长，交给我三支短枪，五个队员，后来发展到八个人。

所谓浙东江南地区是指宁波甬江南边的镇海（今天的北仑

区)、鄞县（今天的鄞州）和奉化三个县。当时浙东江南地区是国民党统治下的白区，我们武工队的任务就是发动群众，发展武装，筹款，搞枪支，从而打通浙东江南地区，使它成为一条走廊，把东海、四明和台属地区连接起来，促进浙东形势的加速发展。由于这里是蒋介石的老家，再加上当时蒋介石宣布下野后在老家继续操纵局势，国民党在这里的统治特别严密，我们开展工作格外困难和危险，随时都有可能牺牲。但是，当时我有一

1948 年任浙东江南武工队
队长时的萧群

个坚定的信念：我们的事业是正义的，而正义的事业一定会成功。我当时只有 18 岁，有好几次国民党军队差点把我抓住。我们拿着短枪，穿着便衣，敌人在明处，我们在暗里，有机会就攻击敌人，打完就马上转移阵地。敌人时刻在抓我们。当时最怕的是叛徒出卖，因为他们知道我们在哪里活动。由于叛徒出卖，支队长和警卫都被杀害。敌人把支队长的头挂在了定海的东管庙，以此来威吓和镇压革命者。母亲听说后，很担心我，要我外甥去看看是不是我牺牲了。我外甥也看不清，但为了让母亲放心，说不是我，好让她放心。

我有两个母亲，生母一直在泰国，这个是养母。养母很早就猜到我在干革命，因为经常有人找我暗地里商量事情。她没有多说什么，每次都帮着我们放哨。她是革命的老妈妈，对革命也有贡献。她 96 岁时去世。在我们的艰苦努力下，江南武工队在今天宁波的北仑区开辟了活动地区。可以说，我在北仑区

有两次创业：1948年在这里开辟了根据地，30年后又重回这里进行港口建设。

1948年底，由于形势危急，江南武工队的成员分批转移，我转移到了天台山，继续投入新的战斗。浙东江南武工队活动的时间虽然不长，但再一次播下了革命的种子。现在，这里70岁以上的老年人大多数人都记得我，以前东海地区部队的中队长以上革命干部只剩下我一个人了，其他人有的牺牲，有的病故，也有的被错杀。我常常怀念过去在这里和我并肩战斗的战友们。

第三个阶段是参与解放台州的事业。1949年初，由于三大战役的胜利，解放战争的形势发生了根本性的变化，浙东的形势也发展得很快。1949年1月25日至28日，浙东临委在新昌回山召开第二次扩大会议，集合主力部队700余人，正式宣布成立浙东人民解放军第二游击纵队，下辖六个支队，后来队伍发展到6000余人。

根据斗争的需要，1948年底我转移到台州地区打游击。那里的条件依然非常艰苦，环境依然异常危险。我参加了很多次战斗，可以说是从枪林弹雨中走了过来。有一次，我们计划攻击临海的一个重镇。我当时担任主力连队的政治指导员，带领突击班攻打敌人的碉堡。敌人密集的火力封锁了我们前进的道路，就像电影里演的那样。我周围有不少人被敌人火力击中牺牲或负伤了，我又一次与死神擦肩而过。还有一次，我率领部队担任后卫阻击敌人，掩护大部队撤退。敌人的炮火把我打翻在地，但幸运的是我没有牺牲，也没有负伤。无数次枪林弹雨，无数次死里逃生，我真的是战场上的幸运儿。这里，我主要介绍一下参加攻打三门县和天台县的经历。

我参加了三门县的解放的战斗，这是浙江省第一个被解放的县。因为三门靠海，远离国民党的统治中心，国民党的统治相对薄弱。根据纵队的部署，要攻打三门，把它作为我们的基地。1949年2月16日，浙东人民解放军第二游击纵队在宁海山汤村召开排以上干部会议，部署解放三门的战斗。我们集中了大概有一两千人。进攻三门县城海游镇的部队兵分两路，我所在的"创造"部队，负责控制海游大坝哨亭，在海游岭设防阻敌北窜，从西北角进入县城。我当时担任"创造"部队指导员，随队一起投入战斗。我们连夜爬上山头，呈散兵形潜伏在荒草和树丛中，做好战斗准备。天刚拂晓，一声手榴弹响起，我们全面发动了进攻。当时有一支国民党部队很顽固，想突围，被我们歼灭了，其他的国民党部队投降的投降，只有很少数逃跑，战斗很快就结束了，三门就这样解放了。遗憾的是县长不知躲在哪里，我们没有抓到他。我们兴高采烈，当天就在海游大操场召开庆祝三门解放大会。

当时，得到情报说，一支国民党军队在附近宿营，有一个营的兵力。我们立即挥师，准备去消灭它，但是国民党军队得知三门已经解放，就逃遁了。我们又回师三门县。没想到有个惊喜等着我们。原来国民党县长以为我们撤走了，就跑回县府开会准备收拾残局，没想到我们杀了个回马枪，把他逮了个正着，真是"踏破铁鞋无觅处，得来全不费工夫"，他只好乖乖地当了我们的俘虏。

我还参加过解放天台县的战斗。天台县是台州的一个县，处于交通要冲，从杭州到台州必经此地，而且离蒋介石的老家溪口不到100公里。所以我们解放天台后，影响非常大，连美国的报纸都报道了，说红色武装离蒋介石老家只有90多公里。

攻打天台县城先后有三次，第一次是在1949年2月10日。我参加了第二次，约在1949年3月间，当时已经成立了第二纵队第四支队第三大队，代号春雷部队。下面有三个中队，以第二中队为主力部队，我是中队副政治指导员，部队在三门、天台一带流动。有一天，我们驻扎在离天台60里左右的一个村子里，傍晚，突然接到了支队部命令，要我中队立即急行军去抢占天台县城。当时得知原先驻扎在那里的国民党部队撤出了天台，所以我们要抢在国民党部队之前占领天台县。我们马上进行战斗准备，为了提高行军速度，全部轻装上阵。平时我们行军身上挂满了东西，有背包、米袋、军包、饭碗、手电筒等，当然还有枪、子弹和手榴弹。轻装行军只携带枪支弹药，其他东西一律就地保管。天色已晚，又下着雨，我们从村子里买来一批竹筒，制作火把，人手一把，里面塞上棉花，倒上煤油，点燃起来，很快就出发了。冒着大雨，我们不停地急行军，战士们情绪高昂，行军速度很快，但是都被淋成落汤鸡了。

凌晨，我们已经逼近天台县。根据情报，天台已成空城，有些土匪和游杂人员曾经暂时占领过县城，听说国民党部队逼近县城，他们就逃走了。因此，我们必须抢在国民党部队之前占领县城，否则将处于被动地位，因此，必须分秒必争。大家不顾疲劳，快速前进，终于先一步登上了城楼。我们立即构筑临时工事，把机关枪架好，战士们各就各位。

我们刚做好战斗准备，没过多久，从西城门上就隐约看到有部队过来了。等他们一进入射程，我们的机关枪就开火。遭到炮火袭击，敌人才发现我们的部队已捷足先登，而且从火力判断是主力部队，他们就不敢轻举妄动，最后撤走了。没几天，我们也奉命撤走，因为当时占领天台县的时机还不成熟。直到5月，浙东人民解放军第二游击纵队在天台县与南下的野战大军第21军62师胜利会师，天台县终于永远回到了人民的怀抱。

有幸参与浙东的解放事业，并为浙东的解放贡献了自己的一份力量，我觉得很自豪。最近，中共宁波市委宣传部、党史研究室，宁波市军分区政治部和宁波市新四军历史研究会联合制作了一个光盘《红色记忆——纪念宁波解放60周年》，其中就有好多镜头，叙述我当年带领部队解放三门等革命活动的事迹。

三

第四个阶段是在部队工作立了三等功。台州解放后，部队进入城市，我先后在台州军分区、105师和海军防空兵担任部队政治指导员、干部助理员，主要做部队的政治思想工作。工作期间比较系统地总结了基层部队政治工作经验，写了不少这方面的文章，刊登在杂志上，其中包括一些中央级的杂志，受到领导的表扬，因为比较出色地完成了工作任务，提升为营级干部，年仅22岁，立了三等功。

1951年在台州军分区时的萧群

第五个阶段是在温州搞工业建设。1958年，我转业到了温州，参加地方经济建设。我先后担任过温州化工厂生产办公室主任、温州汽车大修厂书记、温州地区重工业局局长和党组书记。在温州化工厂工作期间，我参与领导了一个生产试点项目——小型氮肥生产工艺。经过大家共同努力，克服了种种困难，我们终于获得了成功。我们单位被评为先进单位，我个人被评为先进工作者，并参加了省里的群英会。1971年，我担任温州地区重工业局局长。当时正值"文化大革命"，国民经济一片混乱，濒临破产边缘。邓小平复出搞整顿。当时我管辖着660家企业，理顺了这些企业的管理，使这些企业走上了正常的轨道。在温州十多年，可以说我为温州经济的发展做出了自己的贡献。

四

我一生中最浓墨重彩的一笔是用将近二十年的时间建设北仑港，这算是第六个阶段。我是 1978 年 3 月份到北仑报到的。当时，作为粉碎"四人帮"后重新起用的老干部，有三个地方同时要我：温州地委要我回去主持地区工业局工作；省里让我回石化厅；再就是来北仑。最后我选择了工作条件和生活条件都十分艰苦的北仑。为什么？因为我曾在这里浴血奋斗过，这里安睡着我许许多多的战友，我对这块土地有着深厚的感情，我愿意在这里再次创业。

我刚到北仑时，这里一片荒滩，野草没过了膝盖，人烟稀少。我们就是在这样的环境下开始了北仑港的建设。北仑港是我们国家第一座现代化的大型深水海港，北仑港的建设对宁波港这个历史悠久的港口的发展来说是一次飞跃，在我们国家的港口建设上也翻开了新的一页，因为以前我们国家从来没有这么大的港口。以前一万吨的轮船就算巨轮了，而北仑港可以停靠十万吨以上的船只。

为什么要在北仑建大型海港？改革开放初期，中央决定在上海兴建一座大型的现代化钢铁厂——宝钢。炼钢就要有铁矿石，但我们国家铁矿石少，而且质量不高，因此，中央确定了利用国内、国外两个资源的方针。国外的矿石要从澳大利亚、巴西、南非等地进口，运输距离非常遥远，海上运输单程要一个半月，来回要三个月。为了提高运输效率，降低原料成本，中央决定用十万吨以上的大型船只来运铁矿石。但是上海港水深不够，这样的大型船只无法进港和停靠，因此必须找一个深水港口作为中转港。我们国家有四个深水港区：大连大窑湾、福州湄州湾、广州大鹏湾和北仑。北仑离上海最近，因地利之便，自然条件又好，就选择了北仑港。交通部和浙江省全力以赴，建设这个我们国家当时唯一的现代化大港。

作为建港人，我记得北仑建设的每一个脚步。1979 年，水上工程和陆上配套工程同时进行；1980 年主体工程基本完成，转入到安装；1981 年，陆续进入到设备调试；1982 年 5 月，中日双方签字，基本建设宣告完成。1982 年底，国家有关部门用四句话高度评价了这一工程："速度是快的，质量是好的，水平是高的，投资是省的。"1985 年，国家经委为北仑港颁发了优质工程银质奖。作为北仑港人，我为她的每一个进步而自豪，同时也为这进步中凝聚着自己的汗水而自豪。

1991 年，萧群接待视察北仑港的中央委员、司法部长蔡诚（右一）

刚到北仑两个月，领导就派我率领庞大的技术队伍去北京，肩负购买设备谈判主谈的重任。我们的任务是必须以最合适的价格，为北仑买进 70 年代后期国际上最先进的港口设备。我们代表团是临时组成的队伍，缺乏谈判经验和必要的技术资料。而谈判对手是日本日立公司和石川岛拌磨公司，这是两家实力雄厚、谈判经验丰富的大型公司。谈判进程异常艰难，达半年之久，最后终于凭着集体智慧的力量，使谈判取得了圆满成功，我们为国家节约了资金，取得了十分有利于我方的效果。我因此又一次被评为先进工作者。

1981年，港口将建成投产，我被交通部任命为港口的第一任党委书记，当时港口是党委领导一切，而不是以经理为主。我领导大家克服各种困难，使港口顺利投入生产。但由于宝钢推迟三年投产，我们面临着封港"断炊"的困境，设备、人员全部闲置。国家原计划要先把港口封存起来，但是封存起来的话，设备仍需要维护，人员也要发工资，这样每年需要七八百万元来维持。我觉得我们不应该捧着"金饭碗"向国家要钱。在这种情况下，党委决定综合利用现有设备，搞多种经营。

1990年，萧群（左一）陪同邵华和毛新宇参观北仑港

我们先进行化肥包装运输。当时从国外进口的化肥有袋装、散装两种。在国外包装的话，成本很高，散装则会便宜很多。因此，我们决定进口散装化肥，在北仑港包装后再转运到各地。第一年下来，我们不仅没要国家的800万元维护费，而且还为

国家赚了一千多万元。一下子引起了国内外的关注。当时我们做包装化肥的决定是冒着很大风险的，因为化肥腐蚀性很强，弄不好会腐蚀、损害港口的设备。港口的设备是花了几亿元从日本进口的，如果因此损害了设备，反而得不偿失，会给国家造成巨大损失。所以风险、责任重大，不能轻易做决定。在上级的支持下，我们经过科学论证，派人到国外考察，制定了有效的防护措施，用矿石专用设备成功地接卸化肥，创造了很好的经济效益和社会效益。

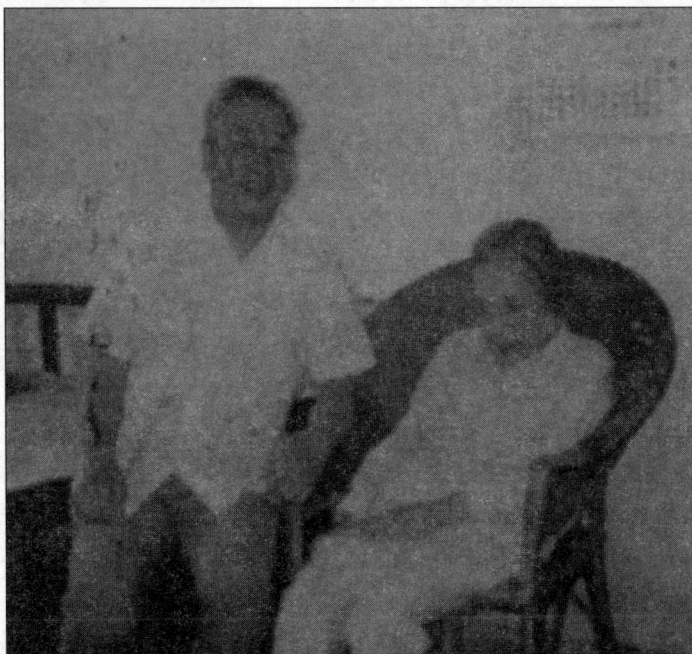

1992 年 7 月 11 日，萧群与江容在南京

"勒紧腰带，挺起胸膛，走自力更生、艰苦奋斗的道路"，这是我在北仑港期间始终坚持的精神，北仑人敢于也善于不断更新观念、创新开拓，我们的业务范围不断扩大。我们不仅为宝钢中转矿石，也为长江沿岸的武钢等钢铁厂中转矿石，同时中转煤炭，

进口各种散装化肥、纯碱,出口浙江省的农副产品。1987年,北仑的吞吐量突破1057万吨大关,从地区性的三流港口跻身大港行列。作为北仑的建设者,那种喜悦是别人无法体会的。

1993年,我提出向国外公司招标购买北仑港卸船机的想法。北仑港作为向宝钢、武钢和马钢转运矿石的深水港口,要不断扩大矿石吞吐量,就必须不断提高卸船能力,当时每小时2000吨的卸船机是最先进的,如果北仑能增加这样的卸船机,无疑是如虎添翼。但是当时国内的企业还不能生产这种机器,只有国外的企业具有这种技术水平。我们只能向国外企业招标购买这种设备。但是这个想法一提出,就引起了争议,有人说眼睛只盯着"洋人",对民族工业会有什么影响?我觉得,我们也是民族工业,如果采用国内设备,谁来保证我们企业的效益?为此,交通部和国家招标中心做了调研,调研结果支持了我的观点。一场"招标战"打响了。在国家招标中心的组织协助下,经过八家外国厂商的激烈竞争,最后芬兰的一家公司中标。招标结果显示,我方不仅比原计划用汇节省15%左右,还根据标书要求,芬兰公司主动将500多万美元的配套工程转包给了大连起重机厂。在当年的"两会"上,朱镕基总理对北仑港矿石码头卸船机实行国际招标表示了极大关注,批示:"很好,经验值得重视。"《经济日报》特刊以大半版面刊登了长篇采访报道"招标之星"。

在北仑港的近20年是我人生中最重要的一段,我参与、领导了北仑港的创业,我可以自豪地说,我为北仑港的建设发展贡献了自己的力量。离休后虽然离开了第一线,但我始终关注着北仑港的发展,并为她的不断阔步前进而骄傲。以北仑港为主体的宁波港,2008年货物吞吐量达3.62亿吨,在国内仅次于上海,在国际上名列第四;集装箱运输去年突破了1000万个标准箱,超过了荷兰的鹿特丹,世界排名由第十一位上升到第九位。宁波港作为崭新的世界级大港正崛起于东方,她将成为世界一流的深水枢纽港和物流中心。

五

离休后的生活是我生命中的第七个阶段。我 1996 年离休，离休时 66 岁，本来应该是 60 岁就要离休的，但因我担任的职务和工作需要，推迟到了 66 岁。在任期间，我接待的省部级以上的领导人达 240 多名，其中包括党和国家领导人。因工作需要，国内各地我基本走遍了，国外到过几十个国家，去考察，去谈判。这些经历大大丰富了我的阅历，开阔了我的视野。

离休后我并没有赋闲在家，我还担任着许多职务，经常参加各种社会活动。我原是宁波市政协常委，我还担任宁波市新四军历史研究会副会长。新四军历史研究会在宁波很有影响，有很多革命老同志参加。研究会还出版了许多书籍、画册和光盘，办过很多展览。我是舟山人，宁波有几千舟山人，其中有不少人担任市一级领导职务，还有不少实业家。宁波提出"宁波人帮宁波"的口号后，舟山也学习宁波这种做法。为了汇聚舟山人的力量，促进家乡发展，舟山成立了舟山促进会，在上海、北京、杭州、南京等地成立了分会。1996 年，舟山促进会宁波联谊会成立，我任首任会长。五年届满后，我因为年纪大了，事情也多，不想再任会长，但在大家挽留下，我还是担任了第一会长。我连续三届担任宁波市侨联副主席，后因年龄大了，改任顾问。

我虽然是"一介武夫"，但个人爱好比较多，我喜欢文艺，爱好音乐。我也爱好体育，喜欢游泳，爱好旅游。

由于战争、"文化大革命"等原因，我几十年没有回泰国，父母和弟弟也没有回来，一家人隔绝了半个多世纪。"文化大革命"中，我因海外关系受到了冲击。虽然我从小就参加革命，是"红小鬼"，我的历史清清白白，他们找不到丝毫把柄，但仍给我扣上"死不改悔的走资派"、"修正主义分子"等帽子，对我进行批斗。我蹲过牛棚，坐过监狱，但我毫不屈服，不低头。改革开放后，我才得到了新生，并落实了政策。也是改革开放后，我才与泰国的家人取得了联系。1999年，我回泰国祭拜父母的坟墓。我的四个弟弟都在泰国，他们都入了泰国籍，都不会中文。我们交流起来都很困难。幸好有一个侄女读外语学院，专修英文和汉语，她给我们当翻译。

　　我是归国华侨，很早就参加革命，又是现代化港口的党委书记，这种独特的经历在别人看来很有"传奇色彩"。新闻媒体对我的事迹有过很多报道，一些文学作品甚至以我为原型。比如电视连续剧《碧海情未了》的主角就是以我为原型的；还有一部广播连续剧《北仑魂》也是以我为原型创作的，著名配音演员乔臻为我配音；报纸杂志也常发表介绍我的文章。但我觉得我做的都是普普通通的事情。奥斯特洛夫斯基在《钢铁是怎样炼成的》中有一段名言：人最宝贵的东西是生命，生命属于我们只有一次。一个人的生命应该这样度过：当他回首往事时，不因虚度年华而悔恨，也不因碌碌无为而羞愧；在临死的时候，他就能够说："我的整个生命和全部精力，都已经献给了世界上最壮丽的事业——为人类的解放而斗争。"我希望我也能做到这一点。

教书育人数十载

——严文兴　口述

被采访者简介：严文兴，男，1909 年出生于湖北汉口。1926 年被保送至上海圣约翰大学。1930 年在上海商品检验局工作。1931 年任中国驻汉城总领事馆文书。1933 年到燕京大学攻读硕士学位。1935 年到中央研究院化学研究所做实习研究员。1939 年赴美国匹兹堡大学攻读物

严文兴老人在接受采访

理化学专业博士学位。1945 年回国，9 月到浙江大学工作。1952 年被国务院任命为浙江大学总务长，主持浙江大学新校园建设工作。1978 年末任浙江大学图书馆馆长。1986 年办理退休手续。1990 年正式退休。曾兼任中国化学会一届理事、全国物理化学编审委员会委员、浙江省侨联主席等职。曾多次参加国际、国内学术会议，发表论文多篇，编著教材多本。

采访时间：2009 年 6 月 3 日、5 日

采访地点：浙江省杭州市被采访者住所

采访者：林晓东　黄晓坚　乔印伟　李章鹏　陈林　丁伟

整理者：李章鹏

一

　　1909 年 11 月 25 日，我出生在湖北汉口，老家在湖北汉川。我的父亲是一所中学的校长，信仰基督教。所以我与妹妹们都在教会学校读过书。

严文兴小时候的照片

我是在安徽安庆的一所教会学校念的中学。1926 年中学毕业后，我被保送到上海的圣约翰大学读书，学的是化学专业。1930 年大学毕业时，学校邀请胡适在毕业典礼上给我们作报告。由于我们的学校是教会学校，师生的英语都很好，胡适首先用英文作演讲，讲完后，再用中文复述一遍。这给我留下了深刻的印象。

严文兴高中毕业合影（后排左四为严文兴，摄于 1926 年）

大学毕业后，上海青年会干事余日章推荐我到上海商品检验局做技术员。第二年的暑假，我被解雇。我有一个汉川的亲戚卢春芳曾在印度做总领事，后调任中国驻汉城总领事。1929 年中朝之间发生了万宝山惨案，我的亲戚被调去处理由此引发的排华事件。我的父亲知道我失业后，便写信给他，请他帮忙。于是，我从上海坐船经烟台到了朝鲜。到朝鲜后不久，九一八事变发生，日本出兵占领了东三省，我们只能呆在领事馆内。在那里，我主要做些文书工作，如用毛笔写写公文之类的事，当时写作公文必须使用文言文。

在朝鲜，我觉得没有出路，我还很年轻，却无法结婚。干了一年半后，1933年，我辞去了工作，回到中国，到了北京。我有个同学萧之谦1930年从圣约翰大学毕业后到燕京大学念研究生，两年后毕业，考中清华，获得庚子赔款，到地质研究所实习一年后去美国攻读博士学位，学了三年。我认识的许多人都曾在清华学堂上过学。当时，清华有个规定，凡想到美国留学的学生，都必须学会游泳。否则，就不能去。所以，有的学生在游泳池里爬也要爬着学会游泳。

严文兴头戴学士帽（摄于1930年）

到北京后，我也进了燕京大学攻读硕士学位，读的是物理化学专业。当时我有很多家人、亲戚都在北京。如严文井1934年到了北京。

我在燕京念了两年，1935年硕士研究生毕业，我哥哥的一个同学将我介绍到上海的中央研究院化学研究所做实习研究员。其中，有个同事名叫侯祥麟，我介绍他做美国的留学生，回国后在专业上取得很大成就。

1937年，抗日战争爆发。研究所的大部分人被遣散，一部分人从上海撤退到昆明。此前，我的爱人已经怀上我的大儿子，到安徽芜湖准备生产。我也跟到安徽去照顾她。没想到上海沦陷，我回不去了，在芜湖一住就住了四个月。后来，我与爱人、小妹妹一起坐了一条日本船，到达上海的十六铺上岸。到上海后，我暂时没有工作，便申请了中英庚款奖学金，继续从事化学所曾做过的研究工作。1938年秋天，我辗转到达昆明。1939年暑假，美国匹兹堡大学面向中国人设立了奖学金。我申请到这项奖学金。于是，我与妻子一起离开昆明，回到上海。妻子留在上海，我则到美国匹兹堡大学攻读博士学位。

1941年日本人空袭珍珠港，美日开战。受战争的影响，我回不了国。美国当时有个规定，外国人在学校里可以继续做学生，否则，离开学校后，就有可能应召入伍。我自己在美国，妻子一个人带着孩子留在中国，我非常期望我们有重逢的一天。所以，我尽量地留在学校里当个学生。1944年，美国政府改变了政策，在学校里的外国学生也要当兵。1945年春天，体检后，我参军了。美国人给我们这些中国人一项优待条件——中国人可以回到中国当兵，也可以在美国当兵。我选择回国当兵。我先在洛杉矶呆了一两个月，然后坐上一条军火船开始了我的回国之旅。两个月后，船最终停靠在印度的加尔各答。在船上，刚开始风浪非常大，不很习惯。到西澳洲后，风浪渐趋平静，我也就慢慢地习惯了。我在印度呆了几天后，坐火车到达靠近缅甸边境的泥都，在一个中国军营住了一两个月。

1945年6月，我到达重庆，被派到战时生产局。8月15日，日本宣布无条件投降。因为我学的是物理化学，对原子弹有点了解，战时生产局让我做了一次相关的演讲。8月底，战时生产局关门，工作人员被派到各地进行战后接管。去做接管工作，必然牵涉到钱的问题，对很多人来说也许是个发财的机会。但我不愿意发这样的财，就不想去参加接管，便申请到时在贵州的浙江大学工作，学校聘我为正教授。后随学校回迁，回到了上海，然后到达杭州。此后，我就一直在浙江大学工作，直到现在。现在回想起来，我的选择还是非常正确的。

二

我是 1945 年 9 月到浙江大学理学院所在地贵州遵义湄潭报到的。浙江大学当时在湄潭的院系有理学院和农学院。抗战胜利后，由于路途遥远，交通不便，浙江大学决定，在龙泉的校部先回杭复校，其他的院系稍晚再回旋。1946 年 5 月，我才回返杭州。这样，在湄潭我总共工作了八个月。

刚到浙江大学的时候，做不了多少研究。浙江大学比较穷，没有钱购买仪器和药品。中央研究院要有钱得多，在中央研究院的时候，我常通过德国人从德国进口药品。在中央研究院的两年时间内，我做了不少工作，总共发表了三篇论文。与同事相比，我发表论文的数量算是比较多的。在燕京大学，我也发表了一篇论文。

我到浙江大学之初，是一名普通的教授，教授物理化学，也教普通化学，从 1945 年开始教到 1952 年。

因为工作有条理，分析能力也不错，1952 年国务院决定任命我为学校总务长。

做总务长的时候，我对浙江大学贡献不小。在三年的总务长任上，我的主要精力都放在浙江大学新校舍的建设上。1952 年的时候，学校决定要修建一所面积较大的校舍。浙江省把今天的世贸中心周围的一块地方指定给浙大，作为建设新校舍的用地。这块地方，当时名叫黄龙洞。所以，浙大新校园的建设工作就从黄龙洞工地开始。黄龙洞原来是跑马场，由洼地填充起来，要修建筑必须打桩。刚开始打的两个桩有 20 米长，我们一算，成本太高，如果整个校舍都打桩的话，打桩的花费将是地面上的建筑的好几倍。所以，我们觉得不能在那个地方建校舍。

那么将新校舍选在哪个地方呢？

　　我认识同济大学的哈雄文教授，便请他与我一起在杭州选址，最后我们看中了今天浙江大学玉泉校区的这块地方。

　　我们先修建了两座"E"字型宿舍大楼，原本想修筑成"U"字型，但因基础较好，在"U"字中间又加了一道，"U"字便变成了"E"字。又另外修建了四栋宿舍楼，即第3、4、5、6宿舍楼，第1、5、6宿舍楼因地基打得牢，后来加盖成五层。1954年建造了第1、2、3教学大楼，之后又造了第4、5、6教学大楼。最后建造了图书馆。我虽然学的是物理化学，但经过校舍建设，对如何造房子也懂了一点。

　　以前的浙大在杭州城东部的大学路上，在青春街的南面，大学路也因浙大而得名。老浙大校舍是由庙宇改装而成。教务处在前面一个庙堂内，总务处在后面一个庙堂内。我做了总务长后，作了一点改革。总务处所在的庙堂里还有几个小房间，以前总务长的办公室都在里面的小房间，我则将办公桌搬到庙堂中，与普通职员一起。这样，我能知道任何人与总务处各科的交往情况。

　　总务长任满后，我很想调走，便写信给浙大老校长、时任中科院副院长的竺可桢，他回信给我，要求我安心工作，说搞科学研究在哪儿都能搞。

　　1960年以后，我参加了全国物理化学编审委员会，到各地参加过各种会议，编写了很多教材。1960年，我招收了第一个研究生，到1965年，我共招收了三名研究生。

　　1957年反"右"期间，我没有乱说话，所以没被打成"右派"。1966年"文化大革命"发生时，我正下乡劳动。"文化大革命"初期，由于浙大的造反派到社会上闹革命，所以浙江大学内部斗得不是很厉害。这点，与杭州大学不一样。从1966年到1968年，我基本上呆在家里没事干，偶尔去上上班。这期间，也许因为我管过总务一摊事，学校让我为教师发工资。我办事比较认真，从来没有出过错。后来，我到干校劳动，依然让我发工资。1967 年，我被打成"牛鬼蛇神"。1968 年，通知我到劳改队报到。此后，我做了一年的清洁工。1969 年冬，我到温州玻璃厂劳动了三四个月。1970 年夏天，我被下放到"五七"干校。也就在这一年，我获得了"解放"，"帽子"被摘了。1971 年春天，回到了学校。

三

1975 年，学校开始招收工农兵学员。1977 年国家恢复高考。1978 年冬天，学校党委书记黄固找我，让我做学校图书馆馆长。因为我有许多家人从事图书馆工作，如我哥哥严文郁，是中国图书馆界的一位老资格工作者，我对图书管理也有一点研究，所以当黄固找到我后，我立刻答应了。

我做了图书馆馆长后，对图书馆的工作加以改进、充实。在我的倡导下，浙江大学图书馆改变过去的阅览方式，允许教师学生开架阅览。起头只开架一部分书，后来全部开架。这在杭州是第一家，在全国也有可能是第一家。对很多事情，我与别人的看法不一样。有人说，开架了，书就有可能被偷。我说，偷了，就偷了嘛，那人偷过去后，对他还是有用的。再说，开架后，教师学生查阅资料就变得非常方便了，在查阅一本书的时候可以同时参阅其他书籍，这样会增加很多知识。

在图书馆，我还注重培养图书馆管理人员，我曾与美国联系，将两名比较优秀的员工送出去进修。我们图书馆的员工，有很多是教师家属，文化水平参差不齐。在他们竞评中级职称考试前，我从《古文观止》里选出十篇文章，让他们阅读、翻译，最后的试题就从里面出。我认为，做什么事都要从帮助别人的角度出发，而不是以具体规章制度去卡别人。

到校图书馆工作后，我当选为中国图书馆学会两届理事，曾一个人代表中国到新西兰参加新西兰图书馆学会年会。

根据国家规定，教师要晋升职称，必须通过外语职称考试。我们学校组织了一个委员会来负责这件事。起初，王启东和我共同命题，后来则由我一人负责，英、法、德、俄、日文的试卷基本上都由我一人来负责。试题由我出，批改则由外文系的教师来做，最后由我来定成绩。定成绩时，不只依据试卷卷面成绩来定，而且要参考报考人数，一般的情况下，我们会让四分之三的人通过。成绩定下来后，由我直接送给校长，由校长最后决定、公布。我从来不以个人的喜好来做这件事。

1951 至 1954 年期间，我做过中国化学会的一任理事。从1978 到 1994 年，我曾多次参加中国化学会物理化学专业的三热（热分析、热度量、热平衡）会议，主持了其中的多次会议，并三次参加中日双边三热会议，第一次会议于 1986 年在杭州举行，第二次会议于 1990 年在日本大阪举行，第三次会议则又回到中国国内、于 1994 年在西安举行。

学校恢复正常工作后，我共培养了三四十个研究生。有一部分是我自己的研究生，其他的是别的老师的学生在我这儿学习。我一学期最多的时候要讲五门课，每周要讲十二三个钟点。"物理化学"是我讲授的主课，大约有三个课时。这门课所使用的教材是比利时著名教授 Prigogion 编著的教材，上课时，使用的语言是英语。我还推荐好几个学生到英文特别班培训。我教过的学生，有很多都出国了。出国后，没有一个人跟不上国外的教学，因为我所使用 Prigogion 编著的教材在国际上都是非常有名的，是处于学科前沿的。

我曾教过一个物理化学方面的特别班，学员有三十个人。我要求每个学生都要念英文原文教材，不想念的也要念。学习好的，成绩好一点，学习不好的，成绩差一点。一般地，我都让每个学生及格，从来不抓学生补考，因为我觉得每个学生都花了工夫。

讲课时，从上课铃声响起到下课铃声结束，我会持续讲下去，中途不休息，也不喝水。我从来没有用过麦克风，以前我的嗓音很洪亮。

我从 1980 年开始恢复招收研究生，一直招到 1990 年，1990 年的时候，我已经 81 周岁了。我 1986 年办理退休手续，可是学校决定继续延聘我，一直到 1990 年我才正式退休。退休后，我将所有专业方面的书都送给了图书馆。

我在浙江大学几十年，干了不少的事情。不过，我觉得，前二十几年，由于政治运动不断，浪费的时间居多。我教过、培养过许多研究生，其中不少人到美国留学，也有人做出不小的成绩。浙江大学后来的几任校长，我都曾教过。

此外，我任过浙江省侨联主席，并参加了一次全国侨联会议。我还参加了老年学会。

四

我爱人张佩华有四分之一的英国人血统。她的祖父大约在 1860 年到澳大利亚的新金山为人开采金矿。后来，开了家杂货点。赚了点钱后，娶了一位苏格兰女子为妻。我岳父是在新西兰出生的。我爱人的祖父逐渐积累了一笔财产。去世前，他留下遗嘱，要求他的妻子必须带孩子回中国，方能继承遗产。以后，我认识了我的妻子，并结了婚。

我有三个孩子，大儿子 71 岁左右，女儿 62 岁，小儿子 51 岁。两个儿子都在美国，女儿留在杭州，女婿现担任贵州大学校长，已在贵州工作了八年。

"文化大革命"发生前，我女儿已经十八九岁了。1969 年，她到黑龙江依兰县插队。在依兰县，她做过很多工作。一开始在农村参加劳动，后来调到一家钢铁企业工作。1973 年被推荐到佳木斯师范学校念书，1975 年毕业，回到依兰做教师。恢复高考后，报考大学，考上了哈尔滨师范大学。她在大学里成绩

严文兴（右二）与家人合影（摄于 2000 年）

很好。我小儿子中学毕业后，在外面劳动了一年，1977 年考上复旦大学，学的是化学专业。他们是我国"文化大革命"后第一批大学生。小儿子上大学三年级时同时得到好几所美国大学的奖学金。1982 年他考上复旦大学的留学预备生，指定前往英国。根据当时的政策，如果这样的话，他就去不了美国。后来经过一番周折，办妥了各种手续，小儿子终于去了美国。我大儿子的高考成绩也不错。

我外孙的学习成绩很好。他高中二年级时就被推荐直升浙江大学竺可桢学院。大学毕业后，又考上复旦大学的研究生，攻读数学硕士学位。

我家里人都比较长寿。我爱人去世时 95 岁，我比她大 2 岁。我的堂兄严文郁，我伯父的儿子，三四年前 101 周岁时才去世。他曾在重庆从事过图书馆管理工作，解放前出国去了美国。

我今年 100 周岁。我这个人之所以能活得这么长，与我的心境有很大的关系，我总以平常心面对生活的磨难，不记任何人的仇，总想与人和睦相处。

2004 年，严文兴获得第六届浙江省健康老人奖

我大妹妹 95 岁，她嫁给北洋时期海军上将萨镇冰的孙子萨本远。她有两个儿子，一个儿子是医生，另一个儿子在美国从事物理学研究，曾到中国科技大学等学校讲过学。小妹妹六七年前过世，比我小 10 岁。她有一子一女。女儿学的是医学，做分析师，儿子则从事会计师工作。

现在，我的家人大多居住在国外，我爱人的亲友在国外的也比较多。我有一个堂弟，叫严文井，是名儿童文学作家。他有五个孩子，其中两个在加拿大。我还有许多亲戚在加拿大。我的海外关系特别多。"文化大革命"中，我被打为"牛鬼蛇神"，但造反派没有说我里通外国。为什么呢？因为我的海外关系都是公开的，从未隐瞒。

我的兴趣和爱好非常广泛，我喜欢阅读历史、小说著作，喜爱观看歌剧、话剧，爱好听音乐、打桥牌等。

我算是走对了路

——杨贤强　口述

被采访者简介：杨贤强，男，越南归侨，祖籍广东廉江。1939年2月出生于越南。1957年回国，先后就学于杭州第一中学、浙江农业大学茶学系。大学毕业后在杭州茶叶试验场做技术员。1978年考上浙江农业大学生物化学研究生，毕业后留校任教，后晋升为茶学系教授，在茶多酚研究、提取及开发利用等方面做出显著成绩。2003年退休。

杨贤强教授近影

采访时间：2009年6月6日

采访地点：浙江省侨联会议室

采访者：黄晓坚　李章鹏　乔印伟　陈林

整理者：黄晓坚

一

要说我们家与海外的关系，用"源远流长"来形容是再贴切不过了。

我的祖籍在广东廉江，后移居福建厦门。19世纪中叶，我祖父参加太平天国起义军，失败后跑到越南广宁省先安市谋生。恰逢我祖母（土生华人）被法国佬看上，家人情急之下，就抓我祖父成婚。其实，那时候我祖父在中国原籍已有妻室。

无论如何，祖父有文化，祖母有人脉关系，可谓优势互补。婚后，他们生儿育女，重视子女教育，所以我爸爸、伯伯和姑姑都有文化，这样做起生意来就更为顺手；没过多久，这个家庭就发达起来了。在上世纪中叶，我的父亲已拥有米厂、陶瓷厂、发电厂、电影院、轮船公司、冷饮餐厅等众多产业。

1954年，越南南北分治。由于家中产业太多，不能南迁，我们就没有离开先安。后来搞公私合营，很快我们失去了家产。当时，北越还打算在我们那里设置自治区，遭到华侨的一致反对，结果没有成立。但从此以后，先安的华侨大伤元气，侨社渐渐衰落了。中国开始时也重视越南的华侨，如恢复华侨学校、派遣师资过去执教以及领导视察等。后来，政策变了，当地的同化教育雷厉风行。华侨看不到前途，都希望子女们能回国升学。那时候，中越两国是"同志加兄弟"，关系非常好。即便这样，华侨要想回国读书也非常难，不少人只有偷越国境回国，若被抓回去后，就要坐好几个月的牢。只要越境成功了，就会受到国内很好的接待，因此当时华侨子弟成批成批地冒险回来。我的大哥即于1955年回国，在桂林的地质专科学校读书。他后来在云南矿业学校任教，现已退休多年。

1957年，当时16岁的我，也跟我的表弟一起走上回归之路。我们由边民带路，半夜里悄悄地跨过了边境。到了广西的宁明，马上就有民政局的工作人员接待，安排我们住宿、吃饭和读书。后来，偷渡过来的越南华侨学生越来越多了，国内就要遣返我们回去。紧急时刻，我们考虑逃走，赶紧坐火车到湖南，找在那里读书的舅舅商讨对策。舅舅说他也没有办法，让我们找刚成立的侨联帮忙。侨联的同志问我们祖籍在哪里，得知在福建后，就二话不说，买了火车票送我们到集美。在集美华侨补习学校补习了两三个月的国语之后，就参加考试，结果我被分配到人称"上有天堂，下有苏杭"的杭州，安排在杭州第一中学（即杭州高中）就读高中。

中学的日子还是很不错的，国家几乎将我的生活费全包了下来：有免费的衣被，所提供的奖学金扣除伙食费（每月大灶 5 元、中灶 7 元）后，还有几块钱零用。我平时表现很积极，但受海外关系的牵累，就是入不了团。

1960 年，我考上了浙江农学院（同年改名浙江农业大学）。我原本是想考到上海医科大学的，浙江农学院在我的 18 个志愿中排在第 16 个。由于自己的家庭背景，尽管成绩很好，还是没能实现自己的理想和志向，这不能不让我深以为憾。

既然无法选择，无可奈何，那就好好地读吧！我当初考上的是农业气象专业。读了两年后，国家实行"调整、巩固、充实、提高"的八字方针，专业不办了，我被调整到茶学系，开始接触茶学。经过深入了解，自己逐渐认识到所学专业的科学价值和现实意义，也就越来越喜欢它。读了四年半，终于在 1965 年初毕业了。

我被分配到杭州茶叶试验场做技术员。在那里，我一干就是 15 年！

基层的条件是比较差的，最不习惯的就是没有洗澡的条件。但生活当中也有乐趣。每逢周末，我常常拎着篮子到农村，挨家挨户地拿钱收鸡蛋，改善生活。那可是实打实的土鸡蛋啊！但是，前途呢？

二

终于，春天来了！

1978 年，我参加"文化大革命"后第一届研究生入学考试，考上了浙江农业大学的研究生，专业是生物化学。三年后，我顺利获得硕士学位，并留校任教。

我国是一个茶叶生产大国，但长期以来，缺乏深加工和综合利用，产品附加值比较低。在读期间，我主攻如何利用生化的手段，研究茶叶的栽培、加工和有效成分的科学提取、综合利用。从此，我就上了这艘科研之船，再也停不下来了。二十多年来，我从茶多酚的药理作用，到茶多酚的提取技术，再到茶多酚新药的开发，度过了一个又一个不眠之夜，攻克了一个又一个技术难关，一直在世界茶多酚研究和应用领域保持着先进水平。

又到桃李芳馨时（中为杨贤强）

关于茶多酚药理作用的研究，我是从上世纪 80 年代初期开始搞的。那时候，我看到茶厂每天都有许多副产品如茶灰等被当作废料倒掉，就觉得太可惜了，因为这些副产品中所含的保健成分与正品茶叶并无区别，如何从这些副产品中提取出茶叶的有效成分、变废为宝，便成了我的梦想。在一个偶然的机会，我了解到维生素 C 和维生素 E 是提供质子对抗自由基的最好物质，是人体保健的"卫士"，便本能地联想到具有神奇保健功效的茶多酚。茶多酚能够提供的质子要远远多于维 C 和维 E，如果可以用它作为消除自由基的物质，那将是何等重要的科学发现！我抑制不住内心的激动，立即向刚刚成立不久的国家自由基生物学专业委员会报告了自己的想法，并在实验室中进行了关于茶多酚具有抗氧化性和对生物大分子的保护作用的初步实验。我以翔实的实验数据向国家有关部门正式提出了将茶多酚列入清除自由基的首选物质的科研立项报告。报告立即引起了重视，国家自然科学基金会和浙江省科技厅均给予资助。在 1995 年之前，我一直是茶多酚研究的核心作者，论文成果比较多，填补了不少空白；论文的数量以及影响力，不仅在全国首屈一指，即便在全世界范围内，也是出类拔萃的。例如，在《茶叶科学》发表的文献中，我的研究论文"茶多酚生物学活性的研究"（发表于该刊 1993 年第 1 期）是被引用最多的。1995 年北京举行世界抗氧化剂与健康国际学术研讨会，我在会上发表了茶多酚应用于临床的观察结果，由此引发了世界医学界对茶多酚预防和治疗人类疑难疾病的研究热潮。而我也从此转入了对自由基生物医学的研究，成了一名研究自由基生物医学和抗氧化剂的专家。2004 年，我和学生王岳飞、陈留记合著的《茶多酚化学》一书，由上海科学技术出版社正式出版，一上架就售空了。

众所周知，科学研究成果只有转化为现实的生产力，才能实现它的价值、造福于人类。早在上世纪 70 年代，茶多酚的提取技术即已出现，但并不成熟，不能满足大量、快捷的产业化要求。在人们工作、生活压力越来越大，对健康的要求越来越高的情况下，如何创新茶多酚的提取技术，提高产量和效率，以便将茶多酚广泛应用于人们的日常饮食之中，便成为关键所在。有鉴于此，我曾经用了整整一个暑假的时间，带领几个学生在实验室里对茶多酚进行包括毒理学和生物活性研究在内的机理研究，成功地提取了一公斤的茶多酚。在这基础上，我建起了第一个茶多酚厂，从此开始了茶多酚的产业化之路。1993年，我负责起草了第一个茶多酚的国家行业标准，使茶多酚的生产走向了标准化，茶多酚被正式作为食品添加剂；我还申请将茶叶提取物（以茶多酚计）列入卫生部颁布的药物标准中，拓展了茶多酚使用的市场空间。为了提高茶多酚的提取效率，20多年来，我一直进行积极的探索。前些年，我终于发明了一种大量提取茶多酚的茶叶细胞破碎技术。这是一种用瞬时温差和压差破碎细胞加工茶叶的方法，可以从中快速大量地提取茶叶内含物。这项技术的出现，使得我们从每百公斤茶叶中最初可提取 500～700 克茶多酚，提高到目前的 8～12 公斤，并由此催生了一个庞大的产业群。截至 2003 年，全国共有茶多酚生产厂家 20 余家（其中投资 2000～5000 万元以上的茶多酚生产厂家就有 6 家），年产量达 2000 吨以上。除了茶多酚的提取技术，我还对制茶工艺进行潜心探索，并取得可喜的成果：在不久的将来，人们将可以用常温的矿泉水泡茶喝，而不再需要用开水沏茶。当然，科研的过程往往都是很艰辛的。做细胞破碎实验时，我是打着赤膊上阵的。但苦点、累点不要紧。

　　为使茶多酚更好地造福于人类，我在继续从事茶叶和茶多酚的研究的同时，也很关心自己的研究成果如何更好地被社会所利用，给社会带来多少利益。这是因为，茶多酚作为我国最具特色的一种天然药物，具有极为可观的潜在的市场前景。曾经有一位加拿大籍的叶老板，他的母亲因为天天打麻将缺乏运动，脚心都发紫了。他对人说，谁能治好他母亲的病症，让他出多少钱都行。我的一位朋友听了此事，就建议让他母亲试试茶多酚。一吃，果然效果不错！惊讶、感动之余，叶老板要求与我合作。他投资 300 万元在天台制药厂建起了一个生产茶多酚的车间；1997 年，开发出了"亿福林"心脑健，成为茶多酚作为"准"字号药物的第一个产品……在与外界的合作中，我所付出的，是自己多年来倾注无数心血所取得的研究成果，而得到的，只是自己继续开展相关研究所必需的小小的一部分费用。

在学术报告会上与学生们合影（后排右四为杨贤强）

顺便说一句，早在 1983 年，我即加入了致公党组织。当年浙江省成立致公党筹委会时，我就是 5 人筹备小组的 2 号人物。正式成立时，有人动员我去做致公党的专职干部，说那样可以"屁股冒烟"、升官坐上小汽车，我以自己不会跟人打交道为由，没有去。现在想起来，没有去是对的，不然自己哪里会有今天这样的业绩呢！

我还做过两届省政协委员。任内，我认真履行职责，曾提交过十余件提案，其中约有半数受到党政部门的重视和采纳，有些被评为优秀提案，有些在大会上发表。

三

再说说我的那些海外亲人。

　　自从回到祖国后，我一直与海外的亲人保持着密切的联系。我一共有 7 个兄弟姐妹，除了大哥和我在祖国大陆、四弟死在柬埔寨（1972 年参军，被派到柬埔寨服役，不幸踩上地雷）外，家里本来还有两个弟弟和两个妹妹。上世纪 70 年代末越南排华后，大妹坐船到香港，后来定居加拿大。爸爸、妈妈、两个弟弟和小妹则租了一条小船，带上冰箱、摩托车等家伙（但匆忙之中，还是落下了一些金银细软）直奔广西东兴，被安置到福州华侨塑料厂。能安置在省会城市，这在当时算是很不错的了。后来，福州的家人得知大妹在西方处境很好，两个弟弟就跑到北海买木船摇到香港，重新当起越南难民，后来被美国收容。2003 年，受惠于美国新的移民政策，在福州华塑的小妹也移民美国了。

　　1989 年、1991 年，我母亲和父亲先后过世。我用侨汇券在杭州南山公墓买了块墓地，让他们长眠在美丽的杭州"天堂"。

　　这些年来，我跟美、加的弟妹们常有来往。大妹的女儿开了个美容院，生活得非常好。小弟发展得很好，他在洛杉矶经营著名的"楼外楼"酒楼。大弟做玩具专卖，小妹打工，也都不错。相比之下，自己还是不错的，赚钱不多但成就数我最大。

　　去年，我们家乡 120 多人从世界 7 个国家一道回越南先安扫墓。到那里才知道，当年我们家走得匆忙，当地人以为我们家可能还会留下点什么东西，竟然把我们家的房子拆了，祖坟也被挖了。当地一般都是土包坟，水泥坟只有三座，其中一座就是我爷爷的。值得欣慰的是，原先我们家的一位杨姓佣人很重情义，他把骨骸收拾好后，将其重新安葬了。

四

　　2003 年，我正式退休。退休后，我就不招学生了，转而专心致志做自己喜欢做的工作，只是有时上一些专题课而已。我对自己工作的要求是：第一，不累。有了一定的基础，因此顺手。第二，不气。要求不要太高，知足常乐。我手头上已有利用茶多酚开发的 2 个药品、6 个保健品。最近，我还在研究利用茶叶成分做治疗肾病的药品。现在，我已经停不下来了。令我高兴的是，在茶多酚的科学研究和提取、综合利用和开发上，我的助手和学生都很得力。他们也有开办公司经营茶多酚的，只是营销上还差那么一点儿。现在我到哪里去，被学生们知道了，就会脱不了身；他们见到我，都很亲昵！

工作之余，我还能享受到融融的天伦之乐。我有两个孩子，大儿小女，非常理想。孙女活泼可爱，常常在我跟前撒娇。她才九岁，钢琴已达八级水平了。

多年来，由于自己在茶学专业领域的耕耘，我浑身笼罩着不少光环，身居诸多"要职"。我曾获得 1992 年浙江省农业科技论文竞赛一等奖，多项省部级科技进步奖及浙江省侨联评选的"侨界十佳"称号，1996 年获国务院发给政府特殊津贴并颁发证书。我还于 1997 年受聘为第二届全国高等农业院校教学指导委员会学科组成员，2003 年受聘为农业部茶叶化学工程重点开放实验室学术委员会主任，2006 年被湖南农大聘为茶学教育部重点实验室学术委员会主任，我还被多所大学聘为兼职教授等等。最近，学校还要给我分房子，有 140 平米，市场价每平米值两万五呢！

可以说，回国五十多年，我算是走对了路。能为祖国、为人类做出自己的一份贡献，我感到十分的荣幸，心满意足了！

听党的话，积极向上

——尹礼虎　口述

被采访者简历：尹礼虎，男，印尼归侨，祖籍浙江宁波，高级工程师。1939 年 1 月生于印度尼西亚苏门答腊岛上的巴彦亚比小镇。1954 年 4 月，由伯母带回浙江宁波。1964 年毕业于同济大学城市建设与经营专业。曾任宁波

尹礼虎近照（摄于 2009 年 6 月）

市副市长，中国人民政治协商会宁波市委员会副主席，浙江省归国华侨联合会副主席，宁波市归国华侨联合会主席等职。2004 年 5 月退休。

采访时间：2009 年 6 月 10 日

采访地点：浙江省宁波市被采访者办公室

采访者：林晓东　张秀明　王芳　彭洪升　陈永升　陈小云

整理者：陈小云

一

1939 年 1 月，我出生于印度尼西亚苏门答腊岛靠海边的一个小镇——巴彦亚比，亚比在印尼语中是火的意思。听老人说这

地方原来无人居住，后来被过往船只发现有火光，就逐渐有人来居住，居民多以捕鱼为生。当地华侨供奉一个叫"大伯公"的神。这个"大伯公"可能是最早来到这个地方的华侨先人。每年阴历五月十六日是他的生日，华侨都会进行祭祀活动，半个多月时间里，在"大伯公"庙前的马路上，人们搭台演戏，供品堆积如山。到时运到海边和帆船模型一起焚烧，送行的人如潮涌，大家祈求"大伯公"保佑免除灾难、平平安安，场面非常热闹。当时正值放暑假，乐坏了我们这些喜欢热闹的孩子们。全镇人口一万左右，基本上都是华侨，以福建人居多，广东人次之，江浙一带的人很少。我祖籍浙江宁波。在旧中国年代，人民生活艰难，我父亲为谋生计在年轻时就远离故土出国谋生。后来到了这地方，并和伯父合开洗染店。不久回国结婚，带着母亲过来。我有兄弟姐妹6个，我排行老大。父亲母亲伯父伯母辛勤劳作，维持着我们两家人的生活。

镇上有个华侨办的小学，叫中华公学，老师也都是华侨。当时用的教材基本上都是从新加坡运过来的，我现在还记得语文课本中有冰心的散文《繁星》。这些教材基本上是参照国内的，我们在学校里受的教育是几乎和国内一样。老师教学很严格。我记得上语文课时，老师要求每个人每一课都能背下来，背下来了，老师就在我们课本上作个记号。我小学毕业时，学校办起了初中班。

我父亲来到异国谋生，亲身感受到寄人篱下谋生的艰难。记得我儿时，有一次父亲因洗衣服得罪了当地一名警官，不仅挨打受骂，还和伯父一起，坐了几天牢房。父亲非常爱国，在抗战时期，曾积极参加抗日募捐，为了逃避日本人的追查而东躲西藏。解放战争时期，他非常关心国内的局势。因母亲没有读过书，他每天晚上都给母亲读报纸，通过这些报纸，父亲知道共产党是一心为穷人的，也是通过这些报纸，我们了解到共产党、解放军是一心为劳苦大众谋利益的。父亲的爱国主义思想影响着我们。那个时候，当地的华侨分成两派，一派倾向共产党，一派倾向国民党，国民党在那边有支部。于是一些进步华侨组织了"泉义山同志社"，开展了热爱新中国的宣传活动。新中国成立时，我家也升起了鲜艳的五星红旗。初中一年级时，我就参加一些进步活动，每年国庆节当地华侨都要举办庆祝晚会，我也参加了演出活动。有几次，我们还到附近的海岛，为岛上的华侨渔民演出。那时，我们已经学会了很多革命歌曲，如《歌唱祖国》、《解放区的天是明朗的天》、《南泥湾》等。

初二的时候，由于我所读的学校是亲国民党的，在当地进步华侨的影响和帮助以及父母亲的支持下，我从巴彦亚比坐了一晚上的船和半天的火车到棉兰市的华侨中学读书。当时我只有十三岁，便开始了独立生活。这所学校是由进步华侨创办的，记得有一次，我违反了不准看美国电影的校规。出于好奇，有个同学带我去看关于飞人的美国电影，后来被发觉，在班上作了检讨。学校的教导主任李公我先生据说是杨尚昆同志的校友。校长朱之辉先生还曾应邀回国参加 1952 年国庆观礼，回校后给大家作报告，他引用了《白毛女》的故事，说旧社会把人变成鬼，新社会把鬼变成人，这句话给我的印象很深刻。因此我对社会主义的新中国产生了热烈向往。那时已有不少人回国求学，我的一个堂姐和姐夫于 1952 年回国，后来在湖北沙市工作。1953年，伯父因病去世，伯母想叶落归根，父母亲觉得今后我们一家终究是要回象山的，于是就让伯母带着我们一起回来了。1954 年 4 月，伯母带着我、弟弟、妹妹、堂弟等一起，从勿老湾港坐船到香港，再从九龙到深圳。当我一踏上祖国的土地，看到迎风飘扬的五星红旗，感到很激动。从此以后，我可以和国内的同龄人一样，接受党和祖国的教育与培养，沐浴着社会主义的阳光。我们先来到宁波，和居住在宁波的婶婶会面（叔父在上海工作）。然后回到了伯母和母亲的家乡——象山县。伯母和两个妹妹及堂弟就在象山定居下来。

二

　　1954 年 8 月,在宁波的婶婶安排我和弟弟一起到宁波第三中学读书,当时我宁波话会听不会讲。上课时老师都讲宁波话,我害怕老师上课提问我。老师和同学很关心我,还让我当了课代表。不久我加入了共青团。我是在宁波一中读的高中,期间当过班长、团支部委员。1957 年反"右"运动中,讲课好的老师被"打倒"了,对此我很不理解。不久,"大跃进"开始,全民掀起了大办钢铁的热潮,学校也建起了小高炉,我们学生也去挑砖头,经常要挑一二百斤,当时我作为班长,积极带头干,因表现好被评为"劳动积极分子"。1959 年春天,我还去杭州参加浙江省归侨侨眷社会主义建设积极分子代表大会。时任省长的周建人先生和代表们一起在杭州饭店(现为香格里拉饭店)前合影留念。大会期间,我们有机会游览了杭州西湖美丽风光和名胜古迹,我们还去参观了当时我国最大水利建设项目——新安江水电站。高中毕业后,我考上了同济大学城市建设工程系。这里有一个小插曲:1956 年国家号召向科学进军。在一次班会上,同学们畅谈自己的理想,我就说我的理想是当一名救死扶伤的医生。上高中后,经历了人民公社化运动,我的思想产生了变化,想尽快参加到建设祖国的大潮中去,于是就想报考北京农机学院,后来,又觉得还是当一名社会主义城市的建设者好,于是,第一志愿报考了上海市同济大学城市规划与建设专业(后改为城市建设与经营专业),而且,上海离家也近一点。大学里,我做过系学生会宣传委员,校学生会副主席兼学习部长,在临毕业那年当了大班长,毕业后留校在本系本专业当老师。

　　1964 年"四清"运动中,我们刚分配工作的大学生,被安排参加社会主义教育运动,我被派到奉贤、崇明作为四清工作队队员,与当地农民同吃、同住、同劳动。一年后回学校,又被派到南京勘察设计院实习。1966 年 6 月，"文化大革命"开始，我回学校参加"文化大革命"运动。这时，学校已完全停课，许多领导干部和老师都受到审查和批判。当时，有不少归侨也受到了不应有的歧视和冲击。我因有海外关系也受到了审查，但查不出问题，也就没受到冲击。当时，我觉得生活上的艰苦是可以适应的，政治上的歧视却是难以忍受的。因此，我对自己的人生道路感到迷茫。但是，我相信党，我觉得这些不正常的现象不可能持久，总有一天会雨过天晴。我感到，今后，知识还是有用的。有时间我就看看书，学点英语。后来，我被派到地处安徽歙县的同济大学五七干校，进行劳动锻练。那里原先是一个劳改农场，我们在那里种植水稻、茶叶、梨等作物，同时也进行政治学习。在干校时我还担任过排长。

1974 年 4 月，我从上海市同济大学调到宁波市城市建设局，被安排在市政工程管理处从事技术工作。不久，被借调到市革委会城市建设办公室。镇海港正在进行大规模的建设。我们参与了由上海市规划设计院主持的镇海县城的城市总体规划工作。规划工作结束之后，我仍回市政工程管理处工作。当时，全国大办"七·二一工人大学"，管理处领导决定也办"七·二一工人大学"，就派我去筹办。这个大学名义上说是大学，实际上是一个培训班。教学大纲、教育计划、教材等都要自己编。学员文化程度也不一样，我就从初中数学教起，删繁就简，教一些工程技术方面的基本知识。后来"四人帮"跨台，也就停办了。不过，不少学员后来也成了管理处的骨干。紧接着派我参加系统"造反派"的清查工作。通过清查，纯洁了职工和干部队伍，既教育了职工群众也教育了我，激励我要更好地为党为人民工作。

1977 年 12 月，浙江省五届一次人民代表大会和四届一次政协会议在杭州胜利召开。我有幸作为省人大代表出席了会议。

党的十一届三中全会以后，党的侨务政策很快得到了恢复。1978 年 12 月，我有幸作为归侨代表，到首都北京，参加了全国侨务会议和第二次归侨代表大会。李先念代表党中央和国务院致词，国务院侨务委员会主任廖承志作了题为"认真落实侨务政策，为建设社会主义现代化强国而奋斗"的报告。它温暖了广大归侨、侨眷和海外侨胞的心，我们的心情都很激动。邓小平等中央领导同志还亲切会见全体代表，并摄影留念。会议期间，我们还到毛主席纪念堂，瞻仰了毛主席的遗容。1979 年 4 月，在宁波市第二次归侨代表大会上，我被推选为宁波市侨联主席。同年 5 月，我还作为浙江省侨界青联委员，出席了第四届中华全国青年联合会全委会。所有这些，都给了我巨大的鼓舞、无穷的力量，使我更加感到党和社会主义祖国的无比温暖。

在这时期，宁波市的城市建设也和全国各条战线一样，正以一个崭新的面貌出现。宁波市区被余姚江、奉化江和甬江所分割，建设跨江桥梁，对于解决城市交通有着重要意义，我担负了解放桥的设计任务。跨越余姚江的解放桥是当时沟通城市南北交通的一条重要通道，这座桥原是一座一半是固定桥和一半是浮桥的简便桥，桥面宽只有 9 米，已不能满足交通的需要。我和同志们商讨决定，为减少投资，在旧桥拆除后，尽可能利用原有固定桥的桥桩基础，同时加大桥梁的跨度，以满足桥下通航的要求。考虑到宁波市现有的施工条件和设备能力，根据江面的宽度，我提出了 11 跨 225 米长的连续桥面先张法预应力槽型组合梁桥的设计方案。该桥于 1981 年 5 月 1 日正式通车，桥面净宽为 20 米。紧接着我又担负了兴宁桥的设计任务。兴宁桥跨越奉化江，是当时沟通市区东西方向的一条重要通道。奉化江水比余姚江深，水流也较急。设计和施工的难度比解放桥大，我们决定，基础采用高桩承台，主桥采用 5 跨、每跨为 32 米长的后张法预应力丁型梁桥。在设计中，为了节省投资，对主梁丁型梁的片数以及每片主梁预应力钢索的数量，我进行了反复计算和比较，最后决定每跨减少一片梁。这样既可减轻基础的负重，同时减少水泥、钢材等材料用量，也缩短了施工时间。该桥于 1985 年 12 月 31 日通车。为了很好地完成设计任务，我经常加班。当时没有奖金和加班费，我凭着一股精神动力，那就是能为社会主义现代化作贡献，既光荣也感到幸福。

三

1982 年 3 月，我被推选为宁波市政协第七届副主席（兼）。当时，我在宁波市城市建设局任副局长兼城市建设设计室主任。我这样一个归侨知识分子，由于历史的机遇，逐步走上了从政之路，真是感到有点力不从心。我只有努力学习，谦虚、谨慎、踏实地工作，不辜负组织上对我的培养和信任。

1983 年初，这是我一生中最高兴的日子。我们分别多年的母亲专程从印尼到香港，回来看望我们。我匆忙赶到广州。在广州白云机场，当我看到头发已灰白的母亲缓步走出机场大厅，一步步朝我们走来，不禁热泪盈眶，百感交集。与母亲离别已近三十年，原以为这辈子再也见不到母亲了。如今母亲就在我的面前，我充满深情地喊着妈妈，母亲也叫着我的小名，我和母亲相拥在一起，我们终于见面了。如果没有党的改革开放方针政策，我们不可能有这幸福的时刻。此后，母亲和印尼的弟妹也多次回到家乡——宁波和象山。由于父亲早已在印尼逝世，后来母亲因青光眼双眼失明，决定回家乡居住，2001 年 10 月也离开了我们。我也曾两次去印尼探亲，见到了童年时代的同学和朋友，大家都为祖国的发展变化而感到高兴。我想有不少归侨和我有着同样的境遇和感受。

1982 年 9 月，党的十二大胜利召开以后，我们国家开始进入社会主义现代化建设新的历史时期，宁波市的改革开放和各项建设事业在不断向前推进。

1983 年 4 月，我跟随时任宁波市市委书记、市长刘德焜同志赴日本考察访问，并与日本长岗京市缔结为友好城市。作为代表团成员，内心既感到荣幸，也感到激动和兴奋。这是我回国后第一次走出国门。在这次访问中我们还到过东京、大阪、神户、名古屋、奈良、横滨等城市。在东京这一繁华大都市，我们受到了侨居日本的宁波人士亲人般的接待，他们爱国爱乡的热情，使我们深为感动。在日本的所见所闻，我感觉到，我们国家在经济发展、社会事业、交通和城市建设等各方面都有很大差距，觉得可以学习的地方很多。当时，我想，什么时候，我们国家和宁波市也能建设得和他们一样。我心里充满了希望和期盼，但又觉得似乎比较遥远。但是，我相信这一天是会到来的。

四

1983 年 5 月，省委决定宁波地区和宁波市合并，实行市管县的体制。6 月初，市委和市政府的新领导班子建立，我被推荐为市政府新领导班子的成员之一。并于 1983 年 10 月宁波市第八届人民代表大会一次会议上当选为副市长。市委、市政府新领导班子建立之后，为加快宁波市的改革开放步伐，进一步推进宁波市的社会主义现代化建设事业，市委、市政府提出了"以港兴市、以市促港"的发展战略。为了完善宁波北仑深水港口的交通基础设施，同年 9 月，万里副总理到宁波视察时，市委、市政府主要领导即向万里副总理提出，尽快上马早已列入国家建设计划的北仑铁路的建议，得到了万里副总理的认可。当时万里副总理提出一年建成的要求。为贯彻万里同志的重要指示，经省、市领导和上海铁路局领导协商，决定铁路路基、桥涵和场站等工程，由宁波市组织实施。市委、市政府决定成立北仑铁路建设指挥部，我作为指挥部主要领导成员，积极投入了工作。我们抽调干部，组织建设班子。对铁路沿线进行调研，按国家有关政策，对铁路沿线的土地、房屋及有关设施等进行协调和处理，并提出建设方案。在当时物资、设备、车辆、人力都较紧缺的情况下，决定发动全市军民共同参加建设。我和指挥部的有关领导，专程到东海舰队司令部请求支援。舰队领导当即表示全力支持，并经研究，成立了以舰队副司令为组长的支援北仑建设领导小组，并提供20辆运输车辆。共青团市委也专门召开了市委扩大会议，并作出决定，动员全市共青团员参加北仑铁路建设。在各级党委、政府和部队领导的支持下，我们紧紧依靠铁路沿线的广大干部、群众以及东海舰队等部队的广大官兵和全市共青团组织，分段包干，齐心协力，终于在1984年底按期保质保量完成北仑铁路路基、桥涵和场站的建设任务，使铁路部门按时铺上铁轨。

1984年5月，宁波市被列为全国进一步对外开放的十四个沿海港口城市之一。这是我市又一次新的发展机遇。通过调查研究，市委、市政府决定，宁波市对外经济技术开发区，设在北仑小港。开发区方案很快得到国务院批准。为了加快对外开放，改善投资环境，急需解决我市的对外交通，开辟民航线路。市委、市政府经过研究，并经与海航协商后，报请国务院和中央军委批准，利用现有的庄桥机场，实行"军民合用"，并经民航总局同意，尽快开通急需的定期的民航班机航线。但庄桥机场的跑道厚度和场道设施标准低，只能起降安—24和肖特—360等小、中型客运飞机。同时为了开通民用航班，需要建设客机停机坪、旅客候机厅及安检、供油、停车场等设施。在东航部队领导的支持下，我们积极组织实施，发动城建系统的干部、技术人员和广大职工，经过几个月的昼夜奋战，终于完成了建设任务，具备了开航条件。1984年11月16日宁波到上海的航线正式开通。当我乘坐首航班机，飞越在宁波市的大地上，心里充满了喜悦和兴奋。宁波没有民用航班航线的历史也就从此结束了。紧接着宁波至杭州、北京、广州、厦门、武汉等航线也相继开通。1986年10月25日包玉刚先生一行，乘坐BAE—

146 型专机从香港飞抵宁波，参加了宁波大学的开学典礼。直到
1990 年 6 月 30 日，民航转移到现在的栎社机场，以进一步适应
对外开放和大规模经济建设的需要。与此同时，有了建设北仑
铁路的经验和基础，我们以较快速度，修建了市区通往小港对
外经济技术开发区的江南公路，使宁波的对外开放有了更大的
发展空间。

这里，我要提一下，邓小平同志对宁波的对外开放非常关
心，曾提出"要把全世界宁波帮动员起来建设宁波"的号召，当
时，国务院专门成立了"宁波经济建设协调领导小组"，由谷牧
副总理任组长，聘请包玉刚先生为顾问。包玉刚先生曾向中央
领导建议，利用宁波港口的有利条件，可以利用外资建设大钢
厂。国家计委也专门立了项。为此，我也参予了北仑钢厂建设
的一些前期工作，参加过几次宁波经济建设协调领导小组召开
的会议，有一次是由谷牧同志主持的。后来由于种种原因，没
有能实现。

五

离开副市长的工作岗位以后，我继续担任市政协副主席直
至 2002 年。2004 年 4 月，离开市政协工作岗位退休。

我在市政协副主席的岗位上前后干了十二年。在此期间，
还担任了两届省侨联副主席和省政协委员。

在我记忆中，宁波市第七届政协机关工作人员很少，而且
与市委统战部在一个地方办公。当时，我觉得市政协好像是市
委统战部领导的一个统战组织，任政协委员只是一种荣誉，而
缺乏政治责任感和历史使命感。

随着我们国家改革开放的不断深入，在党中央的正确领导
下，人民政协事业也随着时间的推移不断向前推进。党中央的
有关文件和《中国共产党章程》以及《中华人民共和国宪法》

2004 年 1 月，尹礼虎（左一）与宁波市委书记巴音朝鲁交谈工作

都提出："中国共产党领导的多党合作和政治协商制度是我国的一项基本政治制度"，进一步明确了人民政协的性质、地位和作用，使人民政协事业的发展充满了生机和活力。

宁波市政协在历届市委的领导和重视下，经过历届市政协主要领导的不懈努力，不断探索和创新，市政协工作在制度化和规范化建设等方面，取得了很大成绩。人民政协"政治协商、参政议政、民主监督"的三大职能，在实践中不断得到充实和完善。履行三大职能的形式、方法和水平，也在实践中不断发展、丰富和提高。人民政协在国家政治生活中的地位和作用不断加强，在人民群众中的影响在日益扩大。

下面，我就记忆中市政协履行职能的两件事，简述如下：

一、关于推进杭州湾跨海大桥的建设

1994 年，杭甬高速公路建成通车。这在宁波公路交通建设史上，翻开了新的一页。而当时，我国公路网建设规划中的沿海大通道（同三线），也正在逐步实施之中。宁波作为沿海大通

**2004 年 10 月，尹礼虎在宁波市第七次
归侨侨眷代表大会上发言**

道（同三线）的主要节点之一，与上海市的连接原先计划采用
滚装轮渡的方案。通过滚装轮渡，每日所能通过的车流量是极
其有限的，而且所费时间长。与大通道之名不相符。今后，在
交通流量不断增加的情况下，来往于宁波和上海两地的车辆，
大部分还是要绕道沪杭高速公路，这不仅耗时长，费用多，而
且，无形中加大了沪杭高速公路的压力。这是很不适应宁波经

济社会快速发展需要的。如何使宁波、上海之间有便捷的交通联系，能否在杭州湾上架起一座大桥，改变宁波与上海之间的连接采用滚装轮渡的方案，这是许多有识之士在积极思考的一个问题。

1994 年 4 月，在叶承垣主席的支持下，市政协组织部分全国、省、市政协委员，由时任全国政协委员、市政协副主席朱尔梅同志和我带队，赴慈溪市进行考察。我们在杭州湾岸边踏勘，听取慈溪市有关部门同志的介绍，并进行座谈讨论。大家认为：在杭州湾建桥，在技术上没有太大的困难，关键是资金的筹措。在近 40 公里的杭州湾天堑上建设大桥以及两岸的连接线，需要巨大的投资。但是，只要下决心积极努力争取，采用多种融资方式，包括利用外资，资金问题是可以解决的。而且，慈溪市在杭州湾沿岸有大量的滩涂资源（有的已成可耕地）可以开发利用，前景是乐观的。在政策上还可以争取国家支持。大家还畅谈了大桥建设以后，对宁波经济社会的长远发展，有着极其重要的意义。对建设杭州湾跨海大桥充满了期待。因此，我们回去以后，立即写了一份《关于建设杭州湾跨海大桥的建议书》，报送宁波市政府。当年，市政府即委托上海市同济大学林同炎李国豪土建工程咨询有限公司，对杭州湾跨海大桥进行可行性研究。次年，李国豪校长带领课题组的研究人员来宁波，介绍杭州湾跨海大桥可行性研究报告。我去看望了李校长和母校的老师们，参加了可行性研究报告介绍会。此后，我还参加了市政府组织的在杭州、北京召开的专家座谈论证会，专家们对建设杭州湾跨海大桥表示赞赏和充分肯定。叶承垣主席等为争取建设杭州湾跨海大桥，做了大量卓有成效的工作。

2002 年上半年，在王卓辉主席的主持下，市政协组织了数十位政协委员和专家，开展了以《杭州湾跨海大桥建设对宁波发展和影响对策研究》为课题，下分五个专题，进行了深入的调查研究。其中，"杭州湾跨海大桥建设对宁波城市发展影响和对策"的研究专题,由我负责组织调研并提出报告。课题组在杭州湾跨海大桥快要动工的时候,举行了课题研究成果汇报会。为今后市政府开展各项工作,提供了重要的参考价值。当时,金德水市长亲自参加会议,听取汇报。

如今,杭州湾跨海大桥犹如一条巨龙,横卧在杭州湾宽阔的海面上,对杭州湾两岸地区的经济社会发展,必将不断产生并发挥其巨大的影响和作用。这是宁波市政协为全市,乃至全省人民所作出的一个重要贡献。

二、关于加强民主监督力度,开展对政府职能部门的民主评议

1999 年,宁波市的多数国有企业已进行了改制。许多国有企业职工转岗或再就业,还有为数不少的国有企业职工下岗待业。当时,社保基金的安全管理,企业职工的医保问题,劳动就业服务和劳动仲裁等方面,引起了社会的普遍关注。而如何加大政协的民主监督力度,更好地履行民主监督职能,关注民生问题,也是政协需要不断探索的一项工作。我们吸取了其他城市政协工作的经验,决定组织市政协委员就上述几项工作对市劳动局开展民主评议。由于是第一次,为了搞好这次民主评议,我带领了部分政协委员去台州市政协和上海市政协学习取经。同时,与市劳动局的主要领导及时沟通,召开各种座谈会,听取市劳动局领导的情况介绍,组织委员进行调研。

我们明确提出了民主评议的目的和要求。强调评议只对事不对人,而且只是几个专项工作,不是市劳动局工作的全部。评议时,对市劳动局工作,好的方面给予肯定;对存在的问题和不足,提出改进的意见和建议;对工作中存在的困难,特别是自身难以解决的,给予理解,并向市政府有关领导反映,以求通过民主评议,促进和改善劳动保障部门的工作。市劳动局对这次民主评议也给予积极支持和配合。在做好充分准备之后,我们及时召开了民主评议会,进行了面对面的评议。叶承垣主席和市有关部门参加了这次会议。我们还要求市劳动局在评议后一个月内根据这次评议结果提出整改意见。这次民主评议取得园满成功，实现了三满意：群众满意，市劳动局干部满意，市政协委员满意。《宁波日报》对此作了专题报导。

次年，市政协还对市规划局的规划用地和建筑设计方案审批、违章建筑处理、许可证发放等几个专项工作，进行了一次民主评议，以促进市规划局搞好规划管理工作，在社会上产生了良好的反响。

现在，我已退休，过着幸福的晚年。抚今追昔，内心充满了无限感慨。我们伟大的社会主义祖国，走过了六十年的光辉历程，从一个积贫积弱的旧中国，成为令世人瞩目的东方巨人。在国际舞台上，正在不断发挥其重大影响。从此结束了海外华侨、华人任人欺侮和凌辱的时代。我深切地感到伟大的中国共产党和伟大的社会主义祖国，是中国人民幸福的源泉。我们将永远珍惜她、爱护她，保卫她。

风雨人生路

——詹玉廷 口述

被采访者简介：詹玉廷，男，法国归侨。1930年1月出生在青田县。1937年在青田江桥头木业小学读书。1939年，入读温州中学附属小学，1945年，转到青田中心小学继续读书。1947年开始加入木排工会，做瓯江木排运输工

詹玉廷近照

人。1951年，参加青田县土改队。1952年进入青田县搬运站工作。1955年7月，调入青田县农工部工作。1961年下放到石溪乡担任会计辅导工作。1978年调入县农经委工作，参加土地普查。1980年9月赴法国巴黎，1981年回国。1982年复职在青田县农经委工作，1990年退休。

采访时间：2009年6月11日
采访地点：浙江省青田县被采访者住所
采访者：张秀明　陈永升　陈小云　周峰
整理者：陈永升

一

我家世居浙江青田。我父亲原是青田县鹤城镇塔山下平演村人。1911年，因家乡遭遇特大洪水灾害，祖母被洪水冲走，家园被毁，被迫出外谋生，后在青田县城西门外住下。1930年正月初八，我出生在青田县西门外，当时我们家已经有了一家饭店，家境也较为宽裕。

1937年我入读青田江桥头木业小学，同年，抗日战争爆发。1938年，日本鬼子派飞机轰炸温州南郊，温州中学及其附属小学被迫迁往青田西门外夫人庙。这样，我于1939年入读当时教学质量较好的温州中学附属小学。温州附小当时的教师多是上海的大学毕业生，教学经验丰富，所以教学质量较好。但是他们在青田没有依靠，吃住生活都非常困难，柴米油盐都靠当地的学生和群众供应。

我在小学的时候，比较调皮，所以老师对我非常严格，我经常因为调皮被老师罚背书。但我成绩比较好，一般都在班里排在前三名，并担任小队长职务。我的美术老师王崇周很喜欢我，常常单独指导我，这为我以后喜爱绘画打下了基础。

那时我们读书比较辛苦，除了上学，就是躲日本人。经常正在上课，日本的飞机就来骚扰轰炸，我们不得不在老师的掩护下跑到后山的山洞里躲避。

记得1944年9月，日本大批部队从丽水出发向青田挺进。得到消息后，当地政府下令民众疏散到农村去投亲靠友。逃难那天，我们全家天未亮就起床了，街上一片混乱，老百姓哭的哭，喊的喊，惶惶不可终日。我担着箱子，手拉着妹妹走在湖边村逃亡路上，妹妹边走边哭，叫嚷自己走不动了，我只能劝她，不快逃就没命了。逃出不远，就看到五、六架日本双翼飞机在空中盘旋。很快，一队日本鬼子就攻到了我们附近的湖边村。国民党驻军 33 师开始抵抗，双方交火近 40 分钟，我们在附近一动也不敢动。不久，日本鬼子占了上风，我们看形势不对，赶紧向山上逃，经过一片水稻田时，一发 60 炮弹在我们附近炸响，我机灵地伏倒在地，一同逃难的 7 个人中死去 4 人，我父亲、我和妹妹三人幸免于难。

有一次，我们到温州码头用木材换了一百多斤大米和菜，结果在返回青田途中，被日本鬼子的检查船全部抢光，我们只能空手回家。那时候，我们非常痛恨日本鬼子。

1945 年，日本鬼子终于投降了。抗战胜利结束后，温州中学附小迁回温州，我当时已经五年级，被迫转到青田县中心小学继续读书。因为我当时已经上过半年五年级，对所学课程很熟悉，在一次上课中，我指出了数学老师的一个错误。那个老师恼羞成怒，一定要求学校开除我。就此，我被迫辍学。

1947 年，我参加了青田的木排业工会，与别人一起放木排。当时工会共有一千多工人。所谓的放排，是利用江河水流运送木材的一种运输方式，首先是瓯江上游龙泉、庆元、景宁等山区工人将山上木材、毛竹砍好，放在水上扎好木排，木排宽 2～3 米，长度多达几十米，木排上面用毛竹编成一个蓬，上面盖上稻草、茅草，可以住宿 5～6 人。木排放到距离青田县城一公里的北岸溪滩，就由我们青田木排工会工人接收。温州、平阳、瑞安的客商买下这些木材后，交托我们远放到目的地。放排是按照潮水涨落的时间放行，不论天气寒暑、狂风暴雨还是鹅毛大雪，都是不分日夜按标准时间放行。放排非常辛苦，在木排上很难得到休息，同时我们还常常受到旧社会封建把头的刁难和剥削。

二

1949 年，新中国成立了，我们木排工人也获得了解放，成立了新的木排工会。1951年5月，青田县委通知我到温州市干部学习班学习三个月。然后，我被分配到船会大云寺土改工作队。一天，我们的队长陈周文召开紧急会议布置工作。他说，收到可靠消息，一股一百多人的海匪流窜到我们万山区所在的区域。让我和其他两位同志负责去通知各村组织民兵，准备与海匪战斗。我们三人各背一只步枪就出发了。不久，我们与海匪的四五个侦查兵遭遇，打头的同志躲避不及，当场中弹身亡。我和另外一位同志边还击，边后退，成功摆脱了敌人的追捕，及时向上级报告了海匪的位置，让赶来的部队全歼了这伙海匪。

1950年，詹玉廷在青田农工部的证件照

1952年我进入青田县搬运站工作，1955年7月，调入青田县农工部经营科工作，主要做全县生产队的会计辅导工作。

1961年4月我被下放到石溪乡，担任会计辅导员。到了石溪乡，我发现坦头村电力缺乏，便帮助他们设计建造了一座小型水电站，有效地缓解了当地的用电紧张问题。

1961年10月，我又被调到温溪镇，仍然负责当地的会计辅导工作。有了在石溪的经验，我在温溪的东岸村又帮他们设计建造了一座水库。

1962年，水库建造完成后，我转到农业局会计辅导科工作。

1978年2月，青田县科委决定在青田开展沼气推广工作，我被抽调参加。同年10月，我正式调回青田县农业经济委员会，参与当时的青田县土地普查工作。

1979 年，由青田县委组织下乡工作队开荒造田，我被抽调担任一个小组组长，前往洪府前村开辟溪滩造田，共开田几十亩，当年即可种植水稻和其他农作物，收成还不错，受到县政府和群众的表扬。

三

1980 年 9 月，我应妹妹詹玉英的邀请，前往法国巴黎她家的餐馆帮忙。我到巴黎后，发现妹妹的餐馆较小，只需三四人帮忙即可，我基本上没什么事可做。我闲不住，就经妹妹介绍，到巴黎一家叫文成的家具店学习浅刻绘画。浅刻，是工艺美术的表现形式，她的历史古老而源远流长。浅刻，其实非常简单，就是在材料上用刀划槽留痕，但是要刻好就很难。文成家具店的老板对我很好，他教给了我不少浅刻人物、花鸟的技法，使

1981 年，在法国巴黎留影

我受益匪浅。但是，因为我没有经过正规的美术训练，而巴黎的艺术欣赏水准又高，所以我的产品无人问津，我只好又回到四妹的饭店帮忙，每天负责洗碗和炸春卷。

不久，因为水土不服，我突然病倒，四肢无力，头脑晕眩，被紧急送往巴黎的医院检查治疗。当时正是星期日，巴黎医院不上班，我还是通过外国人朋友关系，被送进医院，经医院详细检查，病势比较严重，我被转入重症病房，全身换血，并动了眼部手术，才捡回一条命，结果医药费花了十多万法郎。

出院后，我感到很灰心，本想在巴黎做一些事，不料居然是这样的结局，所以在妹妹家住了半个月，就再也住不下去了，决定打道回府，1981年，我就回到了祖国。1982年我复职到青田县农经委工作，1990年到期退休。

1995年，青田瓯江大桥工程指挥部合影（右一为詹玉廷）

退休后，我热心于地方的公益事业。我曾帮助青田县侨联动员爱国华侨陈永华兄妹捐助十多万元人民币，修建西门外通往大街的公路。公路修成后每日有一千多市民、百余辆车通行，方便了市民出行。我负责设计施工，建造了位于公路要冲的，便于大家来往休息的"永济亭"。永济亭历时两年多建造完成，建成后由当时的国务院副总理邹家华亲笔题名。

其后，我经青田县副县长介绍，被聘请到瓯江大桥过境大桥办公室担任主任，负责编写工程进度简报以及其他日常事务。拆迁时我帮助鹤城镇建造了"老人亭"，老人亭有四层楼高，占地 600 平方米，500 多个座位。每年重阳节都在这里举行文艺晚会，成了鹤城老人安度晚年的活动场所。

1994 年，我帮忙建造西龙码头广场，广场共两千多平方米，设有许多体育设施，早晚都有很多人来这里跳舞、打太极拳，成为当地重要的娱乐场所。

在我退休的时间里，我拾起了自己的业余爱好——绘画。我从小喜欢绘画，在巴黎学习了一段浅刻后，绘画技巧也有所提高，近年来我共完成绘画作品一百多幅，主要是画些动物和人物。此外，我还喜欢在业余时间帮人扎岸龙，1995 年，青田县举办石雕节，文化馆聘请我扎了红、黄、蓝、白、黑五条岸龙供文艺演出之用，演出受到了大家的好评。2004 年，青田市文化馆聘请我为西班牙巴塞罗那市一场文艺演出扎了一条岸龙，用集装箱运往西班牙，演出获得了第五名的成绩。1996 年，我设计造型、绘制龙头龙尾的龙舟代表青田县龙舟协会出席在浙江龙游举办的国际龙舟比赛，在有美国、澳大利亚等强手的龙舟比赛中荣获了第三名。

我 1950 年 8 月结婚，与妻子金翠娥共育有三子一女。一子在西班牙经商，一子在德国经商。我老年最感欣慰和自豪的是我次子的儿子詹天佐。

天佐 1985 年出生，1990 年随他的父母到德国。中学入读德国名牌中学——德国柏林高等学校，其后以该校 20 年最高分考入世界知名的海德堡医科大学。他懂 5 国语言，分别是中、德、英、法和拉丁语。在海德堡医科大学毕业后，进入哈佛大学进修。他一直是我的骄傲。

2001 年 6 月，詹玉廷孙詹天佐（左一）在英国驻德国
大使馆为英国女王举行的生日庆祝会的留影

　　尽管我一生坎坷，但是我觉得自己生在中国很幸运。在法国的那一年，使我深深地理解了"祖国是华侨坚强的后盾、祖国是华侨的靠山"这些提法。特别是近些年来，祖国的繁荣富强，使海外华侨也倍感荣耀。我教育下一代儿孙，应该为祖国和人民多做贡献。

花红柳绿还初春

——张碧如　口述

被采访者简介：张碧如，女，印尼归侨，祖籍广东大浦。1939 年 9 月出生于印度尼西亚苏门答腊。1958 年 3 月回国，9 月考入北京农机学院，大学毕业后，分配到浙江富阳皇天畈农场。后调到浙江省邮政车辆厂工作。1994 年

张碧如近照（摄于 2009 年 6 月）

退休后，曾返聘到中南公司摩托车厂（台资企业）工作，任该厂技术科副经理、副总工程师等职。

采访时间：2009 年 6 月 6 日

采访地点：浙江省杭州市被采访者住所

采访者：张秀明 陈永升 陈小云 丁伟

整理者：陈小云

一

我是印尼华侨，1939 年 9 月出生于印度尼西亚的苏门答腊斯马威，姐妹五人，我排行第五，是最小的妹妹，下面还有一位弟弟。我的幼年原本应是快乐幸福的，父亲事业有成，母亲

善良慈爱,几个姐姐都很和气,大家都很喜爱我这个小女孩,不幸日本南侵,我只能在逃难和惊吓中度过我一半的幼年。

我的父亲是我最敬爱的人,他勤劳勇敢、自学成才、敢于承担责任、平等待人。他13岁只身闯南洋,干过苦力、小工,做过账房。他省吃俭用有了积蓄,就把祖父母和几个叔叔从家乡接过来一起生活,开了店经营小本生意。由于他思维敏捷、乐于助人,很快得到当地华人的信任,并被推选为斯马威华侨商会主席。祖国有难,他发动华人为救国捐款、捐衣物。

日本南侵,父亲怕枪打出头鸟,为逃避迫害,父亲带着我们举家迁往棉兰,不幸还是逃不出魔爪,父亲被捕,母亲倾家所有营救父亲。父亲出狱后,我们逃到乡下生活,直至日本投降。所以我幼年的一半是在惊吓和逃难中度过,当然其中也有与姐姐们在田间追逐蝴蝶抓蜻蜓的欢乐,有偷摘黄瓜时的心跳。在乡下生活由于水土不服,体质又差,我不断地生病,以至于皮肤都溃烂了。

日本投降后,我们回到了棉兰。父亲又开始为养家糊口奔波于雅加达和棉兰之间,后来开了店,生活才开始安定下来。回棉兰后,我们姐妹五人都上了华人办的苏东中学及其附小,校方减免了我们五人的学费。由于在乡下时父亲曾教我们读书,所以我们姐妹都顺利地进入不同的年级上课。

记得上高中时,班级里的同学很多是从小学就同班一起经初中升至高中的,同学之间很友爱,将班级取名为“永毅级”。我们组织男女篮球队,我们喜欢旅游、游泳,有时任课老师也和我们一起游玩。我们到各地旅游,并进行篮球友谊赛。有时人家没有女队,我们就与小男孩比赛,当然他们得让我们,少上两个人。周末我们一起看电影或到同学家玩。毕业后同学各奔前程,有到大陆、到台湾、到香港的,也有到欧美各国的。但我们之间一直有联系,在棉兰有一个核心,他们组织了校友会,常给我们发通讯录,报告同学们的近况。改革开放后来杭州旅游的同学不少，他们都会来探望我，或邀请同游数日。可贵的是我们的班主任已经九十高龄，同学们常到她家去看她。记得有一次同学们去看她，她给我打电话，我问道："老师您还记得我吗？"她笑着说："记得！怎么会忘记呢？你就是那个英文、数学成绩都很好的很漂亮的小女孩嘛！"我说："我现在已是白发苍苍的老太婆了。"她说："我还没说老，你却喊老了。"

二

还在我读高中二年级的时候，家里就经常议论我毕业后的去向，是留在父母身边还是去欧美留学？或是到北京、台北上大学？当时，印尼某政治势力害怕进步力量的发展，而台湾当局正加紧拉拢海外侨胞，于是他们达成默契，鼓励华侨学生去台湾，并出台了一项有倾向性的法规：凡是去台湾上学的印尼侨生可以自由往返；而去大陆上学的侨生，则不能再回印尼。同时散布种种谣言，企图遏制侨生回大陆的念头。

新中国的成立以及接下来的社会主义建设使广大华侨兴奋不已，新中国的日益强大，相应提高了海外华人的地位。1957年父亲参加棉兰大埔联谊会组织的回国观光团，他们回到老家探望族人，参加了北京天安门的十一国庆庆典，参观了长江大桥的建设和长春汽车制造厂……他们一直走到哈尔滨。看到祖国的巨大变化，父亲立即决定送子女回国参加社会主义建设，离开祖国之前，就急忙写信回印尼叫我们准备办理回国的手续。观光结束，回到棉兰，他兴奋地向亲朋好友讲述他在祖国的所见所闻。他对我们说："在新中国，军阀割据、民不聊生的时代已经一去不复返了，中国人民真正当家作主了。虽然由于家底薄、物质不富裕，现在生活还比较艰苦，但艰苦的环境对年轻人是最好的学校。爱国、自强、奋斗是华侨的优良传统，孩子，回祖国去吧！"

当时，大姐已出嫁，二姐和我刚高中毕业，三姐也从英文学校毕业，所以父亲安排二姐、三姐和我三人首批回国，然后是四姐，最后计划他们二老带弟弟一起回国，这是父亲的心愿。可惜四姐回来后，父母亲没来得及回来就离开了人间，弟弟就留在了棉兰。一直到现在我还保存着我们回国前夕父亲给我们的嘱咐和期望：

> 花红柳绿还初春，
> 更当东风送画轮；
> 求学不须愁远道，
> 闻鸡深勉舞将晨；
> 齐看中国新社会，
> 勿作娇羞旧女人；
> 临别为言你姊妹，
> 前途珍重慰双亲。

1958年2月，印尼苏北棉兰全体回国华侨学生
离棉前留影（二排右十一为张碧如）

1958年3月8日，印尼苏门答腊北部勿老湾码头，随着荷兰游轮"芝利华"号汽笛长鸣，我鼻子一酸，码头上前来送行的父母姐弟、亲朋好友、老师同学的身影顿时模糊了：今日一离别，何日再相逢？游轮在广阔的南中国海航行了8天。同船归国的印尼侨生有三百余人。早上看日出，黄昏观落日。三五成群，聊天、嬉戏、拍照，有的还爬上桅杆，高声大叫"祖国啊，我们回来啦！"白天的时间仿佛过得很快，可是在夜深人静的时候，就开始想家了。最初是一个小姑娘在悄悄地哭，不久就感染了其他侨生，跟着禁不住一起流眼泪。

三

一踏上祖国的国土，首先听到的是扩音喇叭放出的激动人心的歌曲"五星红旗迎风飘扬……"。当边关的同志热情地握着我们的手说"欢迎你们回家"时，一种到家的感觉、一种见到亲人的感觉油然而生。我激动得热泪盈眶，回来了，到家了。

1958年3月，张碧如（前排右二）在回国途中的游轮上

　　北京华侨补校有来自各国的归侨学生。我们三姐妹被编到不同的班级补习。我和二姐顺利地进入高考复习班，而三姐就比较惨了。她在印尼已经英语高中毕业，回国是准备报考外语学院的，可是因为没有中文中学经历，只好先学三年高中课程，然后参加高考，好在后来考上了暨南大学。

**1959 年 2 月，在北京农机学院读书的张碧如（左一）
在北京门头沟参加劳动**

　　九月份，我到北京农机学院报到。第一件事就是全院上山下乡劳动一年。我被分配到门头沟植树造林，这对我这个刚回国半年多的侨生而言无疑是个严峻的考验。九月的北京，天气渐凉，站在郊区山上露天劳动，凉风带来阵阵寒意，我们挥着山镐挖出一个个鱼鳞坑。这对于在常年如夏的印尼生活了 18 年的我来说真是一件不可思议的事，但是我做到了。虽说思想上有不怕苦、积极参加劳动的准备，但物质上却少有准备，从国外带来的都是新的衣裤，在学校过冬的冬衣尚未添置，哪来露天劳动用的服装呢，急急去买了两套卫生衣裤，打了铺盖卷就去了。到了门头沟驻地，同宿舍的女同学看了我的服装，都说我怎么这么没经验。赵焕然同学说穿新裤子去劳动可惜了，用我的吧，她拿出了打补丁的旧裤子给我穿。还有一个同学看我没有大棉衣，就把自己的大棉衣给我，说劳动时脱穿方便，随意些。我说那你呢，她说："我暂时有厚的衣服可以挡一挡，我写信让我哥再去买一件寄来，不就好了吗？"我真的很感动，一下子感到好温暖，国内的同学这么好，之前我们还不认识呢。

刚上山时，山坡上大石头多。用山镐半天还挖不出一个坑。手都磨出血泡来，腰酸背痛胳膊疼，收工回到住处，趴在床上都不想动了，怎么办呢？我就这么没用吗？临行时父亲的教导提醒了我，不服输的精神劲头支撑着我，我必须加油赶上去！咬紧牙关，忍住疼痛，虚心向同学学习挖掘的技术，终于在克服了重重困难后，我能够跟上队伍的进度了，可是同时饭量也大了，在补校不爱吃的窝头现在一顿能吃上两个。同学们看到我的进步很高兴，打趣地给我起了个外号叫"小窝头"。

我在班里学习成绩较好，经常主动辅导班里的工农同学。他们大多年纪较大，基础较差。课余时间，我参加班里的女子篮球队，是主力右前锋，投篮命中率较高，曾获得三级运动员称号；我还参加了小口径步枪射击训练，曾获得三级射击裁判员证书。

1959 年 11 月，张碧如被国家体委授予三级射击运动裁判员称号

大学的生活丰富多彩，我和同学们经常去北海划船，结伴去长城、香山；国庆节凌晨去天安门广场参加庆祝活动，晚上参加舞会，还去兄弟院校与他们一起尽兴共舞。

1963年毕业前夕，我们在人民大会堂参加全国毕业生大会，那是我毕生难忘的一次盛会，周恩来总理亲自出席大会并讲了话。我当时非常激动。总理离我们那么近，是那么英俊潇洒、和蔼可亲。

四

毕业后我被分配到浙江，当时全国都在搞社会主义教育运动。浙江省委决定，凡分配来浙江的大学生一律成立工作组，由省委干部带领到农村去蹲点，投身到运动中去。

开始要先统一思想，在浙江师范学院集中学习文件。一个困难问题横在了我的面前——方言听不懂。第一次点名的时候，队长点完后问有谁没点到，我和几个北方的同学都高高举起了手，队长一一核对名单后，说点过了啊，原来他是宁波人，口音很重，我们的名字被他念得都变了音调了，我们还以为在点别人的名呢！接着是开小组会，会上发言讨论时，上海人、宁波人、绍兴人，都带着浓重的方言口音，我一句都听不懂，怎么办呢？我向组长提意见，建议用普通话发言，但他们有的根本就不会讲普通话，有的会讲一点，南腔北调的根本改不过来，因此我只能又一次改造自己——学习方言！这一关可不好过，难度太大，下到农村就越发困难，农民的土话就更难懂了，说得又快，我真是招架不住。后来一直到我在皇天畈农场工作了一段时间后才能听懂方言。

我工作的第一站是浙江富阳皇天畈农场。该农场是机械化农场，设有拖拉机试验鉴定站，我和另一位同学徐早生被分配到这里工作。我们一人挑了一担行李，从车站走向农场，途中遇上两位在路边休息的人，其中一个干部模样的人招呼我们也坐下来休息一会儿。一聊起来很投缘，他们向我们介绍了鉴定站的情况，还说你们到这里工作将大有可为，讲得我们心里热乎乎的。后来他们先走了。到了农场一报到，才知道马上有一个全国水稻机械工作会（现场工作会）要在这里召开，我们被安排参加会议。会上我们见到农机部部长和他的助手，原来就是我们路边遇到的两个人，我们一下子成了老熟人，原来祖国的高层干部竟是这么平易近人、和蔼可亲呀。在这次会议上，我热情高涨、忙里忙外，很快掌握了那些推广产品，由此我成了该鉴定站农机组的主要技术骨干，并且在这里一待就是8年。

在农场，我被改造成一个"土疙瘩"，从国外带回来的漂亮衣服被视为奇装异服，不敢穿。农场机务队有一些从农业厅下来的干部和技术人员，工人中也有部分是从杭州分配来的学生，后来又陆续分来的7位浙江农业大学的毕业生，其余的工人都是从当地的农民中招聘的，每天上下班都穿工作服。

我主要的工作是农业机械的应用，我搞过播种机、收割机、插秧机等农业机械的试用推广和维修。虽然生活很单调，但我还是以饱满的热情全力把工作做好。后来，农业厅调回技术人员时，其他大学生都被调走了，机务队却不肯放我走。我为无法回城感到惋惜，但是也为自己能被单位重视而感到欣慰。

我先生在浙江大学任教，他身体不好，经常胃出血。小孩渐渐长大后，我们的这种两地分居的情况越来越不能继续下去了，生活非常不方便。于是我就申请调到杭州工作，以便照顾家庭。经过努力，1973年我被调入浙江省邮政车辆厂。在这里我倾注了毕生的精力，将身心完全投入到摩托车事业中。该厂是浙江省邮电管理局在改变邮政落后面貌、实现投递摩托化、自力更生制造摩托车的指导思想下，于1970年筹建的。至1973年该厂已初具规模，试生产了130余辆2500CC排量的两轮摩托车。

在厂里，我先在零件精加工车间发动机装配组熟悉产品的生产过程，然后在技术检验科主管产品零部件检验。这些工作为以后搞产品设计奠定了基础。

1979 年由于邮政投递的需要，省局要求开发、生产货运三轮摩托车。厂里把这一重要任务交给了我们两人小组，时限一年。一切都从零开始，我们到北京摩托车厂去取经，并在学习的基础上定下了方案：采用原有的两轮摩托车的发动机，但车体部分需要重新设计。于是我们从定型、设计、绘图、试制，以及样车的道路试验和耐久性试验，全流程、全方位投入工作。在厂里多方面的配合下，我们两人的辛勤努力终于有了成果。一年后，1980 年 10 月，我们的成果通过了鉴定。同年 12 月在邮电部测试检查中被评为第一名。这也是对我们一年多没日没夜不懈努力的最好回报！

1982 年，产品进行了改款，改变为金属全封闭式货箱结构的三轮摩托车。厂里很重视这次产品转型，为了批量生产，成立了装配车间，由我亲自担任车间主任，把好质量关。我着手对工人进行装配技术的培训并现场示范。针对生产过程中发现的问题，我调整了局部零件的设计，并重新出样。经过不懈的努力，产品的质量上去了，零部件的报废率下来了，装配速度提升了，生产效率提高了，从而使企业的经济效益得到了显著增强。我们厂当年就生产了近 400 辆三轮摩托车。我也因此获得了工程师专业技术职称。

正当我在生产第一线的管理岗位上干得得心应手的时候，厂里又把我调到厂长办公室搞标准化工作。

"标准化工作是文字游戏，我不干！"，我当即表达了强烈的抗议。厂长耐心地与我交流："标准化工作不是文字游戏，是企业产品量化生产的生命线，是产品生产、外协、服务于销售的基础，同时又肩负着产品的优化工作，需要全面熟悉产品、又要懂技术、责任心强的人来担任。经过全厂筛选，你是最合适的人选。"于是，我又一次说服自己到厂办报到，全身心投入到标准化工作中去。首先，从产品图样标准化开始，对厂里生产的全部产品图样进行标准化审核，调动全厂技术人员配合整改。并规定，此后厂里用于生产的图纸都必须符合标准化要求，经审核签字后方可使用。

1985年，在图样标准化的基础上，省局要求企业推行标准化管理。厂里组织了以厂长为组长的标准化管理小组，我担任副组长。全厂动员，要求全厂各职能部门都制定标准化管理计划。同年通过了省标准化管理局和省邮电管理局的标准化验收。我们是省局下属企业中最早通过标准化验收的企业，为省属企业树立了典范。年末我被评为浙江省标准化工作先进个人。

此后，我又兼管摩托车技术信息，大量接触全国各摩托车厂家、研究所、行业机构，参加行业组织、出席行业会议，提高了我厂的知名度。我连续多年被评为先进工作者。1987年，我加入了致公党，1988年获得高级工程师专业技术职称。

五

1994年，我退休了。1995年初，与台湾合资的中南公司摩托车厂刚刚成立。这个厂求贤若渴，找到了赋闲在家的我。因为那个厂离家较远，我本不愿再出来工作，但耐不住这个企业高管多次邀请，最后我同意去该厂做技术管理工作，为该厂进行新产品开发，建立产品技术档案、产品图样标准化并编写所有产品、技术标准和鉴定资料等。在我和同事们的努力下，该厂顺利通过不少核心产品的鉴定，我因此连续三年被评为先进工作者。

1998年，因为先生病重，我决定辞职回家照顾他。我到处为先生求医问药，更重要的是要照顾他的生活，我要补偿这些年因为工作而对家庭的疏忽。这是我俩时时刻刻在一起的日子，也是我能够对他曾经的付出的最后报答。2001 年他做了心脏缩窄心包的剥离手术，2005 年我婆婆因尿毒症去世，4 月中旬，我先生也因医治无效走完了人生的最后一程。失去至亲至爱之人的痛苦尚未解脱，我在 5 月中旬的常规体检中又查出左胸腔有巨大肿瘤。接二连三的打击，我都快崩溃了。儿子、儿媳成天陪伴在我身边，很多亲朋好友也从各地打电话来安慰我，鼓励我要坚强地生活下去。我为这么多亲情友情所感动，我坚定信念，克服恐惧和悲观，顽强地面对生活。手术很顺利，现在我身体恢复得很好，天气好的时候我就到公园散步，打太极拳，有时推拿经络，生活得很充实。

与我一起回国的两位姐姐生活都比较好，二姐毕业后在北京一所中学任教，三姐在西安一所中学任教，她们也都已退休。我儿子博士毕业后，在通信运营公司任职。

工作期间，我参与设计的产品有西湖牌三轮摩托车和西湖牌厢式三轮摩托车，编写了摩托车培训教材（培训维修工用）发动机部分，为"摩托车标准译文集"一书翻译 ANSID7．5－1974《摩托车的检测要求》美国国家标准 13000 余字。

人生旅途，奉献实干

——郑奋义 口述

被采访者简介：郑奋义，男，泰国归侨，祖籍广东潮阳。1937年11月出生于泰国，1953年回国读书，先后在汕头华侨学生补习班、第四中学、武汉三十三中和集美华侨补校学习。1960年考入郑州粮食学院油脂专业，1967年到平湖油厂工作。1983年被提升为油厂副厂长，并被推选为省政协委员。1984年5月调到嘉兴市粮食局任副局长，同年

郑奋义在接受采访

底调任嘉兴市政府侨务办公室主任兼市侨联主席，1998年退休。

采访时间：2009年6月5日

采访地点：杭州市文华大酒店

采访者：林晓东　黄晓坚　李章鹏　乔印伟　丁伟

整理者：乔印伟

一

我是 1937 年出生在泰国的第三代华侨，祖籍在广东潮阳。大概在满清末年，祖父就开始出洋了。为什么出洋呢？当时人多地少，家里很穷，光靠种田没办法吃饱饭，又赶上天灾人祸，就这样，我祖父坐了有两个眼睛的红头船漂洋过海去了泰国。我父亲在家里排行老大，在中国出生，过去的时候还很小。我的几个叔叔都是在泰国出生的。祖父出去的时候，泰国很荒凉，他刚开始靠拉黄包车为生。父亲在一个比较有名的糕点店当学徒。后来父亲在泰国的挽叻开了一家小作坊店，一边做糕饼，一边卖烟酒之类的商品。我的二叔在泰国开了间比较有名气的泰文书店。听说他和泰国的中上层政界关系比较好。日本侵略泰国以后，对当地人管理得很严格，好几次抓他都没有抓到。

我小的时候泰国排华很厉害，压制华文，不允许开设华文学校，即使允许开的话，一天至多只能教一到两个小时的中文。那时候我在泰国存真学校读小学，上到小学三年级，泰文课比中文多。泰国的华侨子弟中文都比较差，因为没有条件接受华文教育。

我在泰国印象最深的有两件事，一件发生在 1945 年，一件发生在 1949 年。1945 年日本投降的时候，当时我在店里面，三四点钟左右，就听见拉黄包车夫在喊："日本战败啦！日本投降啦！"大家都很惊奇，整条街顿时热闹起来，唐人街也沸腾起来。中国战胜了，成了四强之一，作为中国人的自豪感充分爆发出来，在泰国的华侨把曼谷当成了一个华人城市。1949 年中华人民共和国成立的时候，泰国的华人也是异常激动。当时泰国对华人的各种限制还不是很多，中国的很多画报还能运到泰国，很多华侨子弟接触到中国的这些资料，了解到国内的消息，爱国热情高涨。那时候还掀起了一股自学中文的热潮，有很多的自学小组，在晚上学习。当时有很多的华文报纸，像《中原日报》、《星暹报》、《亚洲报》、《光华报》等，其中最重要的是《全民报》。《全民报》主要报导中国国内的动态消息，后来被泰国当局查封了。

二

从 1952 年开始到 1956 年左右，泰国有大批的华人回国。当时回国的有三类人：第一类是难侨。在泰国有不少华人仍然保持中国国籍，泰国政府不允许他们理发，卖东西也有一定的规定。这一批人有不少在这个阶段回国。第二种是在泰国生活很艰难的，中国解放了，举家回国。第三种人就是我们这些年轻人，抱着满腔热情投奔祖国。当时许多华侨家庭条件都非常好，很多人是背着父母亲回到祖国的。我最小的叔叔是四叔，他也是在这个时候回国的，他回来的时候家里人都不同意。

1953 年，从泰国回国途中，侨生在大伟健轮船上高歌《歌唱祖国》
（右四为郑奋义）

　　我是 1953 年 11 月份回来的。我是怎么回来的呢？说起来有一种冲动的感情：祖国解放了，我们要回来参加建设，或者回来读书报效祖国。当时很多年轻人都有这样的想法。回来的时候我还没有满 16 岁。泰国有个规定，在泰国出生的就是当地公民。凡是在泰国出生的华侨子女，一律视为泰国公民，如果没有满 16 岁的话，外出一定要由父母亲带着，否则是不允许单独离开泰国的。我背着父母，买通了一个小旅行社，伪装成搬运杂务工，混进船舱后，他们把我藏在行李堆里，瞒过了边防警察的检查。我就这样离开了泰国。船开出泰国国境以后，我才从行李堆里钻出来。11 月的天气，海浪很大，轮船快进港口的时候，前面来艘小轮船，是汕头侨务局派来的领航船，大家都激动得不得了，同船的一位肖老师还指挥大家一起高唱《歌唱祖国》。

　　上岸以后，侨务局工作人员把我们领到招待所。当时的招待所是由一个仓库改建的，下面是仓库，楼上是木版做成的大通铺，一排可以睡二三十个人。我住的那个招待所有一百多个人，分成几个组。吃饭时八个人一组，拿个大搪瓷脸盆，把所有的菜全部集中到一起，当时没有座位，找个干净的地方，席地而吃，大家都吃得津津有味。尽管当时条件艰苦，但我们心里还是很愉快的。大家回到了国内，很是高兴。因为天气冷了，工作人员给每个人发一件棉衣。很多学生没有见过棉衣，因为在泰国是不需要的，就好奇地问这是什么？我们在招待所住了两个多月，侨务局给我们做形势报告，介绍祖国的情况。平时看些苏联的革命影片，还参观土地改革成果展览。以后就送我们到补习班，年龄大的，送到职业技术学校培训，年龄小的，安排到学校，费用全部是国家承担。我们内心里很感激。

　　补习班按甲、乙、丙、丁四个层次来分班，最好的是甲班，相当于初中二年级三年级的水平。中文水平最低的是丁班，相当于小学二三年级的水平。我被分到乙班补习，补习半年多，我就考到汕头市第四中学上初中一年级。我在汕头上了三年的初中。在汕头很开心地过了回国后的第一个元旦，当时还在补习班学习，举行元旦庆祝晚会，很多华侨学生跳舞唱歌，闹到凌晨一点钟才结束。我会讲汕头话，因为在泰国主要讲两种语言，一种是潮州话，一种是泰语——到外面讲泰语，在家里讲潮州话，从泰国回来的归侨在一起的时候，泰语和潮州话常常混着讲。

1954 年 6 月，郑奋义（左一）与华侨补校的同学在郊游中跳集体舞

1956 年初中毕业时，我身体不好，通不过高中统考的体检。1956 年到 1958 年，我又到厦门的集美补校学习了两年。天气好的时候，经常看到陈嘉庚老人家出来散步，还有几个解放军侍卫跟着；有时候遇到我们，他还停下来跟我们聊天，问我们生活习惯不习惯；端午节期间，除了赛龙舟，他还叫手下人买了很多鸭子放在游泳池里，叫侨生去捉，谁捉到了就归谁；过年的时候他还给我们压岁钱。那时候补校还设有生活辅导组，专门解决生活问题，我们的生活学习全部都是免费。

三

我在汕头的时候就入了团。到厦门集美读初三的时候，我当团支部书记。1958年，我通过高中一年级的结业考试，被分配到武汉第三十三中学插班读高二。三十三中在武昌，是重点中学。读了两年，1960年的时候我考上了大学——郑州粮食学院油脂专业，主要学习油脂加工。高中快毕业的时候，根据政治条件填写报考志愿。当时海外关系对报考志愿有影响，老师坦白地对我们讲，成绩好的并且家庭出身好的，可以填报北大清华；如果成绩好家庭出身不好，就考一个普通的大学或者师范大学。我知道我有海外关系，只好选一般的学校，最好不要与国家机密有关系。选来选去，我就选择了郑州粮食学院，我想搞粮食总没有什么机密吧。

郑州粮食学院现在叫河南工业大学，其前身是北京粮食学院，直属于粮食部。粮食部系统起先没有一所高等院校，所以决定把粮食干校从北京搬到郑州，改建为学制五年的院校。1960年正是困难时期，到校的时候学校还是一片工地，刚建好的墙连缝都没有填平，我问老师这是什么地方？老师告诉我们这就是学校。那个时候是"两条腿走路"，一边建设一边上课。我们住在宿舍里，风可以吹进来，条件比较艰苦。不过心里还是很高兴。郑州冬天天气很冷，最冷的时候达到零下十几度，我们都冻得受不了。学校后来把宿舍楼房间透风的砖缝抹平，每个房间安装了一个火炉，配上一把烧开水的水壶。水壶由铁板焊成，圆柱形的，和电影《昆仑山上一棵草》里的水壶一样。这样又取了暖，也补充了房间里的湿度。

1960到1961年，由于当时的历史条件和天灾原因，河南饿死了不少人。粮食部利用自身的优势，把我们分到全国各地，以解决粮食问题。名义上是到地方实习，每个月有20元的生活补助。学院把我们安排到全国各地，远的在新疆、西藏、内蒙古、黑龙江等，近的在本省。我不吃牛羊肉，希望到南方，结果被安排到广东普宁县洪阳粮食加工厂。

1962 年又回学校读书，本来应该到 1965 年毕业，结果粮食部很认真，让我们补上一年的功课，就推迟到 1966 年。结果碰上了"文化大革命"爆发，拖到 1967 年才分配工作。

1966 年，"文化大革命"开始，我也跟着许多同学走南闯北去串联。由于"文化大革命"原因，学生毕业分配被延迟了一年，到 1967 年才分配工作。我被分到浙江省粮科所。科研所压缩编制，我主动要求到平湖油厂工作。

四

平湖油厂是个小厂，不像大厂那样分工明确，而是要求一专多能。我当时既是技术员又是化验员，几乎什么都得做。我主动要求到各个车间参加劳动，对每个车间的生产工序和流程都要熟练掌握。最后我被安排做化验工作。1977 年，厂部成立技术科，我被调到技术科当科长。我在厂里工作认真，小改小弄比较多，在县里有点小名气。以前浸出的油都作为工业油使用，省粮科所领导曾跟我讲，这种做法很浪费，能不能想办法把它转化为食用油。要解决这个问题，有两种方案，一种是比较安全的方案，但效果难以实现，另一种是加大用碱量，可以提高炼油质量，但是风险很大。如果某个环节不慎出了问题，油厂要停产，我会被套上"反革命"的帽子的。当时思想斗争很激烈，冒了很大的风险，最后选择了第二种方案。苍天不负有心人，最后浸出的菜油精炼度达到了预想的目标，油的质量相当好。不过没有想到，第二天厂部专门召开会议，保卫科、行政科和厂里主要领导全部参加，好像审查反革命一样，气氛很是紧张。我有点生气了，问领导说如果这次实验失败的话，领导是支持我还是打击我呢？何况我这次成功了，质量相当好。当时他们提出很多问题，我一个个都把它反驳了回去。最后问题终于澄清了。"菜籽预榨浸出"项目在1978年先后获得平湖县科技一等奖和嘉兴地区科技一等奖。当时我作为项目负责人出席了这两次颁奖大会。1982年，我还作为全省炼油技术讲师团中的成员出去讲学。

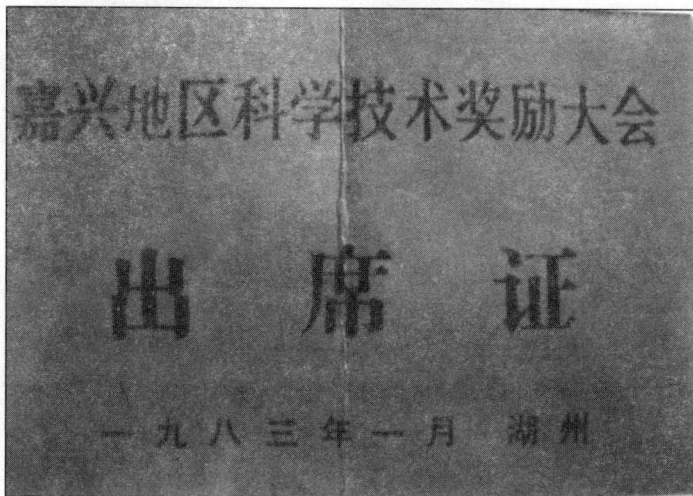

1983年，郑奋义出席"嘉兴地区科学技术奖励大会"领取
"油脂预榨浸出项目"一等奖，此为会议出席证

我们厂有一两百人，在油厂我和大家处得都比较好。上世纪80年代调工资的时候，有个"三上三下"，"三下"就是群众讨论三次，我三下全部通过了，但个别领导把我的名额卡掉。我得知这个消息后，十分气愤，找到这位领导跟他说，该给我的就应该给我，不该给我的话，也要给个理由。后来这事反映到了县委组织部，领导很重视，派了一位副部长和粮食局领导组成调查组到油厂调查，结果发现我人缘非常好。当时快退休的工人和年轻人都跟我说，他们工资加不上也要给我出这口气。

这一点我很感动。工人们不是看你怎么讲，而是看你怎么做，能不能解决实际问题。工人们也很朴实，你能解决实际问题他就相信你，夸夸其谈的可不行。组织部长说，哎呀，没有想到你的群众基础这么好！不久我被提拔为副厂长。

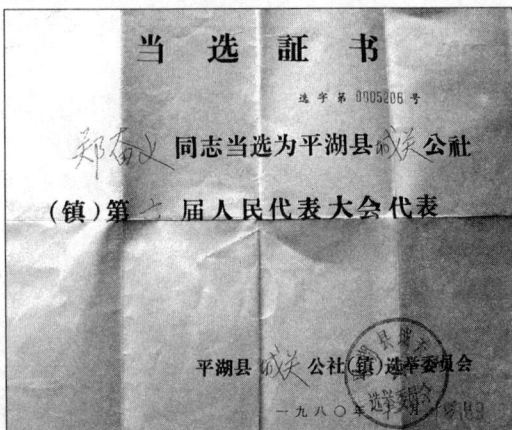

当 选 证 书

选字第 0905206 号

郑奋义 同志当选为平湖县城关公社

（镇）第 二 届人民代表大会代表

平湖县 城关 公社（镇）选举委员会

一九八〇年

1980年，郑奋义当选为人大代表的当选证书

当上副厂长不久，我被选为县人大代表，还有人传言说我要竞选副县长。厂里人告诉我这件事，我说这不可能，我有海外关系，我想这辈子老老实实把工作做好就算了。后来县委书记告诉我说，党内已经通过让我做政协专职副主席，已经定下来了。不过嘉兴市粮食局缺个副局长，市委组织部决定调我任粮食局副局长。副局长当了半年，我又调到了市侨务办公室任侨办主任兼市侨联主席。

在平湖我还当选为省政协委员。省六界政协会议时，我们六个人集体提了个议案，是关于城市排水工程的，要求解决整个嘉兴市河道疏通与污染问题。这个提案被省里评为优秀提案。从1983年到1998年，我总共做了三届省政协委员。

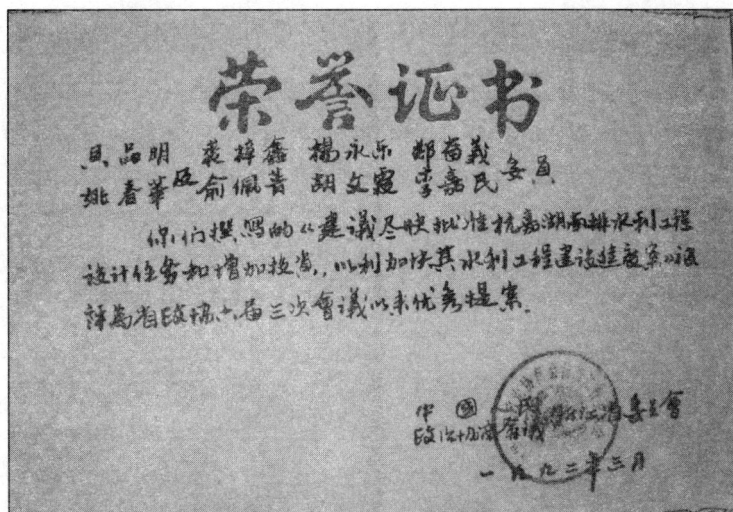

1992 年，浙江省政协六届三次会议表彰郑奋义等
六人共同撰写的优秀提案荣誉证书

1994 年，我加入致公党。一开始那边只有三个成员，我们发展了很多归侨侨眷入党，后来致公党党员发展到五十多人。民主党派有个特点，发起人在当地一定要有号召力。我们致公党嘉兴市委多次得到致公党中央的表扬。

我是 1967 年进油厂工作的，有件事情我一直不知道，到 1983 年我参加省政协的时候，厂长才跟我讲。他对我说，你到厂里给我们惹了不少麻烦，我说我到厂里就老老实实工作，还把厂里的油产量翻了一倍，怎么会惹麻烦呢？他告诉我说，因为我是归侨，有海外关系，属于内控对象，一些部门会不定时地到厂里来了解我的交往和活动情况。

五

1984 年底，我当选为侨联主席，接着又做了侨办主任。我不是党员，做侨办主任当第一把手，这是很少有的。我做了一届侨办主任就不做了，后来就做专职侨联主席，连续做了三届，一直做到 1998 年。

1992 年 12 月，郑奋义（右）与著名武侠小说作家金庸先生合影

嘉兴在外面的侨胞有两万多人，归侨不太多，但是有个特点，就是名人比较多，特别是港澳的名人较多。比如说金庸，是我们嘉庆海宁袁化人。他父亲在土改的时候被镇压，他有些想法的，本来不高兴回来，后来我们给他父亲平反，他就回来了。平反的时候，我们提供有关资料，市政府牵头出面解决。此外还有陈省身教授，他是国际上著名的数学家。还有查济民先生，也是我们嘉兴人。平时接待这些名人，一般是市委和市政府出面。

我刚到侨联时的工作是平反冤假错案。我记得有个归侨1958 年被说成是搞破坏，被送到长兴劳改农场。落实政策的时候我发现这是冤假错案。我是侨办主任兼侨联主席，就亲自跑到劳改农场，代表侨办和当地政府联系后，为他平了反。平反以后，我把他的儿子和儿媳都调到嘉兴，通过关系把他的儿子安排在一个油厂，他的儿媳安排到纺织部门，还帮助解决了他

994 年 11 月，郑奋义（左）与国际著名数学大师
陈省身先生合影

们的住宿问题。为了这件事我真是做了很多的工作。最后他送给我半斤茶叶，我说你这么困难我怎么能要呢？他说这只是表示一下心意，我只好收了下来。还有些侨眷，遇到了困难找我们帮忙。我们就跑部门帮着解决，他们很感激，常常写感谢信表示感激之情。

1993 年 5 月，郑奋义（左）与泰国乌汶商会主席
马保文先生在嘉兴合影

投资方面，1994 年我的一位同学马保文来到嘉兴投资 120 万美元做香料，当时这在嘉兴是一个很大的投资项目。企业经营得不错，成本全部回收，10 年挣了一百多万美元的利润。我海外的一些同学朋友，不少是跟我一起回国后又出国的。出国返流的情况在 1958 年到 1966 年期间最多。很多人满腔热情地回来了要报效祖国，可是遇到了各种运动，受了很多的冤屈，内心感到委屈，留着眼泪走过罗浮桥又出去了。我还好，算是个坚定分子。出去的也有蛮苦的。我有个同学在香港，回来的时候很激进，后来出去了。出去后刚开始当海员，通过不断的努力，考上了船长，以后开始创业。创业的过程也非常艰辛。我初次探亲路过香港，在香港逗留期间，费用全是这位同学帮我解决。

1985 年，郑奋义在泰国探亲时与母亲合影

1985 年，我当选为市侨联主席后，第一次自费到泰国探亲。当时要出国很不容易，我申请了两年，通过国务院侨务办公室审查批准后才成行。第一次回泰国很高兴。当时我虽然当了侨办主任，工资才六七十块钱。我去泰国的机票是我弟妹寄钱过来帮我买的。那时候机票二百多块钱，我六十多块的工资哪里买得起？我第一次回泰国的时候，我的同学说，哎呀，你这个侨办主任，也不富裕，从头到脚全给换了一身新的。我到泰国，我同学还给我"压岁钱"。1 万多元的泰铢，算起来值 3000 多元人民币，对我来说是天文数字，是我 3 年多的工资总和，我高兴得不得了。

六

我是 1968 年在厂里成的家。我一到油厂，人事科的股长看了我的档案，看我各方面条件都不错，就把他表妹介绍给了我。还让工人看我外面有没有来信，也就是有没有对象。

1955 年，我父亲出了车祸去世，母亲在 1990 年去世。我兄弟姐妹总共 10 个。泰国那边有 2 个弟弟和 5 个妹妹，另一个妹妹在美国。我哥哥前年也在泰国过世了。我本来就是第三代，下一代的更多了。泰国那边亲人很多，至少有好几百口人，很多都不认识了。他们生活条件都很好，属于小康家庭。我表弟开有一家油厂，规模挺大的。二叔开了个出版社，后来传给了三叔，规模也很大。

我总共去了十几趟泰国。1998 年退休以后，我还在那边住了一阵子。当时我的同学与中方合资办厂，要在泰国开个窗口，需要人过去，这个人既要懂得语言，又要做沟通联络工作，我就去了。我的泰语还比较流利。我的大儿子 1991 年 12 月去了泰国，后来帮助我们做推销工作。他在那里办了居住证，但不愿意入籍，他认为还是我们中国好。儿媳妇和孙女也在泰国。

**2002 年，郑奋义参加中国致公党浙江省
第三次代表大会代表证**

孙女是在那边出生的，算是泰国人。春节的时候，儿子回来中国一次，我们全家得以团聚。

退下来以后我的生活过得挺好。嘉兴市政协有个规定，市政协常委退休以后可以参加政协联谊会，我现在还是政协联谊会的成员。联谊会一年组织两次活动。致公党方面，我属于省老龄委委员。此外我还被嘉兴市侨联聘为国内顾问。1998 年退休的时候，工资才八九百元，现在涨到了三千多元，生活过得很满意。前一阵子政协组织人员写回忆材料，我写了篇《人生的旅程》，有 1 万多字，写了我回国、求学和生活的情况。我的感想是，人生旅途，老实做事，用心奉献！

烽火连天参军报国
峥嵘岁月务实奉献

——郑子成　口述

被采访者简介：郑子成，男，日本归侨，祖籍浙江宁波。1927 年出生于日本，1933 年回国，1949 年 6 月考入华东军区宁波干部学校，同年 8 月 1 日参军，参与解放舟山等战斗并多次立功。1958 年复员，被分到宁波民政局工作，

郑子成夫妇近照

负责组建福利工厂，1978 年后在低压电器厂工作，1988 年离休。1978 年起任宁波市侨联委员，1989 年后兼任宁波市海曙区侨联副主席、秘书长。1999 年荣获"全国归侨侨眷先进个人"称号。

采访时间：2009 年 6 月 10 日

采访地点：浙江省宁波市被采访者住所

采访者：林晓东　黄晓坚　李章鹏　乔印伟　王式钦
　　　　　彭洪升

整理者：乔印伟

一

1927 年，我出生在日本东京。当时父亲经营中国料理已经二十多年了，店名叫"维新号下谷店"。"维新号"的创始人郑余生是我爷爷的亲弟弟，我称为公公。父亲是跟着他学习开店的。公公郑余生出生于 1871 年，17 岁的时候只身漂洋过海到日本谋生。经过十多年的艰苦奋斗，到光绪二十五年（1899 年），终于在东京创办了中国餐饮"维新号"。庚子后留日学生很多，鲁迅、周恩来、蒋介石等在东京时都曾到过"维新号"就餐。公公 1933 年回到了宁波，在乡下安度晚年，1939 年去世。

我是 1933 年回国的。为什么要回国呢？1931 年九一八事变以后，日本浪人老去店里闹事。我父亲是日本华商商会的会员。华商会的主要活动是大家在一起谈论中国的情况。日本人侵略中国后，中国人在日本更加抬不起头。我有个小舅是"民国日报社"的记者，日本浪人常常去查他。父亲跟一些留学生熟悉，他们劝他回中国。1933 年，我们全家回到了中国。父亲在日本学了理疗，他就在南京开了个理疗店，名为通明电疗传习所。那时候我大哥和爷爷在宁波老家，父亲把我和母亲送回到宁波。父亲在南京没有几年，抗战爆发，便迁居武汉，住在武汉的租借里，南京的东西全部丢掉了。

日本占领武汉后，占领了一个英商茶叶公司，要招人管理，父亲应聘到茶叶公司干了一段时间。这期间我们也去了武汉一段时间。为什么过去呢？有客观的原因。宁波 1941 年沦陷后，有很多翻译是宁波人。有个姓程的翻译和我家里比较熟，他告诉母亲说，你们不要怕，我会保护你们的，还把一个条子贴在墙上。这件事被父亲知道了，父亲说宁波汉奸太多，这样我们就搬到了武汉。因为战争的原因，1944 年我们又从武汉回到了宁波。那时候武汉是日本人的据点，美国空军经常进行地毯式的轰炸，在武汉很危险，于是我们又回到了宁波。父亲在日本投降前的半年去世了，当时仅有五十多岁。父亲去世的一个原因是他的茶叶在仓库里被烧掉了，一下子破了产；另外他平时生活不太注意，身体不太好，结果得肺病吐血去世了。

1933年回来的时候，堂叔郑勇昌留在日本。他有一点日本血统，起先在日本学习，后来为了学习中文，1922年又特地到上海澄衷中学就读。战争期间他苦力支撑着"维新号"，随着战后形势的好转，生意也越做越好。1950年，宁波旅日同乡会成立，他被选为副会长，1954年起任会长。同时他还在东京华侨总会长期担任理事、常务理事，并担任过东京华侨总会中文报纸《侨声报》的主持人。

二

我兄弟本来很多，可是父亲不太顾家，家里生活条件不好，总共夭折了4个，最后只有大哥和我活了下来。我是最小的一个，大哥跟我差13岁。我在日本上的幼儿园。童年的记忆中，除了常常骑着小三轮车和邻家小孩玩耍以外，就是跟着大人到上野看动物，或者是拉着大人到附近的松板屋百货商场买玩具。1933年回中国的时候，我还带了一皮箱玩具，其中有发条汽车、摩托车、轨道火车及充气橡皮动物玩具等。

从日本回来后，正是战争时期，我们一家到处颠沛流离。1945年我念到高中一年级的时候，父亲去世了，我便没有钱再读书。后来舅舅把我叫到上海，让我在店里帮着他做生意，卖食品罐头和酒。店里的酒是白兰地、威士忌等进口酒，罐头好多也都是从美国进口的。抗战胜利以后，在上海的外国人和很多接收大员都需要这些东西。那时候我一边白天工作一边晚上上夜校。上的学校是中华职业补习学校，在那里学习英语、学会计。因为卖洋酒要和洋人打交道，所以要学英语。这样我就在上海干了三年。

1948年的时候，国民党即将倒台，好多人都跑了。那时候物价飞涨，法币变为金圆券的时候，店里每天敲物价单都来不及。不要说赚钱了，开店就是亏本。商店要倒闭，要裁员，二十多个职员减到七八个。我就主动辞职不干了。共产党节节胜利，国民党失掉了东北华北，上海就乱了，于是我跑到宁波乡下。

回到宁波后，呆在家里没事，有半年时间我在小学当代课教师。1949年5月25日，宁波解放。6月份，部队下来以后，搞地方工作的人很少，需要大量的人才，华东军区宁波干部学校招生，需要一批知识分子，我具有高中文化水平，这在当时还是不错的，7月份我考上了宁波干校，我考的是普通班。全校总共招2000人，分三批招的，我属于第一批。培训时间是两个月，主要培训内容是学习毛主席的一些著作，如《在延安文艺座谈会上的讲话》、《新民主主义论》等。上课期间，部队在学员中招兵，说愿意参军的可以报名。我8月1日参了军，当时和我一起参军的有二百多人。

那时候宁波市里由共产党军管会管理，乡下还保留着原国民党的乡长保长。部队动员我们到农村帮助征粮。驻扎在宁波的22军都是山东人，不会讲宁波话，每个工作队都有一两个宁波人。下去以后，我们首先找乡长保长开会，说服教育他们，让他们戴罪立功，把粮食收起来，交到粮站。那时候还比较乱，还有残余的国民党土匪，我们还要镇压土匪。后来，工作队里年纪大的人留下来，在地方上当乡长替换国民党的乡长，我们年轻的就回到部队。

还有一个任务是为解放舟山群岛做准备。解放舟山首先要有船，我们就征用沿海渔民的船只。而后，因为我是本地人，对海岸线熟悉，又会游泳，我又被派到22军65师194团的水手队。我们每天组织战士在镇海前面的海面训练。训练是比较危险的，国民党的炮艇有时候跑进来，我们要和他们战斗。国民党操作的是军舰炮艇，我们用的则是渔民的木帆船。我们晚上训练，白天还要防空袭。国民党的飞机起飞后，很快就从舟山到了镇海一带，经常进行轰炸。宁波也常常遭到轰炸，大桥差一点被炸断，周围被炸得一塌糊涂。据报道说国民党有16万人在舟山。战斗下来，舟山外围岛屿如金塘岛、桃花岛、文横岛等都在1949年冬得到解放。1950年5月，我军充分备战，对舟山本岛逐渐形成包围圈，本岛和岱山等大岛的国民党军全部撤往台湾，本岛就比较轻松地解放了。

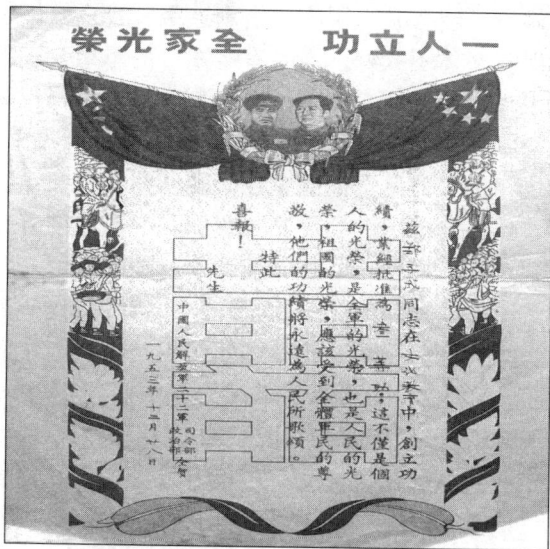

1953年，郑子成在文化教育中荣立三等功

　　1951年，我调到教导大队学习，学习了6个月。我们团有几千个人，但具有初中文化水平以上的还不到三十人，这三十多人大部分都是投诚过来的国民党的青年军士兵。1953年，部队开展文化学习，我被调到军政治部文化教育办公室，训练教员。那时候我已经是团员了。这一年工作很紧张，我的学员里有很多军队的领导干部，像后来的二炮政委王六生同志等。他

们那时候文化水平很低。他们知道我是归侨，跟我说，你归侨没有关系，好好干，叶飞将军也是归侨呢。在部队期间，我被授予少尉、中尉军衔，还立了好几次功。训练水手时得了二等功，还有两次是三等功。在部队我与领导及战友的关系都很好，经常帮助连队的战士写家信。

三

到 1958 年的 1 月份，中央整编部队，一些部队学校被撤销。那时候我已经晋升为军官，是副连级。我也结婚了，有两个小孩，但我身体不太好。当时有"左"的思想，审干时给我的结论是表现不错，社会关系复杂。我思想斗争得很激烈，最后选择了复原回家。家乡了解我的人还比较多。

1958 年 6 月，我复员回到家乡。我从绍兴浙江军区政文干校回来后，到宁波市民政局报到。我们一起转业的有三人，一个被分配到水产局，另一个被分配到木材公司，因为我当过老师，留在了民政局。不久我和范光辉两人负责组建一个聋哑人为主的社会福利工厂。刚去的时候我还不是党员，在部队虽然是积极分子，到地方上还要接受考验。我的职务是常务副厂长。工厂生产铜螺丝等铜制品，一开始设在火葬厂内，后来搬到孝闻街，搬走后大家都比较高兴。厂里有八十多人，聋哑人有三十多个，怎么组织他们生产呢？我去工作的第一步是学手语，先过语言关。我跟聋哑人学，我还跟他们一起溜冰。那时候还没有规范手语，安排生产要用手语告诉他们怎么做。手语比较形象，有规律，但抽象的思想不好表达。要学的东西很多，到现在还学不完。我在这个聋哑厂里干了 20 年，聋哑厂由原来的八十多人发展到现在的六百多人，年产值也由起初的几十万元发展到现在的几百万元。

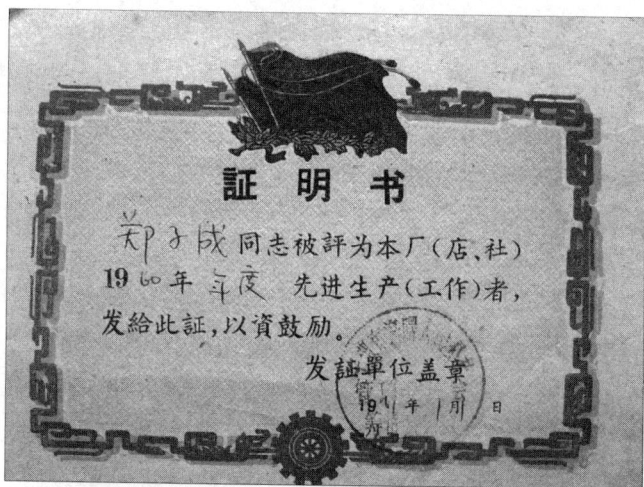

1960 年，郑子成被海曙人民公社管理委员会评为
先进生产（工作）者

　　"文化大革命"期间，造反派打倒一切当权派，我在"文化大革命"后期也靠边站了几年。厂里有一半是健全人，此前他们有些挨过批评，有的工资没有加上的，都想斗我，批我的大字报一直贴到侨联对面的孝闻街口。他们批斗我的时候说我是"特务"。1961 年，中日还没有建交，我在日本的叔叔郑勇昌受到中侨委的邀请，参加 1961 年的国庆观礼，9 月份的时候他先到宁波看看，到了我们厂，副市长和统战部长陪同他到厂里参观。那时候厂里已经有三百多人了。我们做电灯的拉线开关，他拿了几个回去，说给日本人看看，说是我们聋哑人也能生产。他鼓励我好好干，说我能参加解放军，为残疾人做事，他在国外也很开心。他还说在国民党当权的时候，华侨在海外很可怜，现在他们在国外都不会做对不起祖国的事情，要我放心。中国很大，在共产党的领导下一定会好起来的，国家需要我们，一定要好好工作。因为国外亲戚来参观的这个原因，他们便说我是"特务"。不过，厂里的残疾人对我挺好的，聋哑人都是我的好朋友。"文化大革命"期间，两派都有聋哑人参加，还要参与武斗，我叫他们不要参加，打伤了谁给他们掏钱看病？到现在为止，每年过年的时候都有不少聋哑人到我家里来玩。

1962 年，郑子成被宁波市武装部评为"五好民兵"

1978 年的下半年，由民政局副局长陈惠良任组长的工作组进驻低压电器厂，整顿企业。我是工作组成员之一。任务结束后我被任命为正厂长。同时，党支部大会通过我为中共预备党员，1980 年我转正为正式党员，参加支部领导班子。入党是十一届三中全会以后给给我的政治生命，也是我入伍后的最大愿望。

低压电器厂是民政局的直属单位，有一百多人。这个厂原先生产电动工具中的换向器，我带了一些人过去整顿了一下，在原有的技术上不断改进，后来改为生产汽车的刮水器等，员工人数也增加到二百多人。工厂离市区很远，我家住在孝闻街，每天骑自行车来回，有 7 公里，局里开会的话要来回 4 次。这也有好处，上班途中身体也锻炼好了。在这个厂我干到 1985 年，已经 58 岁，想退居二线，等新的干部上来过渡一个时期就下来，可 1986 年厂里出了事，新去的一个书记跟聋哑人搞不好关系，被局党委停职检查，我又回去帮助主持工作，这样一直干到1988年。我本来应该在1987年离休，由于工作的需要，被延聘了一年。

四

1978年，我开始参加侨联工作，担任宁波市侨联第二届委员，此后一直做到第五届，总共做了20年的侨联委员。1989年，我开始做海曙区侨联第二届副主席兼秘书长。海曙区侨联第一届任期很短，只有3年。我们要把侨联组织建起来，首先必须把委员组织起来。委员都是侨界的，每一个街道成立一个联络组，委员们当联络组长。那时候老房子多，串门很方便，知道谁是侨眷就去做工作。二届期间，我协助主席摸清楚全区出国留学人员情况，在此基础上，报请市侨联备案，在民政局批准下，在老三区成立了第一个出国留学生家属联谊会，以培养新一代侨界成员。1978年，宁波市政协恢复活动后曾担任第七、八届政协特邀委员。

1981年，郑子成参加企业管理干部培训班的学习证书

上世纪 80 年代，侨务工作重点是落实政策。政治上政策没有落实的，我们向组织部门反映，帮助落实。落实政策中侨房问题是主要问题，宁波解决得好，"文化大革命"期间侵占的房屋一律都解决了，不过社会主义改造时期的侨房没有怎么解决。像我家一共三幢房子，被军队占用了很久，当时只留下楼上楼下的一套给我们家用。

侨务工作一开始不大好做，好多侨眷不敢说自己是侨眷，好多信息还是从中国银行那里知道的，看谁有外汇我们就联系谁。我们摸底后知道了好几百户侨眷。海曙区的华侨资源比较丰富，老侨和新生代都很多。海曙区前几年还被评为全国侨办的示范单位。第三届的时候我不当秘书长了，1999 年离开侨联以后，我在街道帮着办事。

1986 到 1987 年间，日本叔叔和婶婶捐款 150 万日元，修建鄞县钟公庙乡康懋学校校舍。他们还向宁波市福利院捐赠日产彩电两台，毛毯 80 条。此外，我还通过日本的浙江同乡会动员在日乡亲为家乡捐赠。

做侨务工作要有感情。有个归侨叫何国英，解放前从缅甸回来的，她是缅甸人，她和丈夫以前在缅甸做小买卖。丈夫去世后，她成为孤寡老太太，生活很困难，连个灯泡都装不起，我经常到她那里去。后来通过关系，侨联从民政部门给她申请了低保户。她现在已经去世了。

五

叔叔郑勇昌 1961 回国，再回日本的时候出问题了。国民党那边找麻烦，说他到大陆被洗脑了。原来的宁波同乡会归他管，回日本后他被架空了，宁波同乡会成为亲台湾的一个组织。后来日本华侨又成立一个留日浙江同乡会，这是亲大陆的。我叔叔年纪大了，从会长职务退了下来，做荣誉会长，让他的女婿张珑堂参加浙江同乡会。后来张珑堂做了会长。现在浙江同乡会和宁波同乡会中真正会浙江话和宁波话的人不多，他们都是第二代第三代了，主要讲日语。

1961年以后，叔叔每两年来一次中国，从事旅游、探亲、投资，他多次受到中央领导的接见和款待。1988年，他还受到了邓小平同志的接见。婶婶严定仙祖籍宁波南乡钟公庙严家村，1939年随叔叔移居日本。第二次世界大战以后她致力于筹建东京华侨妇女会，先后担任副会长、会长，对国内访日人士和团体都给予热情接待。她热心公益事业，1977年70岁生日时，不办庆典，把节省下来的钱买了彩电和毛毯送给宁波福利院的孤寡老人。1987年80岁生日时，她又不办庆典，捐款500万元人民币用于扩建她叔父严康懋创办的、也是她的母校——康懋小学。

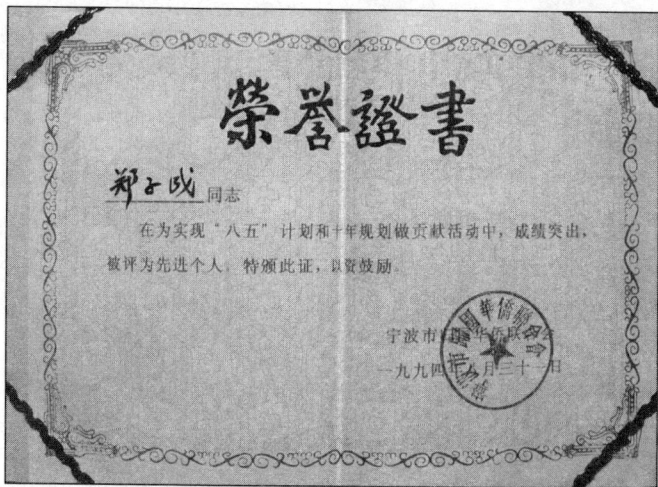

1994年，郑子成被评为宁波市侨联先进个人

叔叔郑勇昌共有5子2女。长子郑双榕原来是中央航空公司的，1949年10月随公司撤到香港的时候，我叔叔力主他回国，代表家族一员为祖国建设出一份力。郑双榕随即参加两航起义，回到了祖国，一直在国内民航部门工作。1978 年叔叔退居二线后，"维新号"由七子郑东静和八子郑东耀管理。现在"维新号"餐饮公司规模很大。叔叔的二子在美国居住，四女在香港。

1988 年，我受叔叔郑勇昌的邀请，去日本重访出生地，在东京住了一个月。他陪我看我的出生地、我父亲开店的地方，领着我到处看。一个月内，我去了上野公园，游览了富士山，还参加了一个侄女的日式婚礼。在堂弟的陪同下，还去了新大谷饭店的健身俱乐部，跑步器、自行车模拟器、游泳池冲浪按摩等等，我都一一体验了。这些在当时国内还不多见，此次算是开了眼界。

从日本回国前，叔叔让我把他带回国。我陪他到北京、杭州、苏州、绍兴等地游玩，他对鲁迅很感兴趣。他在宁波还有祖屋，由于旧城改造，国家把祖屋拆了又重新建造。他也不在乎这所房子，但想留点根在这里，留作纪念。

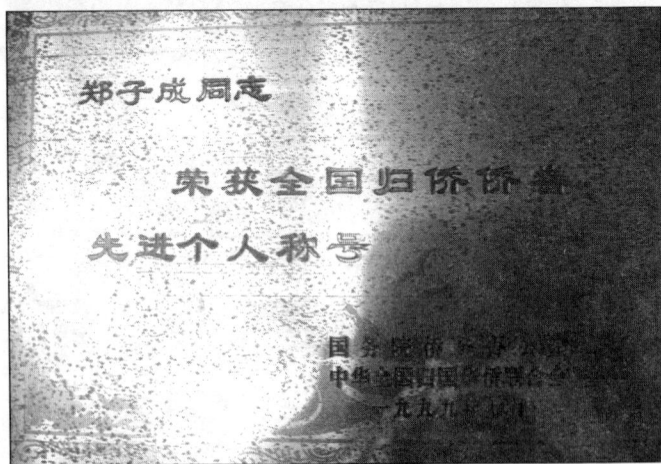

1999 年，郑子成荣获全国归侨侨眷先进个人称号

我三个女儿都在国内，现在两个已经退休了，不过退而不休。大女儿是会计师，原来是外贸公司的会计，现在在天一阁帮着搞财务。老二原来在第二百货商店任人力资源部经理，退休后还在继续工作。大女婿原来是一个机械集团的工程师，现在是中日合资厂的总工程师。二女婿在技术学院当教师，教计算机，他到日本去了两年，因为在那边太苦了又回来了，回来后在市土特产进出口公司工作。后来他还从事蔺草制品销售。蔺草是做榻榻米的材料，现在鄞州区这边盖房子的多了，土地没有了，蔺草没有地方种，他和蔺草厂的几位厂长在成都郊区开发了一片土地，派人在那边种植，收割后编结成草席销往日本。三女儿原来在福利厂工作，后来工厂解体了，和三女婿一起开了厂，生产微电机产品，出口到第三世界国家。我爱人原来是老师，身体不太好，早在49岁就退休了。我现在生活得很开心。

赤子情怀，感动人生

——钟玉昌　口述

被采访者简介：钟玉昌，男，印尼归侨，祖籍广东兴宁。1940 年出生于印尼，1956 年回国，1964 年高中毕业后，赴浙江临安绍鲁公社插队，立志务农，在那里奋斗了十年，1974 年调到省知青办工作，1980 年调到浙江省侨联工作，1995 年退休。两次作为代表赴京参加国庆观礼，其个人事迹曾经被编入浙江省高中语文课本（试用本）。

采访时间：2009 年 6 月 6 日

采访地点：浙江省杭州市被采访者住所

采访者：黄晓坚　李章鹏　乔印伟　丁伟

整理者：乔印伟

1956 年，钟玉昌在广州补校时留影

　　首先，欢迎并感谢全国侨联采访工作组同志的光临，感谢全国侨联领导和同志们对我的关心和信任。你们的光临对我来说，是我退休后夕阳红生活中的一件幸事、喜事，一件有意义的事，对我来说，这既是促进、鼓励，也是鞭策。再次感谢大家！我感到高兴的同时，也感到惭愧：高兴的是，在党的关怀、培养和教育下，我取得了一点进步，得到了锻炼与成长；惭愧的是五十多年来我为祖国和人民做的事情太少太少，即使做了一点，那也是应该的，而且做得很不够，我是中国人，是中华人民共和国的公民，是海外赤子，为祖国母亲做点事理所当然，义不容辞，党和国家给了我很大的荣誉，让我享受到很好的待遇，要感谢党，感谢祖国和人民！现在我根据采访提纲谈谈我的人生经历。

一

1940 年，我出生在印度尼西亚的廖属新及岛。这个弹丸小岛很小很小，在一般的地图上找不到。小岛上人口不多，那时总共有五六千人，华侨有两千多人。我祖籍是广东兴宁市，父母是农民。旧社会很苦，父亲怕被抓壮丁，一个人跑到广东汕头，后来被卖猪仔卖到印尼去了。到印尼后他给荷兰殖民者开采锡矿，生活很苦。生活慢慢稳定下来后，母亲也跟着水客到了印尼。

我是母亲到国外生下的第一个孩子。我快出生的时候，父亲突然得了大病，住在荷兰锡矿公司的医院里，很危险，没有办法。后来有人算命说我八字很好，但是和父亲的八字相克，说我是克星，弄不好父子都保不了，要把我过房出去，或者是把我卖出去，这样父亲就会好起来。家里舍不得把我卖掉。国外赌场很多，伯父说凭我的八字好，他到赌场赌一赌，如果赢了就把我抱下，输了就算了，把我卖出去。他平时不赌博，去了赌场，连下三注赢了三次，赢了不少钱，他就借口去解小便，跑了出来，他把我父亲的药费和住院费还了。这样就把我养过去。我从出娘胎后只吃了半个月的母乳，以后就是喝牛奶米糊之类的。

我在伯父家里长大。伯父家有六七个孩子，他们对我也有点歧视，伯父也有点偏心，比如说逢年过节给压岁钱或零花钱时，给自己的亲生骨肉就多些，给我就少些。我那时候也会发脾气哭闹，伯父就把钱收回去，不给我了，还要骂我罚我，我以后再也不敢闹了，给多少就是多少，否则连少的也没有。我小时候吃了很多苦。

1953 年，钟玉昌在印尼母校前与师生庆祝新中国成立四周年时的留影

小时候，我在中华中小学校读书，学习很用功。晚上别人睡了，我还在小煤油灯下读书学习，要学到十一二点才睡。有时候太疲劳了，趴在那里就睡着了，伯父半夜起来解小便时就会叫醒我。1955 年，我小学毕业，刚念初一时，眼看许多华侨青年目不识丁，连自己的名字都不会写，国内家乡来信也得请人看，请人代写，我和学生会的五位执委对此非常同情，决定为他们开设华侨夜校，为当地华侨青年义务扫盲学文化，分文不收。夜校共开了四个班，学员有近 200 人，我们五位执委都担任教师。我负责教阅读和常识两门课。夜校办了一年，收获

还是很大的，后因印尼排华的影响而停办。现在回想起来，还是蛮有意思的，也很自豪，毕竟小小年纪，也能为华侨子弟做一点有意义的事情。那时候我才15岁，自己的生活也很困难：伯母种菜，早上我要帮着拿到镇子里卖给菜老板，然后才去读书上课。生活上，伯母一天只给我一毛钱，我还舍不得用。伯父也是普通劳苦大众中的一员，虽然自己没有多少文化，但对我办"夜校"和义务教学很是支持，他关心我的学习、进步、成长，经常鼓励我要争气，要读好书，考出好成绩，争取在班上能名列前茅。在他的关心、鼓励下，我进步较快，担任过班长，被选为学生会学习委员。

1942年，日本进攻到了我们那里。日本鬼子很凶，他们来了，要什么我们就得给他们什么。华侨在国外很苦，新中国成立以后，大家都向往祖国，希望祖国强大。1949年以后，我们那边每年都举行活动，庆祝伟大祖国母亲的生日。每年国庆我们都要模仿着造一个天安门城楼，让更多的华侨华人前来参加，共同庆祝，拍照留念。华侨里面虽然有帮派，但是很多时候，大家还是很合作很团结的。我们作了一首《团结歌》，鼓励大家团结："团结、团结，华侨要大团结，不要散沙一盘，要爱国要团结。复兴中华民族，华侨有责任，不分老幼和帮派，大家都要团结。"这首歌我现在还会唱。

在国外的时候，我也喜欢写一些东西。回国的时候，我写了一首诗：

> 泪别爸妈与亲朋，
> 万里汪洋回祖国。
> 不为功名和富贵，
> 只求学好服务技，
> 不负双亲养育恩，
> 决心为国做贡献。

二

1956年6月底，我回国了。回国后，先是到广州华侨补校学习。8月5号，我参加了统考。那时候归侨学生可以填三个志愿。我第一个志愿是北京，第二个志愿是青岛，第三个志愿是杭州。我们在国外的时候老师经常说"上有天堂下有苏杭"，结果被第三志愿录取，我被分配到杭州一中学习。这所中学在贡院前，过去是考科举（即状元）的地方，也是鲁迅先生曾任教过的地方，还是全国四大名中学之一。能在这样的名校学习，真是难得，我高兴极了。在党的关怀培养下，在老师辛勤教导和同窗好友帮助下，我同许多侨生一样，思想上有很大进步，学习成绩有较大提高。我入了团，担任过班长，被评为"三好学生"，还被选为学生会福利部长，《侨生园地》编辑，校园善委会副主席；曾被评为杭州市文教系统"除四害、讲卫生"先进工作者，市文教系统治安保卫积极分子，校大炼钢铁运动积极分子等。

1956年，钟玉昌从印尼回国时乘坐的芝丽华号轮船

在杭一中，我完成了初、高中阶段的学习任务，1964年高中毕业。毕业后干什么呢？想起在国外为华侨子弟义务扫盲的经历和教书育人兴国的道理，我的理想就是当一名优秀的人民教师，为祖国培养优秀的建设人才。就在这时，毛主席号召知识分子和工农群众结合，号召我们到农村去。我们要响应号召，到祖国最需要的地方，到最艰苦的地方。鲁迅不也是改变了理想？开始的时候他学医，看到日本鬼子刺杀我们的同胞，大家麻木不仁，后来他弃医从文当了作家。我们那时候经常学习老三篇：《为人民服务》、《纪念白求恩》、《愚公移山》，这些文章已经印在我们头脑里。当时归侨学生可以留城就业，也可以到国营或华侨农场当职工，这些地方有食堂和宿舍，生活很方便；到农村插队的话，住房问题、吃饭问题都不好解决。我想我是国家的公民，应该到最艰苦的地方锻炼自己，于是我向学校写申请书要求到农村锻炼。学校同意以后，我马上回广州与父母和亲人告别。父亲送我一把从国外带回来的"巴力牌"锄头，在柄上刻着"把青春献给新农村"，鼓励我在农村干出一番事业来。

1964年8月31日，是我难忘的日子，这一天，我带着父亲给我的锄头，和杭州首批150多位知青来到了临安县天目山区的绍鲁公社。杭州市副市长还亲自送我们到临安县城。到达以后，我们又被分配到10个村，我和12位知青到上尤村落户安家。

我在农村碰到很多困难，一共先后搬了七次家。先是住在知青点，后来我被分配到三队，住在贫下中农家中，以后我和另两位知青被分到西坞七队，开始时三人住在农民黑漆漆的小阁楼上，以后给我们三人在一个偏僻的小山湾造了一座三间的茅草房，房子后面是坟山，西面是一个坟墓，东面又是一个坟墓。西面坟旁还有一棵高大的被砍光树枝的松树，晚上猫头鹰回来栖息，发出咕噜噜的声音，有时乌鸦也来凑热闹，发出

"苦呀苦呀"的叫声，听起来真可怕，令人胆战心惊。住了近一年，另两位知青被调到东坞六队去了，这件茅草房就归我一个人独住，为了壮胆和鼓舞士气与斗志，我写了一副对联来鼓励自己："身居茅舍，脚踩烂泥；胸怀祖国，放眼世界"，横批是"志在农村"。当时农村很穷，没有吃的穿的，农村的女孩子很早就找对象嫁到条件好的外村去了。后来领导问我，要不要考虑个人问题，找个农村姑娘。我想我在"牛角尖"穷山沟里，害了人家一辈子不好，就说暂不考虑这事吧。

1966 年，插队时大队书记教钟玉昌耕田

1967 年，随着形势的发展变化，上尤村体制也变化了。原来的七个生产队合并成五个队。东坞一队并入六队，西坞七队并入四队。七队的农户都搬迁到外面村中，我也搬迁到村中心的四队落户，暂住在一农民家的小阁楼上。1968 年 12 月 26 日是毛主席

75 周岁诞辰，这天我与百里之外的女知青办领了结婚证。1969 年夏天，她迁到我所在的大队，因为没处住，大队干部就将小山边的公房让出一间给我们做新房。住了半年多，我们又迁到外面工作，在人去房空的农民家过度。1970 年 8 月，我的独生女儿就在这里出世。1970 年底，我们在小山边筹造一座三角小楼房，准备在那里干一辈子，1971 年底新房刚建好，尚未住进，县里就下达文件，调我到公社脱产工作。这样我又离开爱人，搬迁到公社去住了。算起来，我在农村前后共搬了七次家。

"文化大革命"期间，我也受到一些冲击和威胁，有人说我有"海外关系"，是"国外派来的特务"，"假积极分子"，"削尖脑袋钻进领导班子"，扬言要把我引到天目山干掉。诽谤和威胁，给我造成了很大的压力，但我毫不畏惧。因为有党和群众的支持和保护，我把压力化作动力，坚持抓革命，促生产，为夺取丰收而努力。

1967 年钟玉昌在临安开荒

　　农村艰苦的生活，在磨炼我意志的同时，既改造了我的客观世界，也改造了我的主观世界，使我在劳动中不断成熟和进步。1971年初，我入了党，被选为领导干部，正当我带领村民投入兴建水库时，惊悉母亲不幸谢世，想不到当年的话别竟成了永别。我没有回家，把失去母亲的悲痛化作无穷的力量，坚持奋战在工地上。

　　一场特大暴雨袭击了上尤村，山洪暴发，西坞水库冲垮了，大批农田被毁，集体和村民的财产受到了严重威胁，我是新党员，正是接受考验的时候，我带领村民奋不顾身地投入了抗洪斗争。在抢险中，我的右腿被木头撞伤，裂了口子，鲜血直流，村民赶紧帮我包扎，劝我休息，但我想这点伤算不了什么，又投入了抢险战斗。

　　下乡后，我多次被评为县、市、省的建设新农村积极分子，还被选为县人民代表，县、市、省团代表、省归侨代表。《浙报》、《杭报》、《工农兵画报》以及县、市、省电台等媒体都采

1965年，钟玉昌（右二）与全国著名的知青劳模侯隽（右一）
等六人在中央电视台与观众见面

访报道过我，临安县志在肯定知青作用时，对我的表现也有记载。父亲送的锄头和我的部分老照片在市少年宫展览过。我的事迹曾经被编入省高中语文课本（试用本）。1965 年，我与全国知青模范侯隽等六人应邀到中央电视台与观众见面。

1967 年，钟玉昌的事迹被编入《工农兵画报》（扉页）
（2009 年 6 月翻拍）

更为荣幸的是我先后两次被推荐赴京参加国庆观礼，出席人民大会堂的国宴，与党和国家领导人合影留念。第一次参加国庆观礼的时间是 1965 年。我参加了在人民大会堂举办的国宴，这次宴会由周总理具名发给我请帖，毛主席、刘少奇主席、朱德委员长和周总理都参加了这次宴会。1965 年去北京的时候，还受到了国务院副总理谭震林同志的接见与合影留念。第二次是 1969 年，恰逢新中国 20 周年大庆，中央给浙江 300 名观礼名额，其中指定要有一名知青。因为当时杭州地区知青较多，省里就将这个名额交给杭州市区推荐。我 1965 年已经观礼过了，所以是否推荐我，存有不同意见，有的说应让其他人去，但多数意见认为我 1965 年是作为省归侨农业劳模代表去的，与知青不搭界，现在要的是知青，如我条件优越也可以代表知青去。

1. 钟玉昌出身在一个印尼归国华侨工人的家庭里。五十多年前，他父亲不愿忍受地主阶级的残酷压榨，在半夜里从农村逃到城市，不幸被人贩子卖到印度尼西亚，在荷兰殖民主义者的锡矿里当矿工，过着牛马不如的苦难生活。

1967 年，钟玉昌的事迹被编成连环画（图为第一页）
（2009 年 6 月翻拍）

结果我很幸运地又被推荐作为浙江省唯一的知青先进人物代表再次赴京观礼！记得 1965 年去的时候，我没有好的衣服可穿，省侨办就给我买了一套新衣服。

能两次赴京观礼，是我一生中最激动、流泪最多的日子，也是我最幸福而难忘的盛事。想想过去，海外孤儿时代，华侨饱受凌辱，地位低下，如今祖国强大了，华侨扬眉吐气，孤儿时代一去不复返了。回国后，当家作主人，我只做了些应该做的事，微不足道，党和国家给了我如此崇高的荣誉，让我领受了如此丰厚的礼遇，这说明党和国家对华侨的关怀和重视。

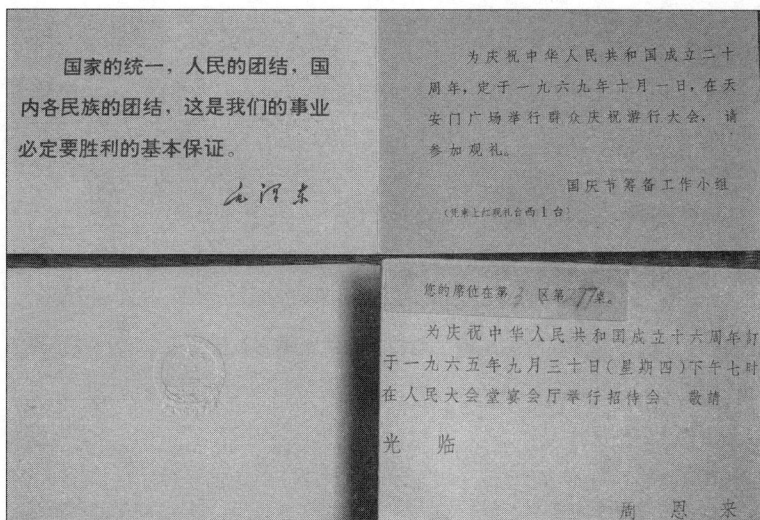

国家的统一，人民的团结，国
内各民族的团结，这是我们的事业
必定要胜利的基本保证。

毛泽东

为庆祝中华人民共和国成立二十
周年，定于一九六九年十月一日，在天
安门广场举行群众庆祝游行大会，请
参加观礼。

国庆节筹备工作小组

（凭柬上午观礼台西上台）

您的席位在第 2 区第 77 桌。

为庆祝中华人民共和国成立十六周年订
于一九六五年九月三十日（星期四）下午七时
在人民大会堂宴会厅举行招待会　敬请

光　临

周　恩　来

1965 年，钟玉昌出席人民大会堂宴会时的请柬
（2009 年 6 月 6 日翻拍）

　　1965 年参加国庆观礼回到杭州以后，我到很多单位做报告。记得从下乡务农以来，我参加过省"讲用团"，拥军"慰问团"，曾先后应邀到大中专院校、工厂、农场、研究所、看守所、监狱等作报告，总共有四五十场之多。特别是到杭州市看守所和省第一监狱给劳教人员作报告的场景，给我留下很深刻的印象，也使我受到很好的教育。劳教人员坐满操场，都剃光了头，我在上面讲，他们低着头流眼泪。会后，他们在寄给我的信中说："你的演讲很感人，我们很多人低头落泪。你不恋国外灯红酒绿，不贪那里的优越生活，回国学习，又放弃留城工作，到艰苦的山区务农，你的行动，令人敬佩，我们决心痛改前非，重新做人。"看了这些信以后，我也受到很大鼓励。

1965 年国务院谭震林副总理（前排中间戴眼镜者）接见归侨劳动模范、先进工作者、五好青年和优秀学生时合影，最后排右一为钟玉昌

三

1971 年底，我在农村造好了房子，打算长期扎根在农村住下去。房子造好了还没有住进去，县委通知来了，把我调到公社当团委书记。我在公社负责共青团工作和分管知青工作，还在一个大队蹲点。

随着形势的发展，招工、招生、招干工作在农村展开，大批知青回城了，但我没有动摇，将被推荐的名额让给了别人，送走知青战友，自己继续留在农村。

1974 年，省委贯彻落实中央知识青年的政策时，点名让我当省知青办副主任。我从农村直接调到省里了。我是省委知青领导小组成员，省知青办党组成员，在知青办一直干到 1980 年。浙江省共有 68 万知青，留在本省的有 60 万，到外省的主要是在新疆、宁夏、吉林、内蒙古、黑龙江等五个省区，有 8 万多。我和知青办三十多位同志齐心协力，想方设法做好这项工作，倾听各方意见和经验，结合实际研究如何解决存在的问题。碰到重大难题，提出解决意见，及时向领导小组汇报，然后实施。此外，我还到全省各地调查研究，远赴新疆、吉林、黑龙江等省区了解浙江支边青年的情况；参加他们的积代会，听取他们的意见。从农村上来时，我住在西湖边的新文招待所，离上班的地方不很远，单位要用车接我上下班，我坚决不要，坚持自己走路。下班后我还把知青来信带回住地，晚上一封封审阅，协商意见，交给知青办处理。1979 年的时候，浙江省的知青问题基本上都解决了，该回城的回城了，留在农村的，就地就近安排到社办企业。

后来，知青办成员全被调动分配，留下来的归入劳动局的一个处。这时候省委组织部找我谈话，说安排我到省侨联，因为我是归侨，做归侨工作更合适。那时候我身体不好，在杭州两个医院检查，结果同样都是带有问号的听神经痛，那时杭州市连 CT 检查仪都没有，检查不出正确的结果，要转到上海华东医院用 CT 检查才能确诊。我把生病和要到上海去检查病因的情况向组织部长作了汇报，他说不要紧的，你尽管放心去看病治病好了。我们先把你的组织关系落实下来，不过职务级别可能要变化一下。当时省知青办也属大的单位，副主任属副厅级级别，调到了省侨联要变成处级。我说我是党培养出来的干部，党让干啥俺干啥，思想革命化，啥事也不怕，能官也能民，能上也能下。他听后说，"有你这思想我就放心了。" 1980 年，我被正式调到省侨联工作，任办公室副主任。到省侨联后，我的身体一直不好，特别是做开颅大手术和接面副神经手术后，一直无法完全康复，右面瘫、肩瘫严重，麻木难受，右耳因听神经切断，完全听不到了，左耳也受影响，听力下降。领导见我健康不佳都非常关心。考虑到侨务工作政策性很强，怕我听不到，吃不准，出差错，就劝我以健康为主好好休息，不用坐班。1995 年 5 月，我只好主动提前退休，加入退休人员的夕阳红行列，欢度幸福的晚年生活。

四

我回国后，父母也从印尼回国，伯父家除了一个孩子留在印尼外，其他的也都回来了。我们家一共是分三批回来的。我堂哥堂姐和弟弟 1955 年回来，我和一个堂弟是 1956 年回来的，我父母是 1959 年回来的。1959 年的时候，印尼大规模排华反华，我父母就是那个时候乘祖国派去的接侨轮回来的。我父亲是带了锄头回来的，他们本来打算到华侨农场去落户，后来因我弟弟在广州工作，他们也就留在广州了。

我妈妈一共生了 12 个孩子。因为养不起，有两个妹妹送给了印尼人。她们中一个在印尼做旅游工作，两人在印尼的生活大体过得还不错，都曾来中国探亲过。

我爱人也是知青，我们是在县积代会上认识的。她在县城附近插队，条件比上尤村好，虽然相距较远，但共同的理想和目标使我们成为志同道合的伴侣。我们上尤村很苦，她说不怕，我说我有海外关系，她说不介意。1966 年我遭"海外关系"、"国外特务"等各种流言蜚语罪名的诽谤，给她造成很大的影响，思想斗争很激烈。这时也有知青想同她好，给她写情书，大姐也给她介绍临中的教师，好友给她介绍厂里的工人师傅，母亲在杭州市郊给她找了茶农的儿子，她都一一婉言拒绝了。她说她自己会考虑。后来我遭流言蜚语诽谤的问题，在事实面前不攻自破，恢复了声誉。这样我们又重归于好。在她的建议下，1968 年 12 月 26 日，也就是毛主席 75 周年生日那天，我们结了婚。这样每年的结婚纪念日，我们还可以一起纪念毛主席诞辰。

爱人插队的地方距我所在大队有百里多路远。她村里盛产粮食和名茶，条件非常优越，交通也很便利，离县城和杭州城都很近。她一个女孩子每年可分得口粮一千多斤，每 10 个工分

2008 年，钟玉昌在北京与颁奖嘉宾、全国著名电影演员陶玉玲合影

可分得 1.30 元，而我每年分得口粮还不足 500 斤谷子，一天连一斤米都不到，要靠瓜菜来充饥，每 10 个工分还分不到 0.40 元。两地相差实在是太大了。我开玩笑说，你是"不是共产党员的共产党员"，能够到这么艰苦的地方来，真不简单。

1970 年，我们的独生女儿出世，取名钟耘，望她长大后不忘三农（农村、农业、农民）。在乡下几年，养猪、养鸡、种田等农活，爱人都很在行；调回城里，她在工作上也干得很出色，多次被评上先进工作者和积极分子；家里的家务活她更是料理得井井有条。我生病后留下了后遗症，近三十年来多亏她的悉心护理和照料。她退休后参加老年大学学习，参加艺术团的演出，还会写文章，得了很多奖项。去年他还陪我出席在北京举办的全国第四届"感动人生"颁奖盛会，文艺晚会上她表演了手语《感恩的心》，表达我们的感激、感恩之情。会后又陪我登上天安门城楼，然后去瞻仰了毛主席的遗容，以表达我们对这位党和国家缔造者的深切缅怀。她的人生也很感人，我准备给她写一篇文章——《平凡老伴的人生》。

五

现在我与老伴都退休了，与众多老年朋友一样，在美丽的西子湖畔共享和谐幸福的生活。我常常鞭策自己，晚年生活要过得健康、快乐、充实、有意义。我每天都坚持锻炼身体，做一些力所能及的家务事。下雨了出不去就在家里锻炼，每天锻炼完以后看报纸看电视，关心国内外大事，关注社会和民间发生的重大事件，尽一些力所能及的义务。单位对我们归侨很关心，给我们订了《浙江老年报》、《报刊文摘》、《钱江侨音》和《浙江侨声报》。

2008 年，汶川地震后钟玉昌交纳 5000 元"特殊党费"的收据

2008 年 5 月 12 日，四川发生罕见的地震，造成了人民生命和财产的重大损失，看电视的时候，我都流了眼泪。14 日上午，我拿了 5000 块钱送到单位，委托省侨联寄给灾区，帮助灾区群

众解决燃眉之急。17日晚上，在央视新闻上知道了"特殊党费"的事，第二天清早，我又将5000块钱养老金交给单位作为"特殊党费"。中午交钱的时候，工作人员说很快就要报上去了，我乘了个末班车，算是表达自己的一点心意吧。国家兴亡，匹夫有责。我虽然不能做很大的贡献，但是能表达一点心意也好。后来我又去社区主动为赈灾捐了一次款。尽管我经济上不很宽裕，健康状况又欠佳，但我宁愿自己省吃俭用，把省下的钱去支援灾区。这样做了，我心里会觉得舒坦，饭也吃得下，觉也睡得好，因为我为灾区骨肉同胞尽了一点义务，也为祖国母亲分担了一点忧，我自己感到很愉快。他们的困难也是我们自己的困难。

退休以后，要老有所乐，过得充实。我在老伴的陪同下，到好多地方，如香港、海南岛等地旅游。有征文活动的话我也会参加。去年《浙江老年报》上登了全国第四届《感动人生》老年人征文大赛启事，我就参加了。这个活动全国共设特等奖10名，一等奖50名，还有其他奖项。结果我撰写的《赤子情深话当年》荣获了大赛文学作品一等奖，我应邀到北京出席了颁奖盛会。

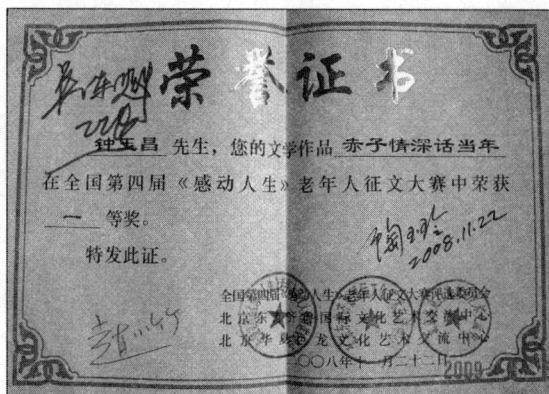

2008年，钟玉昌的《赤子情深话当年》获得
全国第四届《感动人生》征文大赛一等奖

　　我在国外寄人篱下，生活过得很艰苦，现在很好了。退休以后，党和国家对我很关心，我很是感谢。如果要问，可以重新选择的话，我是选择回国还是留守？我当然是考虑回国了。我们国家现在强大了，华侨在外面扬眉吐气，昂首阔步，高歌前进。

　　海外到处有华侨华人。我衷心祝愿天下华侨华人快乐开心，事业有成，合家幸福安康！

时代造就我们

——周慧兰 口述

被采访者简介：周慧兰，女，印尼归侨，祖籍浙江绍兴。1942 年 6 月出生于印尼巨港。1960 年回国，1961～1966 年在北京农业机械学院读书。1967～1980 年在兰溪县水电局、浦江县壶源江水利水电指挥部、西水东调工程指

周慧兰近照

挥部任技术员。1980～1983 年先后任浦江县水电局副局长、浦江县副县长、金华地区水利局副局长。1983～1993 年任省水利厅副厅长。1989 年兼任浙江省侨联副主席。1993～2008 年当选为浙江省八、九、十届人大常委，任民族华侨委员会委员、副主任。1994 年 5 月～2008 年 3 月任浙江省党组书记、侨联主席，并当选中国侨联第五、六、七届常务委员。1982 年当选浙江省劳动模范和全国归侨侨眷先进个人。

采访时间：2009 年 6 月 4 日
采访地点：浙江省杭州市被采访者住所
采访者：林晓东　张秀明　陈林　陈永升　陈小云
整理者：陈永升

一

　　我祖籍浙江绍兴,是第三代华侨。因为我家世居绍兴山区,家庭贫困,我的祖父就走街窜巷叫卖笋干、梅干菜等,有时候挑着笋干等到杭州、上海去卖。当时正值清末,下南洋发洋财成为风潮。一次,祖父到上海做小买卖,得知下南洋的消息后,决定去碰碰运气。这样,祖父和四个兄弟飘洋过海,来到印尼苏门答腊岛巨港市谋生。开始仍然用货郎担卖杂货,省吃俭用,含辛茹苦,后来终于有了自己的杂货铺。那时,我国内的家依然很穷困,每天只能拌盐、梅干菜、芝麻下饭。我的两个姐姐一个难产,一个因无钱治病而夭折,所以父亲一直希望我当一名医生,救治无力治病的穷人。无奈之下,父母和两个叔叔也来到印尼,投奔祖父。后来,我父亲独立做生意,开始从国内购买中国图书,在印尼经营书店生意。

　　1942年6月,我出生在印尼巨港。从我懂事起,父母亲就常给我讲祖国的锦绣河山和古老优秀的文化;讲英雄岳飞、郑成功等人的可歌可泣的故事,讲家乡绍兴山水和风土人情,使我从小受到爱国主义思想的熏陶,渴望有一天能回到祖国,回到故乡。因为家里开书店,我小时候就喜欢读书,尤其喜欢读中国传统古籍。

　　1949年,我开始在巨港读华文小学。1953年,父母到雅加达开皮箱厂,我随父母来到雅加达,进入雅加达中华中学读书,当时的校长就是华侨教育家、后来的全国侨联主席张国基。1954年,我随父亲参加了欢迎出席万隆会议的周总理的活动。

　　因为我在中华中学成绩比较优异,而且中华中学倾向进步,与使馆关系密切,我们还到使馆看过国内的革命电影《青春之歌》,阅读《人民画报》等书刊。那时,我对祖国很向往,希望自己长大后能回到祖国。

1960 年，印尼出现排华浪潮。但是，当时雅加达还相对平静。我之所以想要回国，还有另一个很重要的原因：当时印尼许多妇女，即使在学校成绩优秀，也只能回家做家庭妇女，结婚后一般都会失去工作。我一直好强，不甘在家里平庸地度过一生。得知国内男女平等，可以一样工作，实现自己的抱负，就更坚定了我回国的决心。

因为印尼排华的缘故，当时在印尼拿中国的护照很容易，无需父母同意，只要学校证明，我们自己就可以很容易地领到护照。所以，直到回国前夕，我才告诉父母自己要回国的消息。因为知道当时国内正值困难时期，吃饭都要定量，而我的家庭状况当时已经是中产，我本身又没有经历过家庭困难时期，所以我的父母怕我在国内经受不起考验，极为不愿也不舍我回国，但是也没能阻挡我回国的决心。

1960 年 12 月，我坐船离开了印尼。回国的时候，母亲给我准备了满满两大箱行李。箱子都是几米高，两米宽的超大箱，因为知道国内当时经济困难，食物缺乏，所以行李里除了衣物外，还带了很多吃的，有巧克力、牛肉干、糖、猪油等，母亲还给我准备了够 20 年穿的各类皮鞋。那些吃的，到了国内补校时，都被大家"分而食之"了。离别时，父母都很伤心，我们这些即将回国的学生却兴高采烈。离开印尼的时候，海关的官员告诉我，如果离开印尼回到中国，你就要承诺永远不再回印尼了。船穿过太平洋，航行了十几天，终于到达了祖国，看到前来迎接领航的船只，船上悬挂着五星红旗，我们流下了激动的泪水。

二

1961 年 1 月，我终于回到了祖国。当时天气已经很冷，政府立即给我们送来衣被等，并安排我们进入广州补校学习。6

月,我参加了高考,选专业的时候,我想法很简单,认为国家的需要就应该是自己的志愿,所以响应毛主席提出的以农业为基础的号召,于是报考了北京农业机械学院农田水利系,那时我很向往北京。

1962年,父亲对我不放心,回国来看我,带我第一次回到故乡绍兴。我终于目睹了国内农村的状况,当时绍兴交通极为落后,我坐了几天的火车才能到达绍兴,然后坐几个小时的乌篷船,再走大半天的山路,才到达了老家。那时家乡生活贫困,医疗卫生都很落后,这更加坚定了我改变祖国农村落后状况的决心。

1966年,我从北京农机学院毕业。那时,"文化大革命"对我冲击不大,只是因为归侨的身份,不能入党。毕业时我的思想非常"革命",只想到广阔的天地锻炼,在祖国的大地上画出最美的图画,把自己的青春献给党的事业。所以,毕业分配时,我坚决要求到新疆最艰苦的地方去工作,但是,由于归侨的身份,我被分配到故乡浙江。1967年,我被分配到兰溪水利局。

到兰溪水利局之初,我在工地上当技术员。那时,我已经结婚,爱人在浦江水电局,年迈的公公需要照顾。1971年,为解决夫妻分居两地的问题,我调到浦江。

我一到浦江,领导就找我谈话,说县机关干部已满员。打算把我分配到离县城三公里的一个供销社当营业员。当时,我意识到,像我这种有"海外关系"的人,不宜留在县机关工作。于是,我对组织上说,我是学水利专业的,现在叫我改行当营业员,我想不通,我不怕艰苦,但我不能离开我所热爱的水利事业。哪怕到最偏僻的山沟里,在工地上干啥都行。经我再三恳求,组织最后决定派我到离县城十多里的红岩水利工地工作。我卷起行李,带着两岁的儿子和年迈的公公高兴地来到水利工地安了家。

刚到浦江红岩水库工地时,当地一些民工都在私下议论,水库工地要来一个女技术员，是个大学生，还是一个归侨，并打赌说"娇小姐干不了苦水利"。面对众人的议论，我明白只有靠自己的实际行动才能与民工们打成一片。于是从上班的第一天开始，我便一头扎进水库建设工地，脱下皮鞋，穿上草鞋，扛着仪器，登悬崖、攀陡壁、涉溪水、踩荆棘，测量设计，施工放样。连年来，衣服不知撕破过多少次，手脚不知摔伤过多少回，

1980 年，周慧兰在浦江工地留影

爬遍了工地的山山岭岭、坎坎坑坑。每天5点钟起床，一天走3个工地，住的是简陋的油毡房。但是我不觉得苦，只是觉得在工作中很满足。这样，我在浦江坚持了13年。

我之所以能够坚持下来，一方面我天性要强，有不服输的性格。另一方面也靠许多人的帮助。记得初到工地，就经受了各种锻炼和考验。我从小长在繁华的大城市，走惯了马路大街。现在，出门见山，走的是羊肠小道，住的是简陋工棚，生活十分艰苦。在和广大民工朝夕相处的日子里，他们处处关心我，爱护我。我不会爬山，他们就一步一步地教我，帮我。两个儿子就在水利工地上长大，因为忙，我很少照顾他们，都是工地上的那些工人，叔叔阿姨们抽空轮流照看。工地的党支部书记是位南下干部，对我非常关心。他说，党的一贯政策是重在表现，是看实际行动，让我安心工作，放手去干。

在我们修建红岩水库的同时，为了解决浦江北山脚三万亩

农田灌溉和开发万亩黄土丘陵，上级决定让我们进行壶源江引水工程勘察。我们认为从西庵岭打通隧道引水到金坑岭水库是比较适合的路线。这样，我们又重新开始了艰苦的工作。

一生中最使我难以忘却的是，1979年金坑岭水库大坝合龙前夕，老天不照应，下起滂沱大雨，给截流围堰工作带来了极大的难度。大坝合龙前的那天晚上，我彻夜守护在工地上，与民工们一起推车倒土进行围堰。凌晨两点，我突然发现高低坝衔接处的土碾压不实，有开裂的迹象。一种不良的预感闪上我的心头。"不行，合龙要暂停!"我赶紧找到总指挥，要求马上下令停工。当时总指挥很不高兴，听不进我的话，我再三极力要求停工。由于我的执拗和诚心，意见最终被采纳了，工人们重新返工碾压，保证了施工质量。

1973年，我父亲来国内探亲时，见我一家生活艰难窘迫，坚决要我回雅加达，但被我拒绝了。1978年，我的父亲身患重病，在香港医治。我去香港探望父亲时，我的叔父出于我的前途考虑，提出要资助我到美国留学。一想到水利工地一幕幕热火朝天的场景，我还是婉言谢绝了他的一番美意。出境护照办了两个月的期限，我在香港却只待了十天，便急急忙忙返回到水库工地，临走时叔叔送给我两台计算器，这在我以后的设计工作中发挥了很大作用。

1978年，我考入北京水利科研院，攻读研究生。读研期间，因为浦江的那个水库是我设计的，没有人接替我。我读了半年，又回到浦江继续工作。1980年，我被选拔为浦江水电局副局长。1981年拨乱反正后，我当选为县人大代表，随后当选为浦江县副县长。1979年，我荣获金华地区"三八"红旗手。1982年，获得省劳动模范，全国归侨侨眷先进个人荣誉称号。同年9月13日，我光荣地加入中国共产党。

1982年～1983年我调任金华地区水利局副局长。1983年～1993年任省水利厅副厅长、党组成员，主要负责防汛、农田水利、小水电等方面的工作。

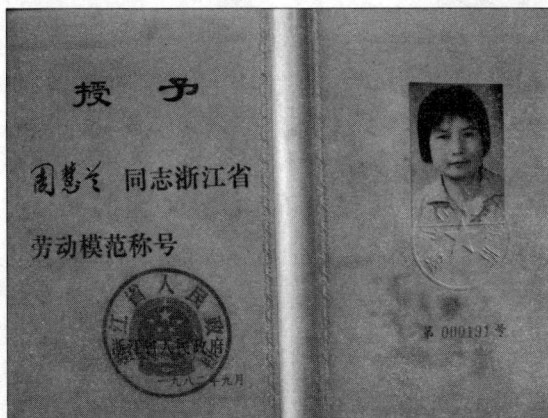

1982 年 9 月，周慧兰获得的浙江省劳动模范称号证书

三

1989 年我开始兼任浙江省侨联副主席，1993 年～1994 年任省人大常委、民族华侨委员会委员、副主任。1994 年 5 月我正式调入浙江省侨联，任侨联党组书记、副主席。

从 1994 年到 2008 年，我在浙江省侨联工作了 15 年。这 15 年中，我们认真贯彻党的侨务工作方针、政策，立足本职，开拓创新，扎实工作，注重从浙江的省情、侨情实际出发，注重做到两个统筹，即统筹国内工作和国外工作的协调发展，统筹为华侨服务与为中心服务的协调发展，积极探索"突出重点，点面结合，典型推动，打响品牌"的工作思路，努力拓展工作领域，不断丰富工作内容，使侨联工作有了新的发展。这主要体现在以下几个方面：

首先是参政议政、依法护侨。我们一方面从侨联是政协组成单位出发，积极推荐侨界政协委员、省政协港澳、海外委员以及省政协港澳侨特邀委员，同时也重视参政、议政，每年政

1989 年 12 月，察看玉溪电站坝址（前一为周慧兰）

协会议上都做大会发言，阐明侨界主张，如"关于进一步加强海外华文教育工作的建议"的发言，得到侨界海外委员、特邀委员的强烈反响，引起了省领导的高度重视，有关部门采取了相应的措施。另一方面，我利用浙江省人大常委、省人大民族华侨委员会副主任委员的身份，以提（议）案为载体，做好为侨服务工作，推进侨务立法进程。其中有关发挥留学人员在科教兴国中的积极作用的建议和提案被省人大评为优秀建议和提案。该提案促进了我省"关于实施新世纪人才工程的决定"的出台，促成留学人员工作联系会议制度的建立，省侨联成为联系会议成员单位之一。十多年前，浙江省人大通过并颁布了《归侨侨眷权益保护法》实施办法，这是全国最早制定的实施办法之一，该办法具有鲜明的浙江特色，可操作性强。省人大还制定了《浙江省华侨捐赠条例》。在我们的建议下，还对两部法规进行了修订，很好地维护了侨益。为了互通情况，全省侨联建立了提（议）案抄告制度。与此同时，浙江省政府陆续出台了《关于给工龄在 30 年以上的退休归侨职工加发退休补贴费的通知》，规定男性归侨工龄满 30 年，女性满 25 年，按 100％领取退休工资；依据浙江省《关于给予我省困难归侨发放生活补贴的通知》，困难归侨除领取困难人员生活补贴外，每人每月还可以再领取 100～150 元补助。这两个文件使归侨得益，解决了他们的燃眉之急。

1995 年，第一届世界妇女大会浙江代表合影（左一为周慧兰）

此外，我们还呼吁省政府出台了《浙江省华侨权益保障暂行规定》，促进侨界热点、难点问题的解决。1996 年，经我们多次提出提案，浙江省着手解决"换约续租"的侨房（原来属侨房，在社会主义改造时期，交予其他人居住，后承认原屋主产权，租于现在住户）问题，浙江省政府投入 600 万资金，重新安置租户，将侨房归还原业主，到 2000 年全部解决了 8 万平方米侨房腾退问题。另外有二十多户华侨于 20 世纪 80 年代购房，但由于各种原因丢失购房凭证或者因涉外问题无法办理房产证，经我们多方反映，反复协调，问题得以圆满解决，侨胞十分满意。

其次坚持为侨服务宗旨，做好老归侨工作。在省直机关归侨中按原居住国成立了活动小组，为正常开展活动向财政局争取了专项补助经费，坚持在侨界开展"送温暖、送健康、送法律、送文化、送服务"活动，建立健全对老归侨"生病探视、生日送礼、节日慰问、困难帮扶、除夕团圆"等系列关爱活动；建立归侨档案，编印"赤子情深话当年"、"归侨名录"等。重新改造了老归侨活动中心，以"侨之家"为阵地，常年开展丰富多彩的文体活动，定期组织专题讲座，进行法律咨询。

在海外联谊方面，自1996年省侨联首次组团出访欧洲，开展"看望侨胞，拜访侨团，了解侨情，深交朋友"活动以来，至今已和一百多个国家和地区的侨团建立了经常性联系，建立和健全了海外侨胞、侨团的档案。每年我要亲笔写寄二千多张贺年卡，向海外有影响的侨胞贺岁拜年，加深彼此感情，深得侨胞赞许。近年来，我们以海外青年侨领为骨干，成立了浙江省侨联青年总会，开展了一系列富有影响的活动。

此外，我们还开展了侨务对台工作，先后两次组织召开"浙江侨领推进中国和平统一座谈会"，积极接待台湾侨联总会大陆参访团和美西华人（台侨）学会访问团来浙访问。我们还邀请美国北加州"海外游子吟"演唱团来浙访问演出。在海外华文教育方面，经我们联系，海外10所华文学校与浙江省10所名校建立了对口培训和支援工作关系，并开展了三批"海外文澜侨心书库"建设，得到了钟山副省长的肯定。我们还举办了首届"华侨华人论坛"，出版了《青田华侨文化研究》、《华侨华人研究论丛》、《侨资侨属企业风采录》等专著。

以"重网络、手牵手、共发展"活动为载体，大力推进基层组织建设，浙江省侨联六届二次常委会通过了"浙江省侨联关于加强基层组织建设的若干意见"，明确了基层组织建设的要求和任务。从2000年开始集中精力抓基层组织建设，坚持做到"五有"（有组织、有队伍、有经费、有阵地、有活动），至2007年底，在市、县（区）、乡镇（街道）和大专院校建立侨联组织380个，还在侨乡的社区、村居、楼宇建立侨联分会或侨联小组。同时，还全面推进基层侨联组织规范化建设，这一做法在中国侨联召开的"能力建设年"大会上作了推广。基层侨联工作也逐渐从"组织起来"转到"组织起来"与"活跃起来"并重上来，各地根据各自的实际情况，努力出精品、创特色，形成了自己的工作品牌和工作亮点，得到了侨界群众的好评和党委政府的肯定。

2006年，周慧兰（左一）陪同全国人大华侨委调研
"归侨侨眷权益保护法"的实施情况

为全面了解和准确掌握浙江省侨情，省侨联从2005年开始在全省范围内开展侨情普查。鉴于这项工作涉及面广，政策性强，任务重，难度大，此次调查历时三年，并且分阶段、分步

骤完成。2005 年为启动之年，在全省 27 个有一定工作基础、有代表性的基层侨联开展试点工作。2006 年为铺开之年，通过调查员上门入户的"地毯式"普查，采集了侨情数据信息，形成了全省侨情调查分析报告。2007 年，与浙江工业大学合作开发建立了全省侨情资料电子数据库，完成了原始数据的录入工作。这一侨情数据库在全国侨联系统都处于领先地位，数据库的建立，加强了侨情数据管理的动态化和信息化，使侨情资料管理更为便捷。为使各级侨联干部熟练掌握数据库的使用管理操作技能，省侨联还专门举办了培训班，先后培训了 120 人。

我在省侨联期间，另外一项重要的工作就是领导浙江省留学人员和家属联谊会的成立和运作。这项工作起初只是为了对我们海外人才的状况进行摸底。浙江省留联会前身为"浙江省出国留学人员家属联谊会"，1998 年 9 月 28 日成立。自成立后省侨联开展留学人员工作有了新抓手。省留联会成立后，按照"先挂牌子，后搭架子，再探路子"的策略，一方面立足留学人员家属，开展丰富多彩的联谊活动；另一方面积极搭建引智平台，全力推进高层次海外留学人才回国服务和为国服务。2001年，"百名海外博士浙江行"打响了留联会的品牌。根据留联会章程，2002 年 12 月 18 日，省留联会换届。省留联会围绕中心，服务大局，不断创新活动载体。2005 年，开展了"为国教子，以德育人"、"双十佳"评选活动，并为社会开设了五场家庭教育报告会。2006 年，在全省调查摸底的基础上，开展了浙江省"海外留学英才"评选暨"走进浙江——高层次留学人员为国服务志愿团"大型系列活动。这些活动层次高、规模大、影响广、实效强，为留联会赢得了声誉，赢得了发展空间。2006 年底，经民政厅批准，"浙江省出国留学人员家属联谊会"正式更名为"浙江省留学人员和家属联谊会"，有效地拓展了留联会的工作领域。2007 年 6 月 20 日，浙江省留学人员和家属联谊会第三次会员代表大会召开，副省长钟山出席会议并讲了话。大会还选举产生了新一届领导班子，制订了新章程。

随着留联会工作的不断深入发展，全省留联会组织不断发展壮大。目前，全省已有9个市建立留联会组织。浙江大学等6所省部属高校和瑞安市、海盐县、吴兴区等56个县（市、区）也成立了留联会。全省从无到有，已建留联会组织达到了71家。

我们留联会工作的目的，主要是做好人才储备工作。我们知道，当今世界，国家的竞争就是人才的竞争，我很希望留联会能够在吸引高层次人才为国效力等方面出一份力。

侨联工作之所以能够取得成效，关键是我们有一支拉得出，能打硬仗的侨联干部队伍，我到省侨联后，特别重视加强侨联机关和干部队伍建设。我们增设了两个部门和一个办公室等3个机构，增加了编制，并建章立制，规范工作，同时省侨联党组非常重视干部政治理论学习，并加强干部专业知识和学历教育，使侨联干部做到对侨有感情，了解侨情，会为侨办事情。

我在海外的叔叔曾经这样对我说过，全家只有你一个人是国家培养成才的，你的其他兄弟姐妹都是靠父母培养的。我说，所以我才应该全心全意地报效祖国。

我觉得，每一个时代都会造就不同的人，不同的人生观。我们年轻时代的价值观和现在不同，或许正是这种不同，才造就了与现在年轻人很不同的我们那代人。

要把毕生精力奉献给祖国

——周添成　口述

被采访者简介：周添成，男，马来西亚归侨，1934 年出生于马来西亚。1952 年回国，1955 年至 1959 年就读于厦门大学，先后在中学与大学任教 25 年，1984 年到浙江省侨办担任领导职务。1994 年退休。

周添成近照

采访时间：2009 年 6 月 4 日

采访地点：浙江省杭州市被采访者住所

采访者：张秀明　陈林　陈永升　陈小云

整理者：陈小云

一

我从小生长在马来西亚。因为我从未谋面的祖父周温柔在一次出海时遭遇了不幸，为了使周家的香火能够延续，祖母陈素珍为其英年早逝的儿子（继父周福聪）领养了我，带我进入了一个陌生的新家庭，这使得我的物质生活得到了保障，也使我有了今后能够接受教育的基础。不过在我 5 岁时，祖母也撒手人寰，离我而去，我成了地道的孤儿，被寄养在姨婆家里，直至偷渡回国。

当时，我居住在马来西亚的槟城，又称槟榔屿。槟城的人口组成主要由马来人、印度人和华人三部分组成，这三部分人都有着不同的生活方式，而华人人口曾经占该城总人口的百分之七十以上。华人是他们中最勤劳也是最俭朴的，但总是饱受政治迫害，这些记忆片断对我的童年生活产生了很大的影响。

我的幼儿园阶段是在马来西亚槟城圣约翰学校度过的。这是一所英国人办的教会学校，教师不是神父就是修女，所使用的教材是英国本土的教材，在当地颇负盛名。记得我读幼稚园大班那一年，有一天上午，我们那位胖乎乎的英籍班主任，左手捧着一盒水果糖，右手提着一篮水果，气喘吁吁地走进教室，先给我们每一个小朋友 4 颗糖和一个苹果。这天首先教了两个句子，一句是"This is an apple"（这是苹果），另一句是"It comes from our capital London"（它产自我国首都伦敦）。她反复领读几遍之后，从前排到后排，按顺序叫我们手拿苹果高声朗读这两句，算是直观教学，轮到我站起来读时，我心里闹别扭，我的亲戚朋友都来自唐山，我们是中国人，我们的首都不是伦敦，因此，我不读出"伦敦"。开始时她以为我不会读"伦敦"这个词，又教我一遍，我就是不吭声。后来，她可能意识到问题的原因，狠狠地骂了一句"笨货"！罚我站到下课，没收我该得的苹果和每天该分到的 4 颗糖，这对我这个馋嘴的小孩打击之大，可想而知。以后我因无出生证而被拒绝读该校小学一年级，几经交涉，无果而终。而我被拒绝在该校读小学是否与此事有关，不得而知。

我自幼酷爱读书，是个书迷，但囫囵吞枣，不求甚解。在进入华文学校学习后，喜欢看书的我更多地接触到了一些进步书籍和先进思想，童年时有些稚嫩的思想也渐渐成熟了。正是这些书籍、这些思想，才使得我没有变成所谓的"香蕉人"。

"香蕉人"指的就是那些像香蕉一样黄皮白心被当地化了的华人。我非但没有成为"香蕉人",强烈的爱国情感与今后的归国意愿也正是从那个时候开始在我心中深深扎根的。尤其是抗战爆发后,当地侨胞大力支持祖国的抗战事业,一种无上崇高的爱国感情让我受到了深深的震撼。当时,我只有11岁,还在读小学,老师来上课,都随身带着一只纸箱子。上完课后,就跟我们讲国内的战争状况。老师讲得慷慨激昂,同学们听得也是热血沸腾,于是大家一个铜板两个铜板地捐出了自己的"全部家当"。当时的场面真的很感人,我到现在都还常常想起。

1952年,马来亚槟城中华中学旅行团合影(前排右三为周添成)

之后,我在马来西亚中华中学(华文学校,设在孔教会内)读书。就读时两次顶撞老师,一次是在初二,一次是在初三,事由都是因打抱不平而引发的。我们初二的班主任兼国文教师(我还记得他的尊姓大名,但他毕竟是我的老师,这里就省略了)。他学历不浅,是当时南京中央研究院的农学研究生,大概从未看过武侠小说,竟把"首级挂在墙头上"解释为"第一级的脑袋挂在墙头上"。这样误人子弟不要说，对待同学还有两把尺，有的同学不穿校服上学，挨他批评，而另外一些同学犯同样校规，则可幸免。我为此愤愤不平，在一篇周记里点名抨击。想不到，他恼羞成怒，第二天上课时竟叫我站起来说个清楚，我得理不饶人，据理力争，那一天语文课变成了评论课。还有一次是上初三时，那一天是星期一早上周会，我班有个别同学犯规没有穿校服，让校长当众宣布我们全班缺席，我愤而带领全班离开会场，以示抗议。事后，我班原班长因在这一事件上无所作为而被班主任免职，改任我为班长。

二

1949 年，中华人民共和国诞生，如春雷一声，震撼了我的心灵。我向往新中国，我不愿寄人篱下当二等公民。"回祖国去！"成了 20 世纪 50 年代广大海外学子的最大心愿。许多海外学子，特别是东南亚诸国的华侨学生，为了报效祖国，纷纷踏上回国的征途。

1952 年，我抱着报效祖国的一片赤诚，踏上回归祖国的旅途。回想起来，当年回国可真不容易啊！当时，马来亚青年学生出境深造有三条路：一条是到澳洲留学，殷实人家乐于走这条路；一条是到台湾去，台湾当局免费提供飞机票，上师范类的大专院校还可以享受美国政府发放的奖学金和助学金；一条是回大陆，这是上个世纪 50 年代大多数青年学子所向往的。新中国刚刚成立，家人难免对国内的现状心存疑惧，因此我要回国很难得到家人的支持。当时的我只有 18 周岁，并未达到当地的法定继承年龄 21 周岁，所以在我决定立即回国的那一刻，也就同时决定放弃继承家中一笔数目可观的遗产。对这一举动很多人不理解，更有人觉得这实在是有些冲动甚至有些傻。但如果我再等三年，这三年中谁都不知道会发生什么事情，也许这三年中，我回国的意志会动摇。人生有时必须要做出选择的，选择了就不要后悔。我已决心回国，什么都不能阻挡。当然因为明知家里人不会同意，回国时，只能瞒着家人了。

临行前，我与几位同窗知己进行了周密策划。夜深人静时，我把心爱的书籍从家中运出，由他们保管，第二天运往码头。然后，我只带了几件换洗的衣服就出发了。让我头痛的是购买船票的钱（当地殖民政府规定：回中国的旅客只能购买统舱票，75元叻币即够，可怜我连这点钱也没有）。幸好全班同学援手，才得以解决。

1952年9月，回国前10天，槟城中华中学同学为周添成（前排左二）送行留影

第二天天蒙蒙亮就登上轮船，这天恰好是马来西亚华校的教师节。学校放假，许多同学冲破重重阻挠赶来送行，把一只小小的渡船挤得满满的。他们的到来不啻是给即将远飞的孤雁壮了胆。他们知道我仓促成行，少衣缺钱，所以有的送衣送鞋，有的递零用钱。登船之前，我与同学们约定以信件方式告知国内状况，以及回国后的感受，但考虑到当时的信件传递没有那么自由，于是又约定如果书信以竖排的方式写成，则表示对国内生活满意，若书信以横排的方式写成，则表示国内状况不佳，大家对回国一事要经过更慎重的考虑。记得我回到国内不久，他们又寄来文章《送周君添成北归序》和诗歌《致远方的朋友》，遥祝我一切顺心如意。就这样，我只身一人，带了三块三毛叻币（英殖民地在马来西亚使用的货币，币值比人民币小，一元只值人民币5角多）踏上了回国的旅途。当我登上轮船时，移民厅的官员乘快艇赶来要收回我的身份证，以不准再回居住地相威胁，我一怒之下，把那张身份证撕得粉碎，扔进大海。

我所坐的统舱其实是底舱，条件十分恶劣。人与货物杂处，挤得不留一点缝隙，晚上勉强铺上一条小席子睡觉，第二天一早就得把席子卷起让大家走路。舱底没有通风口，空气混浊，加上一大群印度人，身上涂着不知什么油，散发出难闻的气味。我和几个从缅甸来的侨生只好白天跑到轮船的顶层透透气，晚上才回到原位睡觉。熬过两天两夜以后，轮船在新加坡港停泊，那些满身涂油的印度人上岸了。原以为可以舒一口气，哪里知道他们空出来的位置又被新装上来的货物填满了。

旅途的艰辛暂且不说。轮船停泊新加坡港时，有好几个手执警棍的警察登上轮船，凶神恶煞地凭照片抓人。我见情况不妙，转身逃进厕所。事后听说逮走了两个侨生。我总算有惊无险。但是，一波未平一波又起，轮船行驶到太平洋与印度洋交界处，碰上了"三十年一遇"的大风浪，轮船被抛上抛下，颠簸得厉害，人根本不能站立，大家只能躺在船板上呕吐，两天三夜滴水未进，连黄胆水也吐干了。这种难受实在无法形容，直到三天后才雨过天晴，风平浪静。

又过了两天两夜，轮船在香港的维多利亚港停泊。此时，去其他国家的旅客都可以上岸到香港观光购物，而回大陆的只能留在船舱等候。英国殖民者就是这样敌视新中国，欺负中国人！我们只好望着自己的国土而兴叹。轮船离开维多利亚港时，殖民当局的香港警察竟把我们当"囚犯"那样押解到九龙火车站，真是令人气愤。

不过，乌云总是遮不住太阳的。1952年10月25日那一天，晴空万里，秋风送爽，我终于踏进了祖国的大门。

三

到达广州时，我口袋里的叻币已所剩无几，几天以后，我就身无分文了。记得我曾把一双新的捷克球鞋、两条旧长裤卖给旅店的服务员。过几天，囊中又是空空如也。像我这样的情况，完全可以申请补助，碍于面子，我没有申请，饿了两天。正在走投无路，准备向旧书店出售我那万里迢迢带回的《闻一多全集》（四卷，开明书店出版）时，突然出现一位救星，他是与我同住一个旅店的侨生。有一天晚上，他邀我与他同上旅店楼上的厨房去吃锅巴，他说他喜欢吃锅巴。我至今没有弄清楚他是真的喜欢吃锅巴，还是与我一样囊中羞涩。这已成为一个永远无法解开的谜。

饥困交加之际，祖国像一位慈祥的母亲一样，用双手拥抱了我，我这个海外游子沉浸在温暖的母爱之中。我身无分文，政府免费供我吃住；我想继续念书，政府就送我到厦门集美中学去就读。考上厦门大学以后，又向我提供助学金，让我圆了大学梦。那时，我们的国家百业待兴，经济极为困难，要拿出这么一笔经费来安顿我们这些侨生，是多么不容易啊！

寸草报春晖。祖国是我的母亲，我要把自己的毕生精力奉献给祖国。大学毕业以后，我从事教育工作，先后在中学与大学里任教。先在兰溪一所中学教授英语兼历史，一教就是14年。后来调入县城中学任教。改革开放后，我被调到浙江师范大学的专科部，主持外语科的教学领导工作。这期间，我在自己热爱的岗位上辛勤耕耘、播种着，培养出了许多人才。

1959 年 8 月，厦门大学历史系毕业留影纪念（后排左三为周添成）

　　这漫长的岁月并不总是风平浪静，其中充斥了太多的艰辛，既包括物质上的匮乏，更多的则是由于具有海外关系以及整风反右运动中差点被划为右派分子而遭受的巨大的政治压力，"文化大革命"中的经历更是不堪回首。在"反右"运动中，我因为同情"右派"而挨批判，被划为"中右"，被人"另眼相看"；在"十年浩劫"中，我被抄家，被打骂，被批斗，被游街示众，被关进牛棚，饱受屈辱。老实说，我也曾有过动摇和后悔，特别是"文化大革命"时受到的极度不公平的待遇真的让人难以忍受。曾设想，要是当时留在马来西亚生活，会是怎么样呢？每当动摇的时候，我都会想起有个诗人曾经说过这样的几句话，"不论是风雨如磐的昨天，还是阳光明媚的今天，祖国永远是我们亲爱的母亲"。我也是抱着这样的信念，无论艰苦也好，困难也罢，我都相信当初的决定是没有错的。我坚信祖国——母亲是不会遗弃我的，党会还我一个清白的。对回到祖国的怀抱，我无怨无悔。更何况，党的十一届三中全会以后，那些强加在我身上的不实之词都一一得到了纠正，祖国对我更加关怀与信任。所以，后来有人问我：你回国后悔不后悔？我很干脆地回答：假如时间可以倒流，让我重新选择，我还会义无反顾地走自己所选择的这一条路。

1960 年春节，周添成（后排左二）与同事们合影

在 25 年的教书生涯中，我遵照党的教育方针，教书育人，爱生如子，认真教学，诲人不倦，为国家培养了许多建设人才。由于自己勤勤恳恳工作，做出了一点成绩，祖国又给了我许多荣誉，我多次被评为先进教育工作者，并光荣加入中国共产党，还先后被推选为省、市、县等各级人民代表与政协委员。

四

事实证明，在错过了几次宝贵的发展机遇后，中国的发展终于回归到正常的轨道，稳步而迅速的发展振奋了所有中国人民，归国华侨这一群体怀着对祖国的特殊感情，自然有着更深一层的喜悦与激动。

我是马来西亚归侨，因为有"海外关系"，于 1984 年 5 月从浙江师范大学抽调到省侨办担任副主任，从事侨务工作。在侨务战线上，我利用自己具有的"海外关系"这一优势开展大量海外联谊工作（尤其是对东南亚华侨华人的联谊工作），收效颇为显著。

1978年中共十一届三中全会召开，我国实行改革开放政策，党的中心工作转移到经济建设上来。改革开放伊始，百业待兴，需要大量资金、人才、技术和设备，侨务部门义不容辞地担当起"三引进"的工作。要出色完成"三引进"任务，首先必须做好国内侨务工作。十年动乱，侨务部门被彻底砸烂，归侨、侨眷饱受摧残。粉碎"四人帮"后，侨务干部艰苦努力，拨乱反正，平反冤假错案，落实各项侨务政策，从而赢得了"侨心"，为开展海外联谊，实现"三引进"打下了坚实的基础。身为归侨的侨务工作者，在落实政策中，往往会感同身受，有紧迫感；在对外联络中，与海外侨胞有较多的共同语言，更容易获得他们的信任。我先后出访了13个国家和地区，接待了无数批海外华侨华人和港澳同胞，其中有几批，接待的气氛特别热烈，效果特别显著，这与我具有归侨身份是分不开的。

祖国改革开放，侨胞欢欣鼓舞。上个世纪80年代，是我国改革开放的初期，也是海外侨胞回国投资办企业、捐资办公益、讲学办教育的"投石问路"期，这中间，广大侨务干部做了大量的解惑释疑的工作。记得那几年，我省侨办虽然自己组团出访或公费邀请侨胞来访为数甚少，但浙江有个天堂——杭州，途经的访问团和旅游团都为数众多，每年国庆节前后，人来人往，让我们应接不暇。有意思的是，途经的旅游团，多数是广东省或福建省邀请的，因此，旅客多是东南亚的华侨华人，这正好弥补了浙江的"缺陷"（浙江籍侨胞主要旅居欧美）。而接待东南亚客人的任务，自然就落到我这个归侨的身上。

1981年国庆节后不久，福建省侨办邀请的《光华日报》观光团到达杭州，省中旅报告省侨办，省侨办决定由我出面在香格里拉饭店举行座谈会并宴请他们。《光华日报》是东南亚较早的侨报之一，是孙中山先生早年在南洋宣传革命的阵地（报名"光华"乃"光复中华"之缩写）。它的社址在我的出生地——马来西亚槟城。它当时的当家人董事经理温子开先生是我钟灵中学的校友。说来也巧，1958年前我的第一篇见报的作品，就是登在该报的"学生园地"上。而观光团的二十多位记者多数毕业于槟城钟灵中学，无形中又增添了一份友情。那天香格里拉会议室沸腾了起来，你一言我一语，气氛非常融洽。我利用这一绝好机会，把浙江杭州宣传了一番。晚宴后许多人跑过来，紧紧握着我的手，问我何时回槟城？我答曰：日思夜想，梦到槟城常恨短。可惜我单相思无用！（当时马来西亚尚未对我国开放探亲旅游，我无法回槟城）他们告诉我，他们对中马人员自由往来很有信心，他们天天在报上鼓与呼，请决策者早日开禁。回国后，他们在《光华日报》上发表了考察观光的文章，在杭州那一部分里给我立了一个小标题：浙江省侨办副主任周添成是槟城人。从此，我与《光华日报》的关系更加密切，浙江省侨办访问团访马时也受到他们的热情款待。《光华日报》还先后发了我的6篇文章。这份报纸原先是倾向台湾当局的，通过与中国大陆几年的来往交流，现在报道客观公正，主张两岸和平统一，反对"台独"。

海外校友是海外关系的一种，海外校友会是侨务工作可利用的一种渠道。我于上世纪40年代末就读于马来西亚槟城钟灵中学。这是一所历史悠久的华文学校。它是当地华商慷慨解囊创办起来的。它如今桃李满天下，名闻遐迩。它的学生们遵循"吾爱吾钟灵"校训，每年召开一次嘉年华会，分别在世界各地举行。至今已举办39届。举办嘉年华会的目的很明确，即联络感情，交流经验，互通信息，回报母校，服务社会。我深知该校在当地华人社区特别是知识界的影响力，积极主动与之联络，首先，我一走上侨务工作领导岗位，立即去函申请参加"钟灵广东校友会"，与国内的校友联系上，再通过他们与海外的朋友接上关系；其次，我利用亲朋好友中的校友，去结识新的校友。浙江省侨办接待的第一批校友团，就是我的校友——新加坡水彩画会会长吴承惠率领的中国采风团。那是 1985 年 10 月，我陪同他们参观了中国美院，并与美院建立了长期联络关系，后来美院有不少艺术家到新加坡，都得到他们的接待。我还陪同他们跑了温州、宁波、舟山、绍兴等地，历时 15 天。他们返回新加坡后，创作了许多有关浙江的作品，并专门举办一次"绍兴水乡展"，宣传浙江的风景名胜。1991 年我返马探亲，恰逢钟灵校友聚会，我不失时机地与会，结识了槟州首席部长许子根等好几位知名校友。1993 年广东钟灵校友会举办嘉年华会时，我通过我的姑父、校友、槟城义香进出口有限公司总经理庄家地先生向校友建议组团来中国旅游时排上杭州，我在杭州欢迎他们。记得其中有一个团人数特别多，大约 50 人左右，团员层次也相当高。他们特别推荐我姑父当团长，我即请分管侨务的副省长出面在楼外楼宴请他们。这次接待规格高，又饱尝了杭州的名菜，给他们留下深刻的印象。后来有许多人在马来西亚碰到我，都说要再来杭州游西湖，上楼外楼吃东坡肉。在对外联谊中，我还注意发挥传媒的作用，比如我撰写一些海外知名校友的专访或师友的回忆，分别在国内外有关报刊上发表，同时向《浙江侨声报》推荐校友的作品和母校学生的优秀作文，从而加深我们原有的校友情。改革开放初期，出国难，自费探亲是公费出访的补充。在某种意义上，因私要比因公优越，国家不用破费自不待说，至少还有以下几个好处，即：1. 逗留时间长；2. 行动自由；3. 接触面广；4. 有亲情好做工作。我曾三次探亲旅游，在新加坡，在马来西亚，在中国香港，都是自己一次又一次自费出境探亲、旅游，宣传祖国改革开放以来的变化。同时，我也千方百计地做"三引进"的工作，比如在香港会见集美校友时，发现他们当中有一位在港中旅工程建筑部工作，我就向他推荐省中旅拟建的大酒店（即以后的五洲大酒店）。以后决定由省中旅、港中旅、海外华侨三方合资筹建"五洲大酒店"，港中旅派出项目考察谈判的成员之一，就是我那位集美校友。据他说，如果不是他们考察项目的人员积极性高，在马总面前多美言几句，港中旅有可能不会参股。两位搞装修的校友，也多次来杭考察谈判，其中一个校友还参加了投标。

在职期间，我在政府不给经费，不给编制，要求自收自支的情况下创办了《浙江侨声报》，并任主编五年。这份报纸至今已走过了二十四个春秋，在开展对外宣传上，收到良好的效果。为了组织动员研究人员更好地开展华侨华人问题的研究，提高侨务工作的水平，我建议、推动并参与成立了"浙江华侨华人研究会"。

现在，我尽管年事已高，左眼失明，右眼视力几乎丧失，从事文字工作十分不便，但仍然担任浙江省华侨华人研究会的顾问，华侨文化研究专家咨询委员会委员，《钱江侨音》特约顾问等。平时以极大的热情专注于华侨的各项事业研究，同时撰写了大量的文字，我的著述全部都是一手拿着放大镜，一手拿着笔一笔一画写下来的。我也没有什么深刻的大道理要讲，结合我自己的亲身经历来说，做人要踏踏实实，要坦坦荡荡，不求做一个多么伟大的人，但一定要做一个堂堂正正的人。要有一些自己能自始至终坚守的原则，那就是不论在逆境还是在顺境，都要经受住考验；不弄虚作假，保持真我；洁身自好，树立好形象。总之，坚守住该坚守的东西，问心无愧就好。

爱国主义教育决定了我的人生之路

——卓炳芳 口述

被采访者简介：卓炳芳，男，新加坡归侨，祖籍福建南安。1932年6月出生于新加坡，小学时先后就读于新加坡崇本女校和崇正学校，初中时就读于新加坡中正中学。1952年10月回国，在集美中学读高中。1954年8月考入浙

卓炳芳在接受采访

江大学机械系，1958年8月毕业，留校任教。1960年1月入党。1961年任浙江大学力学系党支部副书记，1978年任浙江大学理论力学教研组副主任、党支部组织委员。1983年11月，任杭州市侨办党组书记、主任、市侨联党组书记，1992年7月任杭州市侨联主席、1995年任市侨联顾问。曾任第二至五届中国侨联委员；杭州市政协第四届委员，第五、第六届常委；浙江省政协第七届委员。1997年退休。

采访时间：2009年6月2日

采访地点：浙江省杭州市被采访者住所

采访者：张秀明　陈永升　蒋小红　陈小云

整理者：张秀明

415

一

　　我祖籍福建南安，1932年6月3日出生在新加坡。父亲在20年代初出洋谋生，母亲十六七岁就嫁给了父亲。我兄弟姐妹共有十个，一个姐姐夭折，留下四男五女。我有四个姐姐、三个哥哥、一个妹妹，我排行老九。父亲是账房先生，全家十几口人靠父亲的收入维持生计，家境之清贫可想而知。由于母亲善于持家，我们的生活虽然贫穷，但没有挨饿，过年时还可以做新衣。父亲当时在马来亚的柔佛做工，每个月回来一次，全家人的生活完全由母亲操持。

　　我小时候很盼望父亲回家，他会买很多好吃的给我们吃。有进口饼干、巧克力等等，我最喜欢吃巧克力。他还会给我们讲故事。他常给我们讲《三国》、《水浒》、《白蛇传》、《梁祝》等中国传统故事，使我们从小就了解祖国的文化。通过这些民间故事，杭州给我留下了特别深的印象。我记得小时候，当地华侨完全保持着中国的传统习俗。比如说很重视春节、中秋节等传统节日。过年时我们也很开心。除夕早上，我们全家人一起准备年夜饭，非常温馨。我也很期盼过中秋节，虽然我们家贫，但穷有穷的过法。为了省钱，母亲等中秋节下午商品打折时才去采购，我最喜欢妈妈给我买的小猪形状的月饼。晚上月亮出来后，我们把月饼、水果摆起来，全家围坐在一起，拜月亮婆婆。边吃月饼边谈笑，真的很开心，很温馨。

　　1938年，我6岁，母亲本来要送我去英文学校，在英文学校上学，可免交学杂费，有免费午餐，学习成绩好还可以申请助学金，将来找工作也方便。但不知为什么，我很讨厌英文学校。可能是因为上英文学校的学生家境都比较好，我怕去了受欺负，所以死活不愿意去英文学校。母亲拿我没办法，只好同意我上华校。我最后去了崇本女校。我是男生，为什么上女校呢？因为虽然名为女校，但也不是完全不收男生，每个班都有几个男生。小时候我身体比较单薄，母亲怕我受欺负，所以去了女校。

当时华文学校的教学与国内基本上相同。我们用的课本是从国内运过去的，所学的课程与国内一样，老师都来自国内。英文学校则完全不同。除了上一节中文课外，全部用英语教学，所学的历史、地理都是英国的，祖国是英国，首都是伦敦。如果我接受的是英文教育，我走的道路会完全不同。

我读书比较用功，功课还可以。二年级时发生的一件事，我至今还有很深的印象。当时我们的班主任唐老师每天都要我们背课文。由于我每次都能流利背诵，还能回答老师提出的问题，老师夸奖我是"小先生"。然而，有一天晚上在家里背"火车呜呜"的课文时，我怎么也背不好，后来困得睡着了。第二天上课时提心吊胆，就怕老师让我背。刚开始时，老师并没有点我名，但在几个同学都背不下来后，老师让我这个小先生背诵，原以为我能给同学做榜样，没想到我也背不下来。老师很生气，用打手心、罚站来惩罚我，从此对我大失所望，不再叫我小先生。这件事情虽然很平常，但在我幼小的心灵里留下了阴影。后来我领悟到：只能锦上添花，不能雪中送炭；一个人成功后就不能再失败，否则前功尽弃。这个教训对我的一生影响很深。

我上学时，南洋一带的华校爱国主义教育比国内要好得多。我上小学时，正是抗战的第二年。我们每天都要交爱国捐。抗战爆发后，南洋华侨的抗日爱国热潮空前高涨。陈嘉庚领导成立了"星洲华侨筹赈祖国难民委员会"，通过募捐、推销公债、招募机工为国服务、抵制日货等行动，支援祖国抗战。我虽然年纪小，但也尽了自己的一份力量。我每天的两分钱零花钱，交一分抗战，留一分买一块小饼吃。有时两分全部捐出，过年时有压岁钱，我就捐 5 分。此外，我还要帮着扎纸花。当时学校每天发纸花让学生回家做，卖纸花的钱全部捐出。我的几个姐姐每天都要扎100多朵纸花，我也帮着她们做。我们上课时，老师都跟我们讲"九一八事变"、"七七事变"、"南京大屠杀"等日寇残杀我同胞的野蛮行径和国内的抗战情况，我们对国内的情况非常了解。可以说，家庭和学校两方面的影响，培养了我的爱国主义情结，所以我后来回国是必然的。

二

1941年日军偷袭珍珠港后，进攻菲律宾、泰国、马来亚，南太平洋战争全面爆发，日本占领南洋达三年零八个月，夺走了我欢乐的童年。日本侵略南洋是一场惨绝人寰的大屠杀，欠下了一笔笔血债，华侨和当地居民抵抗日本侵略谱写了一首英勇抗敌的悲壮史诗。我亲历了日本对新加坡的轰炸和屠杀，虽然我几次死里逃生，但我的亲友有不少被日本人杀害，日本法西斯在我亲友中欠下了累累血债。

1942年除夕晚上，我们全家20多人为了躲避日本人的轰炸逃难，舅父被流弹击中腰部，因无药医治，流血过多而死，年仅28岁，留下只有一周岁的女儿。这是日本法西斯在我亲友中欠下的第一笔血债。

太平洋战争爆发后，为了抵抗日本南侵，新加坡华侨成立了"新加坡华侨抗敌总动员会"，陈嘉庚任主席，不久又组织了新加坡华侨义勇军，几千名华侨青年自愿参加。义勇军为抵抗日军在新加坡登陆，坚持了整11个昼夜，很多人牺牲了。但是英军不堪一击，很快向日本人投降。日本人占领新加坡后，为了报复义勇军的抵抗，对所有18～50岁的男性华人居民进行"大检证"，对华人进行灭绝人性的残杀。二哥的同学盛哥在这场屠杀中遇难。这是日本法西斯在我亲友中欠下的第二笔血债。

我们有个远房亲戚，我叫他鲍叔。鲍叔夫妇俩生活还过得去，但就是没有子嗣，一直想让我做养子，但母亲不同意。他们住的地方是日本登陆的地点之一，华侨义勇军曾在那儿抵抗日军。所以日军登陆后，在那儿进行大屠杀，凡是华侨居民，不分男女老幼全部被杀害，鲍叔夫妇也惨死在日寇手中。这是日本法西斯在我亲友中欠下的第三笔血债。

经过"大检证"，新加坡华人有超过二万五千人遇难，全马来亚有 10 万华人遇难。在大屠杀中侥幸幸存下来后，我们于 1942 年 2 月底结束逃难生活，回到了家。由于父亲年事已高，不再工作，哥哥们打工维持生计。三姐夫开了一家脚踏车修理店，他也是很爱国的，曾经作为南侨机工回国服务一年。日本人因此于 1942 年 4 月把他关进了监狱，关了一个多月。关押期间，还对他用刑，后来才把他释放。

但是一波未平一波又起。姐夫刚获释，表姐又被捕了。表姐是抗日分子。战争爆发不久，一批从中国去的知识分子组织了"星洲文化界战时工作团"，郁达夫任团长、胡愈之任副团长，表姐和很多同学是外围成员。他们发传单、贴标语，搞地下活动，宣传抗日。他们十几个人，经常在我们家楼上开会。这些人大多数是我崇本女校的学长、学姐，我都认识他们，对他们很敬佩。他们开会时，我就给他们放风、倒茶。由于日本人大肆搜捕抗日分子，形势很危险，他们就化整为零，不再集体活动，但还是逃不过日本人的魔掌，先后都被日本人抓走，大部分人牺牲了。表姐之所以幸免于难，是由于三姐夫想方设法花钱找关系，托人疏通，才使她在监狱中少受刑罚，直到日本投降后她才被放出。这是日本法西斯在我亲友中欠下的第四笔血债。

日本人占领新加坡后，我不能继续上学。为了补贴家用，姐姐做蛋糕，家里让我上街卖蛋糕，但我不好意思。二哥很能干，他卖报回来后带着我走街串巷，很快就把蛋糕卖完了。但是，第二天，家里又让我自己上街去卖，我说什么也张不开嘴叫卖。家里看我这样，也不再强迫我了。后来，三姐夫叫我到他的勉艺车行当学徒，我做了三年多。学徒生活很辛苦，每天要从早上七点工作到晚上九点，一年只有春节三天放假。家里人以为我吃不了这苦，很快就会打退堂鼓，但是为了减轻家里的负担，我坚持下来了。在当学徒期间，姐夫请了老师，每星期两个下午给我们三个学徒工上课。给我们上课的第一个老师姓叶，非常认真负责。但教了三个月后，不知道什么原因，突然就不来上课了。我心里有不好的预感。过了两周，来了个谭老师继续给我们上课，教了一个多月后也不来了。至此，我已心中有数，两位老师必定是凶多吉少。果然，她们都是抗日志士，不幸先后落入日寇手中牺牲了，年仅二十出头，正值美好的青春年华。这是日本法西斯在我亲友中欠下的第五笔血债。

日本军国主义仅在我身边就犯下五笔血债，他们在全中国、全星马以及全亚洲国家犯下的血债何止千万？但是他们不但始终不认罪，反而继续参拜靖国神社、修改教科书、否认南京大屠杀，所以我们不能掉以轻心。

随着战争的推移，战局对日寇日益不利，1945 年初形势发生了很大变化。华侨又开始行动起来，反抗日本人。最先发生了三轮车夫把喝醉酒的日本兵干掉的事情。日本兵经常对三轮车夫随意打骂，他们忍无可忍，就在晚上把喝得烂醉的日本兵拉到偏僻的地方杀掉。事情传开后，大大振奋了人们的精神。三轮车夫三五人结伙，专门寻找落单的日本兵下手，吓得日本兵晚上不敢单独外出。锄奸活动也很活跃，一些罪大恶极的汉奸被干掉了。许多密探再不敢胡作非为。真是大快人心。我大哥也参加过这样的抗日活动，还差点被日本人抓走，又是三姐夫救了他。脚踏车店人来人往，什么样的顾客都有，有个日本密探也常来修脚踏车，和我三姐夫很熟，向三姐夫通报了内部消息，说大哥上了他们的黑名单，要他赶紧想办法救人。姐夫花了很多钱，送礼打通关系，才把大哥从名单上划掉。就这样大哥捡回一条命。

三

好不容易盼到日本投降，联军入城，我也跟着大家到新加坡最热闹的红灯码头欢迎联军入城。我原以为联军就是苏联红军，结果一看，仍是英国佬，真是大失所望。装满英军的卡车一车车缓缓驶过，英国兵个个神气十足、不可一世、自以为是胜利者的样子，真让人觉得恶心。他们好像忘了当时被日本人俘虏、如丧家之犬被灰溜溜押出城的样子。

日本投降后，1946年初，学校复课。三姐夫资助我到崇正学校读书，我读四年级下。我半工半读，上午上课，下午没课就做工。我修车的手艺越来越好，相当于半个师傅了。五年级时，学校将秋季毕业改为春季，我们要直接升入六年级，但是各门功课平均都在80分以上的人才可以跳级，当时有12个人可以跳级，我是第八名，但是12个人不够一个班，于是我就想转学。后来听说其他同学到中正中学报名读初中补习班，我也很想去，而且我觉得以我的成绩肯定能考得上。但是这个学校学费很贵，家里肯定负担不起，不知三姐夫愿不愿意资助我。因为他觉得读完小学就可以了，但是我不想放过这个机会，我决定先斩后奏，向三姐要了十块钱先去报名。没想到三姐夫很爽快地支持我报名补习并参加考试。他可以说是我的恩人。一个月后我考上了中正中学，但是学费真的很贵，一学期的费用相当于一个普通工人三个月的工资。我1949年底初中毕业，不敢再奢求继续上学，而是留在店里修车。

大约过了一个学期后，教过我一学期的林连夫老师从同学那儿知道我停学在家，觉得很可惜。就建议我去申请中正中学"学生自治会"的助学金。这个助学金不是政府的，而是每个学生多交十块钱筹集的，主要资助那些学习成绩好但生活困难的学生，学杂费从助学金里支付。林连夫老师自己还资助我50块钱，还送我一块布料做了两套校服；赵正国同学帮我补习数学，用的课本是高年级同学使用过的旧课本。就这样我读上了高中。从我两次克服困难、争取上学的经历，令我深深体会到，人生虽然有坎坷，但也有不少机遇，只要善于抓住机遇，就有希望。

1953年，卓炳芳（后排右一）与
部分马来亚归侨在集美留影

高中时期，受同桌小铁的影响，我接触到一些宣传反对英国统治、争取新加坡独立的地下报纸，开始接受马列主义。1950年1月8日，我参加了"新加坡人民抗英同盟"，这是马共的外围组织。我们五个人一组，开展活动。第一次行动是发传单，虽然很简单，就是晚上把传单偷偷塞到人家的门缝里，但是感觉很紧张。后来又贴标语，也是晚上在街头张贴诸如"打倒英帝国主义"、"马来人民解放"等标语口号。再就是在电线杆上悬挂马来亚抗英同盟军的红旗。后来更进一步烧毁英国公司的出租车。我们三个人一组，假装要坐出租车打车，叫司机把车开到偏僻的地方，再用事先准备好的汽油把车烧掉。我们共烧掉八辆英国公司的出租车。这些出租车司机大多是马来人，我们烧车给他们造成了损失。有一次在离家不远的街头，我准备拦截一辆出租车时，被司机追赶，我们赶紧逃走。这件事惊动了家里，我参加抗英组织的事情，在家里引起了风波。

由于表现不错，我和小铁成为"工保团"成员，后来转为职业革命者，每个月有 45 元的生活补贴，我的直接领导是老李。大约半年后，有一个同志被抓，我们就离开家，转移到一处出租房里。没想到住在出租房子里的人有一个是奸细，老李等都被捕了。后来，我的上司是阿海，他比较莽撞，干了不少蠢事。比如，他曾带着我们三个人去烧一家小邮局。我们只带了一小瓶汽油，所以火很快就被扑灭了。但是，这件事还是引起了关注，有报纸报道说"四猛汉火烧邮局"。现在回想起来，我们做的都是愚蠢的事，但当时的整个大环境就是"左"倾、激进、冒险，我们也不能幸免。

1951 年 8 月 2 日我被抓，关进拘留所。由于没有证据定我的罪行，他们就对我拳打脚踢、夹手指，刑讯逼供。但是我始终不认罪。半个月后将我转到了一个集中营。集中营里有马共地下组织"监狱委员会"，我又恢复了组织关系。当时集中营里的 80 多个人，分成两组，我是 A 组组长，每天带一帮难友去买菜、做饭，负责难友们的生活。集中营里各种身份的人都有，有学生、高级知识分子、工人、流氓无产者、城市平民等等，要尽可能地把他们团结在一起，我当时做的实际上就是统战工作。

我们被抓后有两条路可走：一是等待释放，二是申请遣送回国。1952 年 6 月，我们申请遣送回国，但是却把我们转到了监狱，关了一个月仍不放行。我们绝食三天抗议，就又把我们送回了集中营。几个月后，1952 年 10 月 29 日，我终于离开新加坡回国。

四

　　我们从新加坡坐船，经过七天七夜，终于到了汕头，后来又到了广州。我们一起回来的八九个难友决定到厦门集美读高中。我在集美中学读高中二年级下半学期。当时，国家照顾华侨，成绩不好的也被录取。我学习成绩好，所以对上大学志在必得。1954年8月，我考入浙江大学机械系机械制造专业。为什么选择浙江杭州呢？前面说过，父亲小时候给我们讲的梁祝、白蛇传等民间故事，都发生在杭州，我早就向往到美丽的杭州看看。

　　上大学时，我本来可以享受甲等助学金，但和在集美读书时一样，我自动申请降为乙等，因为家里每个月都寄给我一定的零用费，我不愿意给国家增加太多负担。国家对我们归侨是很照顾的。建国初期，我们党就制定了"一视同仁，适当照顾"的侨务政策。特别是"适当照顾"方面，作为当年的侨生应该都有深刻的体会。无论是上学、工作还是生活，我们都得到妥善安排，家庭经济困难者都发给助学金，每年寒暑假都组织侨生冬令营或夏令营，使我们这些远离亲人的侨生备受党和政府的关怀，深感社会主义祖国大家庭的温暖。但是改革开放前，"一视同仁"政策贯彻得不好，当然这不是哪个部门的责任，而是整个大气候造成的。在极左思潮泛滥的年代，"海外关系"成了归侨侨眷背上沉重的包袱、头上的"紧箍咒"，被压得弯了腰，箍得喘不过气。对此，我有切身感受。

　　从上高中时起，我就一直积极向组织靠拢，要求进步，但因海外关系，也只能凑合着当个管生活的干部。

　　大学第一学期的寒假前，团支书要我寒假期间不要外出，因为我被提名参加团干部培训班，我当然很高兴。不料等到团训班开学，却没有通知我参加，一问原因，说是有海外关系，不宜参加。一盆冷水浇醒了我，我觉得连团训班都不能参加，入党就更别指望了。我觉得我的政治前途渺茫得很，觉得很困惑、很不服气。我们侨生出于对祖国的热爱，对社会主义制度的向往，置亲人于不顾，回国参加社会主义建设，我们的表现不比别人差，为什么在关键时刻总是受歧视？前思后想，我把这次事件当作组织对我的考验，这么一想，内心平静下来，照样念好书，当好生活委员。

1958年8月，我大学毕业后留校任教，这应该是对我极大的信任。我满怀信心投入教学工作，表现不错，被任命为教研组生活秘书，半年后又被党支部列为重点培养对象。1959年7月，学校准备派我到清华大学深造，一切资料、手续都备齐了，就在临行前一个月，系主任告诉我，因海外关系，上头不批准，我不能去了。虽然再次因海外关系被另眼看待，但我没有因此闹情绪，就让组织上继续考验我吧，我仍然在各方面积极表现

1958年，风华正茂的卓炳芳

自己。终于在1960年1月党支部全票通过我的入党申请，我成为一名预备党员，一年后按期转正，后来又担任力学系党支部副书记。再也不必背海外关系的包袱了，我精神大振，全身心投入教学和支部的工作当中。

但是，好景不长，十年动乱开始后，"海外关系"再次成了我的"紧箍咒"。"文化大革命"时，系里分"联总派"（"四人帮"爪牙）和"红暴派"，我虽然拥护后者，但是没有参加任何

一派，是"逍遥派"。"联总派"一直找我麻烦，由于找不到把柄，他们就抓住"海外关系"以及我在新加坡参加抗英地下组织被捕入狱这件事，背地里大做文章。他们从南到北去搞所谓的"调查"，他们到过的地方据我事后知道的就有北京、上海、郑州、广州、福州等地，要被查询人写材料诬陷我是叛徒、特务，想以此置我于死地。幸亏我一身清白，也幸亏被查询的同志正直，他们没找到任何把柄，才让我逃过一劫。

1960 年，任教于浙江大学的卓炳芳在认真备课

改革开放初期，1978 年我担任理论力学教研组副主任，当了三年，另外还当了两年党支部组织委员。1983 年组织上调我到杭州市侨办工作，刚开始时我不太想去。因为学校有两个假期，而且当时我很快就要提为副教授。我已年过半百，对教学工作有着深厚的感情，一旦放弃，觉得可惜。但是另一方面又感到这是党和政府对归侨的信任，身为归侨，我应该为归侨侨眷做些有益的事情，最终我还是投笔从政，为侨务事业献上后半生的微薄之力。其实，我与侨务工作早就结下了不解之缘。

1961年11月杭州市侨联成立后，我兼任秘书长，当时我已在浙江大学任教，浙江大学有二十多个归侨学生，有七八个归侨教师。1983年11月，我正式受命担任杭州市侨办党组书记、主任和市侨联党组书记。1992年7月到市侨联当主席，1995年换届后任顾问，直到1997年退休。我也是二、三、四、五届中国侨联委员。

1992年，卓炳芳（右二）访问玻利维亚中华工商总会留影（中为会长袁兆民）

从事侨务工作多年，我的体会是心里要有侨，要真心为侨服务；要手勤脚快，任劳任怨，脚踏实地为侨服务。在任期间，我从多方面开展工作。一是平反冤假错案。从1979～1987年，杭州市侨办、侨联受理归侨侨眷冤假错案申诉205起，全部复查结案，其中平反纠错164起。二是落实华侨私房政策。杭州市华侨、侨眷在"文化大革命"中被挤占私房的住户有597户，被挤占面积为16000多平方米。经过全市各有关部门的共同努力，1985年底，华侨、侨眷的私房全部得到落实。三是清理归侨侨眷的人事档案。从 1979～1987 年，全市共清理归侨侨眷人事档案 6250 份，清出材料 7164 份，其中销毁和退回本人的有 5791 份，交有关部门处理的 1373 份。为进一步消除受清理者的后顾之忧，1987 年市侨办会同市委组织部、市公安局等部门，联合下发文件，给归侨侨眷发放《放心通知书》。四是开展对外联谊。受侨胞邀请，我出访过中国香港、美国、玻利维亚、丹麦和瑞典等国家和地区，密切了与侨胞的联系，加深了与侨胞感情。此外，还开展了招商引资、捐赠等工作。我们特别关心生活困难的老归侨，为他们提供力所能及的帮助，温暖了侨心。退休后，我仍然关心侨务工作，尽力发挥咨询和参谋作用。

五

我们十个兄弟姐妹只有我一人回国，这与华文学校的爱国主义教育是分不开的。新中国成立后，华文学校的学生掀起了回国热，上英文学校的学生肯定不会关心中国。我们家由于子女多，哥哥姐姐基本上没读过什么书。只有三姐读到小学四年级，大哥小学没有毕业，二哥中途转到了英校，读书的费用全靠他自己打工挣得。他后来在法庭当翻译，家里的生活主要靠他的收入来维持。相比之下，我真是个不孝子，从来没有为家里尽过义务。1985 年，我第一次回新加坡探亲，住了两个多月。2003 年又回去旅游。父亲在 1952 年我回国后半个月就去世了，母亲于 1962 年也去世了。回国后，我再也没有机会见他们一面。大哥、二姐，我也没有来得及再见一面就都去世了，我回新加坡时只见过大姐、三姐、四姐、小妹和二哥。现在，我四姐、三哥和妹妹还在新加坡，妹妹近几年几乎每年都回来。除了妹妹外，在新加坡和马来西亚的侄女、外甥也经常和我们联系。

1985 年，卓炳芳（前排左一）回新加坡探亲时
与家人（前排右一为四姐）合影

　　我和老伴 1960 年结婚，明年就是金婚了，我的生活很幸福。回顾往事，我觉得是爱国主义教育决定了我的人生之路，我从不后悔自己的选择，我觉得我所选择的人生道路是正确的。

后　记

　　归侨是一个特殊的社会群体。他们在国外时，就积极参加当地进步事业，为所在国的经济社会发展做出了重大贡献。回到国内，他们服从祖国的安排和需要，奋斗在各条战线上，为祖国的革命、建设和改革开放事业贡献出自己的青春和才智。由于一些历史原因，许多归侨在特殊年代受到冲击，有些人甚至遭到迫害。尽管如此，他们对祖国和家乡的热爱始终不渝。记录他们特殊的人生经历和心路历程，宣传和发扬他们的爱国爱乡精神，是华侨华人研究者和侨务工作者的一项使命，也是当务之急。在中国侨联和中国华侨历史学会领导的关心和支持下，2004 年中国华侨华人历史研究所适时提出拟在全国各省、自治区、直辖市，特别是在重点侨乡有计划、有步骤地开展老归侨采访活动，并制定了"老归侨口述历史"采访规划。

　　2009 年 6 月 1 日至 13 日，中国华侨华人历史研究所副所长林晓东带领该所研究人员黄晓坚、张秀明、陈永升、乔印伟、李章鹏和陈小云等六人，到浙江先后采访了 35 名老归侨。采访内容主要包括老归侨在国外的生活经历、回国及定居过程，在国内学习、工作和生活情况以及主要工作成就等方面。

　　采访工作得到了中国侨联党组的高度重视。临行前，中国侨联主席、党组书记林军同志和中国侨联副主席董中原同志对此次采访活动给予关注。时为中国侨联副主席的林明江同志亲自指导了整个采访活动。采访前，他亲自到浙江了解情况，并审定方案，进行工作部署。采访结束后，他主持全书的编辑工作，对书稿进行了审定。

　　本书是此次采访活动的成果之一。在录音整理时，我们尽可能尊重原始录音，坚持口述历史真实性和客观性的原则，但不可能完全做到"原音再现"。由于行文和出版规范的需要，有必要对语句、段落进行一定的梳理和删节。初稿整理完毕后，我们都征求被采访者的意见，让他们给以审核并签字认可。为了保护被采访者的隐私，他们的详细住址不予公开。本书篇章按照被采访者姓名拼音顺序排列。

　　从提出计划到采访、录音整理、编辑成书，我们得到了方方面面的支持。在此，我们要特别感谢浙江省侨联和地方各级侨联的领导和有关工作人员。没有他们的支持，我们的采访活动是不可能顺利完成的。从采访对象的确定、联系，到采访日程以及有关活动的安排，浙江省侨联和地方各级侨联都作了周到细致的准备。中国侨联副主席、浙江省侨联主席王成云亲自过问采访工作，并与采访组成员多次座谈，表示省侨联一定尽全力做好此次采访的各项配合支持工作。省侨联副主席吴晶也在百忙之中会见了采访组全体成员。省侨联秘书长张维仁对采访工作进行了具体的周密的安排。省侨联文化宣传部副部长林孝双、联络部副主任陈林以及丁伟等同志，认真联系被采访对象，精心设计采访路线，为此次采访活动顺利的开展也付出了辛勤的劳动。各地侨联领导和工作人员对采访工作都十分重视，为我们的采访活动作了精心安排，并给予最大可能的协助。

　　我们还要特别感谢各位被采访者。对于这次采访活动，接受采访的老归侨都十分支持和配合。他们认为中国侨联派出工作人员来采访、慰问、宣传自己，体现了中国侨联对他们的关心和惦念，使他们感受到了来自侨联组织的温暖和关怀，因而十分欣慰和感动。他们对采访都事先作了比较充分的准备，有的甚至写了口述文字稿。在采访过程中，他们激情满怀地讲述自己的人生历程，不厌其烦地回答我们提出的问题。他们还积极地提供保存已久的老照片、奖章、获奖证书等很有价值的史料供我们翻拍。老归侨面对我们的采访，思如泉涌，有说不完的心里话，有的说到动情处，热泪盈眶，使我们深受感染；有的在预定的采访时间结束后，还要求另约时间继续讲述。从被采访者的口述中，从老归侨不平凡的人生经历中，我们强烈地感受到一种伟大而浓烈的爱国赤忱。这种爱国赤忱，使我们深受震撼和教育，让我们久久回味。

本书能够顺利出版，与中国华侨出版社的领导、编辑的关心和支持是分不开的。他们对文稿进行了认真的审核、修改，并提出了中肯的建议。由于编者水平有限，不足之处在所难免，恳请读者及关心此书的同仁和朋友给予批评指正。

编者
2009 年 10 月

《中国华侨历史学会文库》已出版书目

1、《〈华侨华人研究文集〉——纪念中国华侨华人历史研究所成立 20 周年》 中国华侨华人历史研究所编　中国华侨出版社　2005 年 4 月

2、《移民、性别与华人社会——马来亚华人妇女研究（1929－1941）》范若兰著　中国华侨出版社　2005 年 8 月

3、《郑和下西洋与华侨华人文集》 林晓东　巫秋玉主编中国华侨出版社　2005 年 11 月

4、《华侨与中国新民主主义革命——兼论民主革命时期华侨与中国共产党的关系》任贵祥著　中国华侨出版社　2006 年 7 月

5、《赤子丹心——武汉合唱团南洋筹赈巡回演出纪实》叶奇思编著　中国华侨出版社　2006 年 12 月

6、《再会吧南洋——海南南洋华侨机工回国抗战回忆》陈达娅　陈勇编著　中国华侨出版社　2007 年 4 月

7、《回首依旧赤子情——天津归侨口述录》 林晓东　张秀明主编　中国华侨出版社　2007 年 4 月

8、《风雨人生报国路——山西归侨口述录》 林晓东主编黄成胜副主编　中国华侨出版社　2007 年 10 月

9、《蹈海赴国丹心志——广西归侨口述录》 林晓东主编陈永升副主编　中国华侨出版社　2008 年 5 月

10、《五邑侨彦与故乡今昔》 吴淡初著　中国华侨出版社2008 年 3 月

11、《海外人才与中国发展研究（2006－2007）》 李其荣

谭天星主编　中国华侨出版社　2008 年 6 月

12、《永存赤子爱国心》林明江主编　林晓东副主编　中国文史出版社　2008 年 8 月

13、《越南漫笔》 李泰山编著　中国文史出版社　2008 年 9 月

14、《妈祖文化与华侨华人文集》 林晓东主编　陈永升副主编　中国文史出版社　2008 年 9 月

15、《岭南侨彦报国志》 林明江主编　林晓东副主编中国文史出版社　2008 年 11 月出版

16、《八闽侨心系故园》 林明江主编　林晓东副主编中国文史出版社　2008 年 11 月出版

17、《海外高层次人才与人力资源建设》 李其荣、谭天星、林晓东主编　中国华侨出版社　2009 年 9 月出版

18、《新马华人历史与人物》 黄东文著　中国华侨出版社 2009 年 9 月出版

19、《侨星》 黄闻新编著　中国华侨出版社　2009 年 11 月出版

20、《赤子丹心——新中国剧团南洋筹赈巡回演出纪实》叶奇思编著　中国华侨出版社　2009 年 11 月出版